Tokyo: A Spatial Anthropology

東京空間人類學

踏查現代東京形成的脈絡

著｜陣內秀信
譯｜林蔚儒、鄒易儒

目次

序

每當面對造訪東京的外國人，我總是必須這樣向他們說明：「即使放眼全世界的首都，東京都算得上是特例。如今在這裡，就連想要找到一棟百年前的房子，都不是那麼容易……」

地震與戰爭讓大半個東京兩度化為焦土，加上經濟高度成長時期的破壞與改造，使整座城市的風貌為之一變。貪婪地汲取西洋文明所打造的明治時代獨特都市樣貌，如今也只能在畫作與相片中追憶——此刻我們正置身如此異常的環境。東京儼然是一座失去歷史面貌的巨型都市……。

相對於此，日前我初次造訪美國，深深為紐約的都市景觀所震懾。身處現代文明的頂點，紐約的街景某種程度堪稱東京的範本，基本上是由十九世紀後半到二十世紀前半的古老建築所構成。城市中矗立著好幾座一九二〇、三〇年代風格沉穩的摩天大樓，其所描繪出的天際線形成了獨特的都市風貌，尤其是以裝飾藝術風格聞名的帝國大廈與克萊斯勒大樓，不僅建築本身典雅堂皇，夜間的燈光效果更大為增色，至今依舊是紐約市獨一無二的象徵。而極其時髦的現代摩天大樓則不甘落於人後，彷彿競相展演出色的設計，拔地而起，峨然矗立。中央公園周邊以華麗建築著稱的高級住宅區、格林威治村風韻猶存的老街區等，漫步在這些地方，簡直讓人懷疑自己並非置身紐約。不斷孕育出各種現代文明的紐約也有這般古老而雅致的一面，令我印象十分深刻。

儘管連一九二〇、三〇年代的建築都逐漸崩壞傾頹、老建築明顯減少，東京的都市空間未必就比紐約遜色。紐約的曼哈頓除了初期的部分核心地區，其餘大多是十九世紀上半按部就班打造的棋盤狀街區，整體井然有序。南北向的寬敞大道搭配東西向的街道，組成了這座有條不紊的都市，雖說可以快速方便地找到想去的大樓，但太過一板一眼的都市空間，讓人在路上走個三兩天就不禁感到乏味。

反觀東京的都市空間，從近代[1]推崇條理分明的理性主義角度來看，實在令人難以一窺全貌。儘管古意盎然的建築日漸稀少、景觀不斷流失特色的事實擺在眼前，但實際在東京走一遭，仍會遭逢出乎意料的地形變化——在山手[2]一帶有坡道和懸崖、蜿蜒的街道、鎮守森林[3]與屋宅的綠意，下町則有渠道與橋梁、小巷與店頭盆栽，以及人聲鼎沸的鬧區等，豐富的景觀令人目不暇給。漫步在東京街頭總是有意外的發現。仔細想想，這些景觀元素無一不是與都市的個別場所息息相關而不可或缺的歷史性要素。就算缺乏像紐約那樣的古老建築，這些場所本身經過歷史的洗禮所醞釀出的獨特氛圍，不也正代表了東京？此外，近來也經常可以邂逅這類因應環境脈絡而設計、彷彿能進一步提升場所魅力般洋溢著現代感的建築。只可惜我們的生活步調素來匆忙，外出又習慣搭乘地下鐵或汽車，很少有機會悠閒散步，因而感受不到都市的這番魅力。

如果認為東京幾無百年前的建築，因而斷定這座都市已然失去過往面貌、喪失自我認同，又未免言之過早。東京其實位在富於變化的地理位置上，又擁有江戶時代以降所打造的都市結構，歷史與傳統的空間骨幹因此形成其根基，再與組成都市內在、新舊交匯的各種元素完美融合，孕育出獨特的都市空間，放眼全球也無他者能出其右。

不過，帶著外國人散步導覽也不失為一個好方法，可以用不同的新穎角度重新捕

1〔譯註〕概依日本歷史的斷代劃分，中世主要指十二到十六世紀的鎌倉與室町時代，近世主要指江戶時代，近代指明治維新後至敗戰前，至於現代則是指戰後至今。

2〔譯註〕山手，概指江戶城以西、屬於武藏野台地東半部的區域，在江戶時代主要是幕臣與武士的居住地，多武家屋敷與寺院，如麻布、赤坂等，現今被視為優質的住宅區。下町，相對於山手、位於江戶城以東的低地，過去多為工商從業者的居住地，如日本橋、深川等地，成為商業與庶民文化的中心。

3〔譯註〕鎮守即為鎮守神（當地的守護神）抑或祭祀鎮守神的寺院神社，而鎮守森林則是指鎮守境內的森林。

捉習以為常的東京。尤其我有許多朋友是來自坐擁石造都市文明的義大利，因此對於異質的日本都市充滿了好奇，感受也特別豐富。漫步在街頭，聆聽他們對陌生的日本都市空間的看法，抑或回答他們犀利的提問，反倒讓負責導覽的我獲益良多，得以重新認識一直以來視而不見的日本都市原本的特色。

累積了幾年這樣的經驗，後來卻演變成得用不甚高明的英文並透過幻燈片，向美國某大學建築與景觀學系的一群學生講授東京的歷史沿革。我的研究領域雖是建築史與都市史，但向外國人解釋歷史這回事其實意義並不大，儘管取徑於歷史，但我所著眼的是在這樣的沿革變遷下，如今的東京具備哪些特徵，因而以「東京的都市空間修辭法」為題（這對外國人來說八成很新鮮）試著解開東京這個都市空間的祕密。首先關注的是山手與下町各自的地形、街道和土地利用型態等，從中看出其個別承襲自江戶的連續性，顯露出近世的結構化為現代東京的基石而存在。其次，便是舉出在這樣的基礎上所建立的都市與建築的規模感、都市與自然的連結，尤其是水岸的空間結構、都市內部的軸線與對稱性，乃至地標的存在、建築物在建地內如何配置、建築的巧思到都市空間各面向上和洋折衷的作法等，試圖藉此有條不紊地闡明日本獨特的空間架構。當我試著對外國人說明，也才想到要去解讀環繞著我們、堪稱日常的都市空間本身。在向他們解說的過程中，我深刻感受到，要是將近世的江戶與近代的東京一刀兩斷，就完全無法理解今日東京的特徵——正是二者在各方面交相混融，才成就了東京獨特的樣貌。

從這一點來看，讓江戶的近世與東京的近代彼此接軌，形成串聯起兩個時代、彼此貫穿的端景（vista）難道不是必要的？近來提倡的「江戶東京學」這樣的概念（小木新造，〈期望的江戶東京學〉，《文學》，一九八三年四月號），亦是以歷來總認為江戶歸江戶、東京歸東京而被個別視之的這座都市為對象，將時間貫串起來，以立體的視角進行考察，因而值得讚賞。

在我們這個重視傳承延續之都市成立過程的領域中，抱持這樣的心態尤其重要。一度苦幹實幹地打造而成的都市，光憑新時代的一紙藍圖就在一夕間改頭換面，簡直是天方夜譚。況且東京在明治維新後，雖將過往的城下町[4]那被好幾層外殼包圍的封閉都市汰換成開放的城市，卻幾乎因襲了過去的都市型態，可說一再巧妙地替換各個建地的內在配置，柔軟而彈性地落實了現代化的目標。

4〔譯註〕日本的都市型態之一，指以大名領主的居城為中心發展起來的市區。

自文明開化以來，東京雖以西歐都市為範本，卻並非一開始就不加取捨地在體制上全盤引進、接受外來文化，而是有樣學樣，藉由不斷修正錯誤及日本的自我詮釋，西歐的建築與都市造形的手法逐漸被吸收進日本傳統都市的脈絡中，最終開創了獨有的都市空間與景觀——這般汲取外來文化的方式，恐怕至今未曾有多大的改變吧！任誰都看得出來，在闡明日本的都市特徵、探索都市魅力之際，用二分法去區別江戶時代的都市與明治時期以降的近代都市，其實沒有任何意義。

像這樣透視江戶／東京的都市歷史，並思考現代東京時，都市的空間結構及景觀結構便可劃分為以下三個重要的階段。

第一個階段當然要屬江戶的都市，其對東京骨幹的定形做出了重大的貢獻。就江戶的市街規劃來說，影響最巨的條件即是地形。江戶所在的位置可遠眺武藏野前端的東京灣，受惠於地理條件而得以打造優質的都市環境與景觀。此外，因其為廣大的城下町，武士、町人[5]、農民根據階級分別居住在不同地帶，這亦是巧妙地取決於與地形之間的關係，也因而建立起運作得當的街道與渠道系統。不同階級各自打造合適的居住環境與建築型態，於是在山手形成了以地形多變、多起伏著稱的武士生活空間，而在下町則發展為三角洲，形成渠道環繞的商人生活空間。

然而都市的型態與定位仍可大致分為以下兩個面向。一方面是基於當權者或領導者的構想，根據都市計畫、人為建設的都市，一旦有明確的時代精神與都市理念為後盾便可能落實。另一方面，都市也被定位為民眾生活的空間，在都市中生活、行動的人們所蓄積的各項行為，讓實質的都市空間產生了意義，賦予豐富的意象——想當然耳，文學都市論的取徑便是站在這樣的立場。

從這類觀點來考察江戶的市街形成，則可獲得如下的見解：首先，初期的江戶是植基於城下町的明快理念、貫徹當權者意向而形成的「計畫性空間」，但明曆大火[6]後（尤其是中期以降）江戶已然超越了城下町的框架，坐擁豐富自然資源的周遭環境有了長足的發展，不管是被稱為「田園都市」（川添登，《東京的原初風景》）的山手，抑或稱為「水都」的下町，都是大幅提升都市魅力的「生活空間」。

現代東京正是牽繫著這樣的都市緣起而生存至今，不管近代以來引進了多少洋風

5 〔譯註〕江戶時代居住在市區的工商從業者。

6 〔譯註〕發生於江戶時代明曆年間的大火（一六五七年三月），燒毀了江戶城及其天守，並將大半市街夷為平地，至於死者人數則眾說紛紜，有三萬至十萬人之譜，是江戶時代災情最慘重的火災，也成為其後江戶實行都市計畫的契機。

建築與新式交通工具，基本骨幹也不會輕言崩壞。近代與現代的東京便是以具備這般特質的江戶為草圖，於其上層層堆疊，建構而成。

都市形成的第二階段雖然是文明開化伊始的明治東京，但在這個階段，則是於江戶所累積的資本上，採納西歐的元素，一步步落實現代化。尤其是幕府垮台後閒置的大名屋敷[7]舊屬地，正好具備了現代國家的首都東京所需的各種都市機能而得以直接沿用。構成都市基本骨幹的市街區塊與各宅地的形狀大多維持原貌，只要變更土地用途，將其中的建築替換為符合文明開化路線的洋風設計，就能順利與新時代接軌。

開始吸收外來文化的明治東京，簡直是勇於嘗試市街規劃與建築設計的實驗場所，融合了新舊元素，可說趣味橫生。正如造訪現代東京的外國人所指出的，其新舊元素奇妙而獨特地搭配，儼然原原本本地承襲了明治東京的都市藍圖。

雖然明治東京的都市骨幹（或說脈絡）原封不動地沿襲自江戶，但唯獨其中各個建築多半是顯眼的洋風建築，因此當時的人無法去思考建築所形成的街景或都市空間，關注的焦點頂多是各建築、各建地如何展現出文明開化的精神。

明治時代的東京相對完整地承襲了江戶的都市脈絡，各個與眾不同的元素展現出新的時代精神，相對於此，到了引進西歐都市計畫的概念、對都市空間的建設有進一步認識的大正晚期至昭和初期，東京的都市骨幹（或說都市脈絡本身）則被改造為現代化的產物。這個時期的都市可視為第三階段。與國家和財團泰半的建築都沐浴在文明開化光輝下的明治時代迥異，這個階段連與市民生活息息相關的日常都市空間都受到現代化的洗禮，一切不光講究機能性與實用性，更追求美感與舒適。支撐著現代主義精神的大正民主思想，使東京的每個角落都化為近代洗鍊的都市空間。在強烈意識到都市空間、街道景觀的平衡之餘，我們如今在都市中所利用的街道、街角、廣場乃至公園等都市空間，幾乎全都開創於此一時期。正是在這個時代，市民、專家、官員無一不對東京這座都市投以莫大的關注，要說東京如今的都市景觀原型是草創於這個時期，一點也不為過。

到頭來，現今的東京市街，可說建立在前述至少三層歷史性面向上。而這些面向在深層主導了現代東京的方向，也在各個角落顯露其存在，孕育出迥異於歐美城市的獨特都市面貌。

7〔譯註〕此處的大名指江戶時代直屬幕府將軍的武家領主，根據與將軍的親疏，區分為親藩大名、譜代大名與外樣大名。而大名屋敷即為其宅邸，通常又依用途與距離江戶城的遠近分為大名居住的上屋敷、備用的中屋敷，以及位於郊區、作為別墅的下屋敷。

如今映入我們眼簾的東京，只有朝向繁榮的國際性都市邁進、飽含活力的現代這一層。本書將以這樣的東京為考察對象，植基於前面提到的各種面向，從各個角度切入，直至深層，盡可能立體地描繪出其空間結構的特徵。我認為如此挖掘並認識東京都市空間的沿革及其在景觀上所顯現的都市特質，將為今後探討東京之際奠定最根本且共通的基礎。那麼不管是為了推動各個地區展現各自特色的市街規劃，抑或評估在各個街角設計多彩多姿的建築，本書想必都能成為實用的指南。

1 「山手」的表層與深層

閱讀都市的方法

近來出版界掀起了一陣「都市」熱潮，尤以考察「江戶／東京」方興未艾。繁榮的經濟高度成長時期所帶來的未來學式都市想像澈底銷聲匿跡，轉而聚焦在歷史與文化上，顯見人們對都市與環境的思考不斷出現重大的轉變。

但在明治時代以降的近代軌跡當中，日本人躁進地反覆著破壞與建設，對於認識自身都市環境的成立過程並不得要領。坊間關於都市歷史的著述，大多流於抒情與懷舊的敘事而不能自已；另一方面，又認為近來頗受注目的「都市論」本身終究只是一時的流行風潮。為了不讓對都市的高度關注僅止於曇花一現，進而得以銜接革新市街規劃的方法，建立起認識都市歷史沿革的方法學，此刻便更形重要。

然而，探究東京的都市空間所承繼的歷史，有各式各樣的立場與方法，其中最正規且易懂的，是逐一考察現存的老建築。以列為文化遺產的寺院神社、近代初期的洋館為首，隨著近來學者關注的層面擴大，更是滴水不漏地考察了極不起眼的町家、長屋[1]，或街角沒沒無聞的近代建築等。而相對於以各個歷史建築進行逐點調查，沿著街道的線條，探討沿路歷史悠久的建築與古蹟、闡明地形影響所形成的坡道典故等引人入勝的作品，亦所在多有。

然而東京現在的市街所承繼的物質性歷史元素是否僅止於這些？這座城市的骨幹是否終究在地震、戰爭及經濟高度成長的破壞與改造之下，從根本上產生了改變？

各位不妨拿著江戶時代的古地圖在現今的東京市街走一遭。幕末時期繪製的各地區切繪圖[2]最適合用來探勘已然成形的江戶都市結構，那些當你拿著密密麻麻充斥著所有資訊的現代地圖時未曾留意的東京明確骨幹，將自面紗（高樓大廈與高速公路所打造的近代都市雜沓的表層）下清晰地浮現，讓人得以懷抱著新鮮感漫步街頭，直呼不可思議。而這正證明了江戶的都市結構基本上皆由現在的東京所承繼。

即使在東京這般廣袤的都市沙漠中，隨著目光所及，仍會顯露出截然不同的景象。就算是司空見慣的地方，也可以發現與其歷史息息相關、性格豐富的面向，對自己所居住的城市亦能有嶄新的認識。

這番「閱讀都市」的樂趣，其實是我在水都威尼斯留學之際，漫步於迷宮般的城市進行調查時體悟到的。在威尼斯，比起觀光客人潮滿溢的聖馬可廣場或名聞遐邇的教堂與貴族宅邸，名不見經傳的住宅、廣場、巷弄、運河等彼此串聯的有機生活場所，毋寧才是都市整體結構真正吸引人的所在。必須按圖索驥，走遍城市的大小角落，澈底觀察陸地、運河，乃至住宅內部，才能闡明箇中的脈絡。對像我這樣好事的觀察者來說，沒有車輛行駛的水都威尼斯，是最能讓人放心投入觀察的城市了。

而且義大利比其他國家都要早一步發現近代都市計畫的謬誤，在面臨重大的經濟危機之際，興起將舊城區視為優質的生活空間重新評估、活化的趨勢，分析都市沿革的方法也逐步確立了下來。幸運如我，一方面得以親炙這門嶄新的學問，另一方面，也能親身在威尼斯如迷宮般的都市空間探索，埋首調查、解讀其內部秩序——而這些

1〔譯註〕町家，即町人的屋宅，為江戶時代主要的建築形式之一，多為兩層樓木造建築。長屋，江戶時代一整排屋舍相連的平房，有不同人家居住，門戶獨立，多在下町，但大名屋敷往往也會興建長屋用於守衛或供家臣居住。此外，相對於面向馬路的長屋被稱為「表長屋」，位於後方巷弄內的則稱為「裏長屋」。

2〔譯註〕指各地的分區地圖，乃江戶至明治時代盛行的市街分區圖，分別以不同色彩鉅細靡遺描繪武家屋敷、寺院神社、街道、山林、河川等。江戶時期由於都市發達，以出版商吉文字屋為首，尚有近吾堂版、尾張屋版、平野屋版等。近來提到切繪圖多指江戶切繪圖。

都是一九七五年左右的事了(詳見拙著《都市的文藝復興》)。

返日後過了一段時間,我終於以在威尼斯的經驗為基礎,對東京這座渾沌的巨型都市展開了調查。當時最先碰到的難關,便是石造、磚造文化與木造文化間的差異。威尼斯有許多建築可以追溯至中世紀,但在東京,光是要找到一棟百年前的房子就足以讓人吃盡苦頭。

然而以木造文化而言,一度形成的都市歷史結構,照理來說是不會輕易崩壞的。這次試著將幕末的切繪圖所繪製的道路網、大名與旗本屋敷[3]、組屋敷、寺社地[4]、町人地、百姓地這類土地利用區劃,用現代兩千五百分之一的地圖重新描繪出來,即使切繪圖中的標記明顯扭曲變形,如今的地景也已截然不同,但借助明治時代精確的地圖(參謀本部測量局於明治十六、十七年繪製的五千分之一東京地圖,以及明治二十九年的東京郵便電信局地圖等),幾乎可以恢復原本的全貌。而令人驚訝的是,不光是江戶的道路,就連其街區型態乃至建地的範圍,簡直完美地與現今重合,乍看混亂失序的東京內部那條理極其分明的整個都市結構體系於是躍然紙上。

將舊江戶的市區(幾乎涵蓋山手線內側的區域)全部復原後,接著便是帶著這份合成的地圖到現場實地訪察,澈底進行調查——一如我在威尼斯所做的。平常已經習慣利用地下鐵與高速公路的我們，不但對都市的整體樣貌視而不見，也對其與日常生活息息相關的豐富表情視若無睹。就這一點來說，在「閱讀都市」之際，自己一步一腳印去體驗空間，確實有其必要，如此才有機會親身領略到與東京起伏甚多的地形密切相關的都市歷史沿革，也能明白現在的東京以各種形式承襲了江戶這座城下町各區不同的特質。比如來到山手，在小型台地上，以山脊道路為中心的舊武家地[5]成了閑靜的住宅區及校園，相對於此，下坡後沿著山谷道路，江戶時代的町人地原原本本地存續了下來，形成熱鬧的商店街。

所謂的都市，是集結了各式各樣的要素而組成的，不論是建築或道路都絕非支離破碎、各自為政，而是基於章法而形成架構且有其脈絡。因此只要按部就班、逐步解讀，都市絕非難解之謎。就東京來說，展現其風格的根本脈絡，可說正是伴隨著在多變的地形上開展的宏偉城下町——江戶的建設所形成的基本骨架。正因如此，為了在如今看似混亂失序的東京找出其空間骨幹，用自己的雙腳實地走一遭，切身體會地形

3〔譯註〕旗本屋敷，指直屬將軍的上級武士旗本所居住的宅邸。組屋敷，指下級武士的房舍。
4〔譯註〕寺社地，指寺院神社的領地。町人地，指町人的居住地。百姓地，概指與市區接壤的農地。
5〔譯註〕即武士的居住地。

及其上根植於歷史的土地利用方式，便是「閱讀都市」最佳的方法。

透過這項行動，以被認為早就與現代毫不相干的江戶為對象，便有機會闡明市街規劃的手法與各個地區的結構。也就是說，如此製作而成的都市復原圖，可以提供所有在古地圖及文獻史料中無法得知的資訊，包括市街區塊與土地區塊的絕對尺寸、正確方位、地形高度差異等，故可鉅細靡遺地爬梳在江戶這塊土地上所建都市的基本原理，深化都市相關歷史本身的研究。這樣的方式是研究都市形成史的定規，但令人驚訝的是，其亦適用於像東京這樣改頭換面、澈底揮別過去的大都市。

時至今日，這樣的歷史結構其實仍在根本上支撐著現在的東京，這項事實在行動的過程中也會顯露出來，將使得與了解認識現今都市沿革直接相關的、活生生的都市史研究得以實現。

在這一章，我會先根據上述的方法，以至今未曾受到太多關注的「東京・山手」為主題，試著解讀其發展歷程。

地形、街道、土地利用

要解讀江戶／東京的發展歷程，首先必須在根本上確立都市形成的定義，並著眼於為其定向的原始地形。其次，則是分析人類在地形上著手開闢的道路網，乃至街區結構等所呈現的土地利用型態。

只要試著以這樣的視角重新觀看東京，就會發現這座城市其實意外地考究而獨特。至於其風格成形的可能因素，當然要屬江戶／東京那引以為傲的多變「地形」，且可說在讀取這項因素之際，還一面累積城市建設的寶貴智慧與經驗。在此我將先概觀東京的地形，試著推敲打造其獨特都市結構的背景因素。

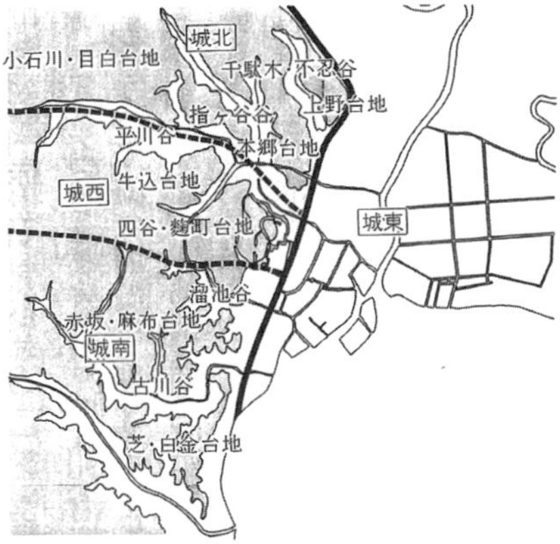

圖 1　山手的地形示意圖

江戶於武藏野台地突出的尖端築城，東邊沖積而成的低地屬於下町的町人地，西邊的洪積台地則是山手的武家地，呈現典型的城下町布局。然而，山手平坦的小型台地並非均等地延伸，眾多河川在台地蝕刻山谷，形成了多褶皺的地形。東京和羅馬一樣擁有七座小山丘，分別是「上野台地」、「本鄉台地」、「小石川・目白台地」、「牛込台地」、「四谷・麴町台地」、「赤坂・麻布台地」與「芝・白金台地」，而在山丘與山丘之間則嵌入了「千駄木・不忍谷」、「指谷谷」、「平川谷」、「溜池谷」與「古川谷」。

山手因此形成了「台地」與「谷地」交錯的複合地形，這一點對城市的建設而言正是最重要的基本條件。

從台地和谷地的形狀與銜接方式來看，根據與城郭（皇居）的相對位置，山手又可分為「城北地區」、「城西地區」與「城南地區」。武藏野台地原本即位於眾多相異的河階面上，但以神田川（平川）為界，北側的武藏野河階面與南側的下末吉河階面在地形上的差異尤大。

平川以北首先出現的是城北地區，此區由東到西依序是上野台地、千駄木・不忍谷、本鄉台地、指谷谷、小石川・目白台地，台地與谷地相互交錯，亦即台地與台地間廣闊的谷地幾呈南北向筆直地嵌入深處，且少支流河谷，形成山谷形狀相對單純的特徵，想來是由於與南側的下末吉河階面相比，武藏野河階面形成的時間較短。

另一方面，在平川以南，連接三宅坂下、迎賓館（舊赤坂離宮）南池到新宿御苑的這條線以北則是城西地區，涵蓋牛込台地與四谷・麴町台地。此區與下一段提到的城南地區，同樣位於下末吉河階面，但地形上卻有著顯著差異。城西地區的特徵在於蝕刻台地的切割谷地比城南地區少了許多，深度淺而和緩，最終形成了一片寬廣的台地，很早便開始有計畫地建立中、下級的武家地。

在城西地區以南的城南地區，則自大型谷地溜池谷、古川谷一帶起，有下末吉河階面的特徵——眾多支流河谷延伸而出、蝕刻台地，在各處形成了陡峭的懸崖，導致舌狀突起的台地和島嶼狀的獨立台地所在多有，正因有著如此錯綜複雜的地形，所以此處的「坡道」遠比其他地區來得多。此外，舌狀突起的台地與島嶼狀台地都是很好的居住環境，因此許多大名屋敷也蓋在這一區。

而與這樣的「地形」息息相關、形成都市骨幹的「道路」也應運而生，可看出建構地域環境的明確原理（或說條理）。特別是在山手，不論哪個地區的道路都是由「山脊系統」與「山谷系統」組成的雙重結構，而二者接壤的地方則形成許多「坡道」。這樣的結構在東京的山手屢見不鮮，是擁有漫長歷史經驗與智慧的人類集體的習性所衍生出來的，或可稱為日本的人類學空間結構吧！

根據現況復原江戶時代的主要街道，並將其特點分門別類後，畫面便如圖2所示。首先，由中心向外呈放射狀的主要街道都會通過山脊（主山脊），中山道（今本鄉通）穿過本鄉台地的山脊，甲州街道穿過四谷．麴町台地的山脊，厚木街道[6]（今青山通）則穿過赤坂．麻布台地的山脊。實際到這些街道走走，從這裡岔開的路形成了下坡道，

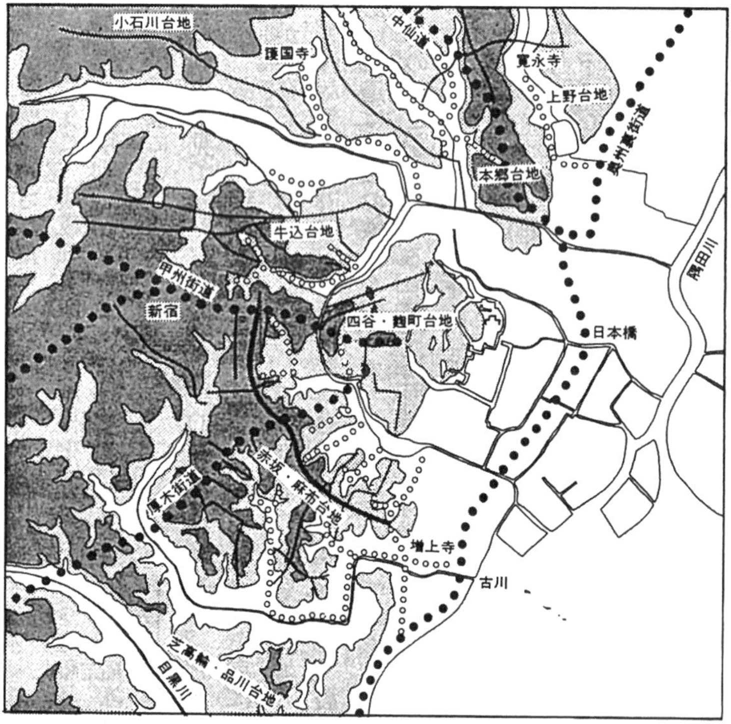

圖 2　山手的地形與道路類型

往往讓人意識到自己原來走在山脊上。

這一帶延伸範圍廣闊的山脊道路，雖說是隨著德川家康入主江戶城而擘劃整建，但必然是自太田道灌[7]一手打造江戶城開始，便以某種形式存在。山脊道路之所以呈放射狀向外延伸，與前面提到的地形結構密切相關，這一點在城北地區最是顯而易見。除了本鄉台地的中山道（本鄉通），還有小石川台地的春日通、目白台地的目白通，都是橫跨了廣大範圍的街道，如貫穿台地的背脊那般隨山脊延伸。

在山脊系統的道路中，還有與呈放射狀的幹道彼此連成環狀的街道（山脊環道），堪稱江戶的山手線，但由於地形的緣故，以城西通往城南的道路最明顯。自六本木的十字路口朝向矗立在芝公園（明治六年〔一八七三〕於增上寺境內設立）的東京鐵塔，那條筆直的馬路正是其中之一，咸認是明曆大火（一六五七年）後為有系統地擴建都市而興築的。

此外，七座台地上各有許多呈舌狀突起的小型台地，是當初為了開發住宅用地而逐一開闢的樹枝狀道路（山脊支道）。其中地形特別複雜的城南地區到處都有這樣的山脊支道，以便通往那裡的幾戶人家。

像這樣劈開武藏野台地的雜樹林而開拓的山脊道路當中，同樣存在著明確的空間

6〔譯註〕指交通要道，江戶時代有所謂五街道，即東海道、日光街道、奧州街道、中山道與甲州街道。

7〔譯註〕太田道灌（一四三二～一四八六），室町時代後期活躍於關東地方的武將，以興築江戶城而聞名。

序列。由此組建的小型台地上，便有著含括大名屋敷到組屋敷的一整片武家地。

前述的主要街道和武家地經過妥善規劃的道路，都是伴隨著江戶城下町的形成而孕育或整備的，但不能忽略的是，在東京其實潛藏著更古老的道路網。遠在德川家康入主江戶城以前，於蝕刻武藏野台地的眾多河川沿岸與山谷間的道路兩側，即有許多村落分布，並開墾了農地，山谷道路還會穿過山脊的鞍部聯繫起不同村落。

關於這一點，我們不妨回溯江戶時代以前創立的古寺來加以驗證。比如位於麻布、香火鼎盛的真言宗善福寺，其位處地理條件優異的山丘東側斜坡，早在西元九世紀便已創建。將後側蓊鬱的山丘視為其聖域，從這樣的寺院整體空間結構來看，可以想見其同樣取道下方的山谷道路，沿斜坡而上的參道設計也幾乎和當年如出一轍，可說正是日本農村隨處可見的空間結構原型。

由此看來，在江戶時代以前，農民即已定居在水源豐沛的低地，為其後山手的形成奠定了基礎。也就是說，當這些鄉村網絡在形成江戶城下町的過程中被吸收之際，獨特的都市結構、土地利用型態與引人入勝的景觀結構也就應運而生。在將小型台地的雜樹林開闢為武家地的同時，沿著山谷道路農家林立的百姓地也逐漸演變為町人地，形成了或可稱為山手下町、洋溢庶民熱鬧氣息的帶狀市街。其中音羽町、麻布日下窪町等便是典型的例子，無論是否仍保有古老的町家，至今依舊散發出與地形緊緊相繫的獨特氛圍。

其次，仔細比較不同年代的古地圖，透過文獻史料的輔助來解讀都市形成的過程時，就其朝向城郭外（外護城河以外）逐步建設市街的方式，可歸納出以下兩種型態。

第一種是以山脊主道為軸心，大名屋敷、組屋敷、町人地依次朝外部綿延開展的型態。像這樣沿著放射狀延伸的主要街道讓市區呈帶狀擴展的情況，不論在東西方都司空見慣，屬於都市擴張極其自然的機制。就江戶來說，一大特點在於其是在中山道（本鄉通）、甲州街道、厚木街道（青山通）這些小型台地的山脊主道形成的。受地形影響，這類型態以城北和城西居多。與此同時，我們也不能忘記江戶原有的發展型態亦如影隨形，亦即山手既然有山脊系統的道路，也就會有山谷系統的道路存在，如前所述，山谷道路沿線的百姓地演變為町人地，一方面也促使市區擴張，這大概是只有在稻作文化才會出現的特殊現象吧！

第二種型態則是在小型的突起狀台地與島嶼狀的獨立山丘上，如飛地[8]般建造的

8〔譯註〕飛地，指一地位於某區劃內，但主權隸屬於其他行政區的情形。

大名屋敷，山谷間的百姓地也隨之逐漸轉變為町人地，據此可以看出分散好幾個核心進行的都市發展模式。這項都市形成的機制，是在多變的自然地形加上武家社會這項特殊的社會條件下才衍生出來的，世界上恐怕找不到第二個例子。類似江戶這樣的飛地型發展模式，根據與地形之間的關聯，以城南的麻布、白金一帶居多。

由此可見，江戶的山手是基於上述兩種機制，而推進市區的擴張與發展。

然而，要解讀東京的都市結構，寺院神社這類「神聖空間」的配置亦極其重要。首先，與淺草寺並稱江戶三大寺的東叡山寛永寺與芝的增上寺，傳言是根據陰陽道規劃配置的，也就是說，自江戶城放眼望去，創設於上野台地的寛永寺（一六二五年）便位在東北的鬼門方位，而遷移到赤坂．麻布台地東側的增上寺（一五九八年）則位於西南的裏鬼門方位，且各自形成了寺町[9]。當初興建這三座寺院時，市區範圍還沒有那麼大，其便配置在小型台地上遠遠環繞著江戶市街。其他在江戶興建的無數寺院則無不避開人口稠密的俗世街區，純熟地依傍地形，與自然為伍，坐落於市區邊陲。尤其山手一帶的寺院更具備象徵性的結構，不僅位在地點佳、適合登高望遠的小型台地邊緣，周遭綠意盎然，且往往取道坡道或階梯。

這些寺院時常匯集在重要街道的起始點附近，不僅發揮了防禦都市的功能，寺院門前[10]亦往往出現「鬧區」，促進了都市的擴張與發展。由於江戶的都市擴張歷經了好幾個階段，最終導致諸多寺院一層層地並列。而當位於市區中心的寺院要往外遷移之際，往往會考量原本所在的區位，大多徑直沿著放射狀方向延伸出去。

相對於歐洲都市一次次自內部攻破城牆這層堅硬的外殼而向外擴張，江戶所打造的獨特結構則是利用丘陵或山谷地形配置寺院，形成數個柔軟的外殼以守護都市，且寺院神社除了是具備宗教性質的「神聖空間」，也經常變換為四季「名勝」，或與門前的熙來攘往結合、廣受市民喜愛的世俗「遊興空間」。江戶市街中寺院神社的配置，不單是展現都市領域的一種物質結構，在人們心中也與都市的意象緊緊相連而形成了意義結構。

場所的邏輯

前面已經透過地形、道路、寺院神社的配置大致梳理了山手整體的結構，接著則要考察在這項基礎上開展的大名屋敷、旗本屋敷、組屋敷、町人地這些城下町特有的、依

9〔譯註〕指眾多寺院集中的地區。

10〔譯註〕門前，即門前町，指以寺院神社為中心、聚集眾多香客與業者而形成的聚落。

不同居住型態劃分的地區。因為江戶這座城下町各個地區的不同風格，其實被現在的東京以各種形式沿襲了下來，並展現出這些場所各自具備的特質。在這個前提之下，我們先概略看看何謂都市整體中因應階級區分的居住型態。

圖3是整個江戶的大名屋敷、旗本屋敷、組屋敷與町人地的分布示意圖，亦即以各階級的居住地區為中心所呈現的都市結構。

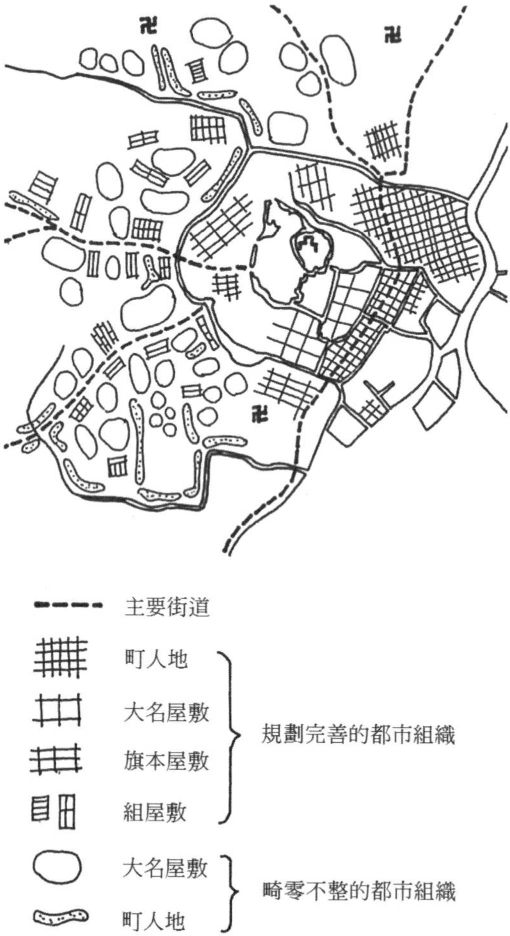

圖3　江戶的分區居住示意圖

大致看來，江戶城的東邊是屬於町人的下町，西邊則是屬於武家的山手一地。填埋日比谷海灣等工程造就了町人居住的下町平坦的市區，眾所皆知，其承襲了日本古代的條坊制[11]，以六十間[12]見方的正方形街區為單位，打造棋盤格狀條理分明的都市組織。但在武家地當中，緊臨城郭東側與南側的平坦地帶也有一整片井然有序的地區。過去譜代大名屋敷林立、俗稱大名小路的丸之內，以及從櫻田延伸到芝、愛宕下那些外樣大名被劃定的地帶，都以六十間、八十間、一百二十間的設計尺度，開闢為整齊劃一的直交網格（格子）狀。

相對於此，山手的地形多起伏，結構狀似混亂的馬賽克磚，但只要仔細觀察，就會發現每一片馬賽克磚都可以分為「整齊劃分建地、規劃完善的都市組織」與「順應地形發展、畸零不整的都市組織」。

首先，在前者「規劃完善的都市組織」中，可以看到蓋在小型台地或緩坡上的旗本屋敷和組屋敷，不論地形起伏與否，在每個劃定的範圍內都透過筆直的道路形成有條

11〔譯註〕條坊制源自《周禮》的都市規劃，以穿過市街的大道為中軸，呈左右對稱的棋盤式布局。
12〔譯註〕日本傳統尺貫法的長度單位，一間約等於一．八一八公尺。

不紊的建地區塊，且其街區設計的模組承襲古代條坊制，採用以六十間為基本單位的尺度。尤其是在相對平坦的小型台地綿延不斷的城西地區，這些規劃完善的中下級武家地很早就開發了。

至於後者「畸零不整的都市組織」，則有小型台地的大名屋敷和山谷間的町人地。山脊道路沿線突起狀台地與山丘上的大名屋敷，原原本本保留了懸崖等自然地形作為建地的界線，因此易流於畸零不整。而延伸到山谷的町人地，則是江戶時代以前自然形成的農村聚落，基於江戶都市蔓延的現象被吸收所形成，以城下町來說並非經過妥善規劃，比較像是順應原本的地形自成一格。

儘管如此，山手仍如前所述，僅因應山丘與山谷交錯的地形興建了有機的道路系統，孕育出匯聚了寺院神社的幾個地區，而未能打造出足以統轄全體、強大而明快的都市結構，反而是以地形那細緻的紋理為草稿，仔細爬梳，一片片適切地配置出前述的都市組織，描繪出與土地融為一體、彼此協調的馬賽克磚花紋。

說到底，江戶山手的都市形成原理，可以視為城下町共通的「計畫性意志」與武藏野台地「彈性應對多起伏的原始地形」之間的平衡。一方面有尊重都市整體生態系的靈活創意，但與此同時，居住地區的各個部分亦適度地融入有條不紊的秩序，雙管齊下，創造出千變萬化而非千篇一律的都市環境。

這樣的江戶市街雖然一方面擁有城下町特有的高度計畫性，卻與西歐都市那奠基於文藝復興以降強調理性的幾何學式都市計畫截然不同，因而孕育出獨特的空間結構，其中許多特徵可說都與自然息息相關。日本都市空間的建立與自然及地形密不可分，市民對都市的想像也在當中透過身體感覺而茁壯成形。與在各地大量創造均質空間的近代都市相反，江戶的市街是作為綿密表現出與人類生活相繫的記憶、意義的蓄積——「場所」（topos）而成立（中村雄二郎，〈作為居處的都市〉，《朝日新聞》，一九八一年九月二十四日晚報）。人們在感受到蟄伏於這類場所的力量——「土地精靈」的存在時，也推動了孕育「場所固有特性」的豐富環境之形成。

江戶市街原本就是在山手的武藏野台地（亦即山邊），與下町的三角洲淤積地（亦即水岸）（樋口忠彥，《日本景觀》）這等豐饒的自然條件下發展而成，並巧妙地在適當的場所配置了各種都市機能。尤其是江戶時代初期城下町的市街規劃，或許可視為早已存在優異的基礎規劃。此外，既是經濟活動的地點、也是人們生活空間的江戶都市，亦不光具備功能性與便利性，可說是備妥了森林與水等自然元素，於其上加諸人類的種種行為，開展出充滿象徵性的、多彩多姿的世界，而都市的「宇宙論」也於焉成立。

江戶因而是一座融合了各項原理、變化萬千的城市。審慎地規劃、設計「場所」所具備的「脈絡」（context），這樣的思考正是市街規劃的根柢。面對地形不平整的場所，也會尋求相應而切合的土地利用方式，比如利用斜坡，在湧泉地掘池、興建大名屋敷。運用古人的智慧，並盡可能活化場所特性，孕育出都市整體的趣味。

反觀近代的都市計畫則背道而馳，對每片土地固有的條件漠不關心，即使有潛力十足的場所也全然無視，只會打造隨處可見、千篇一律的設施。填埋歷史悠久的河川與池塘，輕率地破壞植被，而「地名」也在這樣的風潮下被迫變更。近代建築的理念也秉持著同樣的立場，隨處打造均質空間。

直到近年，建築與都市計畫的領域才終於翻轉了前述的價值觀。包括都市中傾注於個別「場所」的記憶與意義在內，盡可能讀取所有條件，這樣的思考方式如今備受關注。這一點可說正是開始重新評價日本近世都市的一大理由。

關鍵字「建地」

東京既承繼了都市的傑作江戶，那麼其都市的物質結構，自明治時代以降產生了哪些變化？從都市結構來看，自幕藩體制下的政治中心「江戶」到現代國家的首都「東京」，制度上大刀闊斧的變革並非等同於全盤否定江戶都市結構的劇變。自明治初年起，過往以步行為主的狹窄道路被拓寬，封建都市特有的封閉性裝置（設置在各點的枡形與曲手[13]）亦被撤除，整體看來，東京可說承襲了江戶精心打造的都市結構，在這個基礎上形成了現代都市。而所謂的變革，則主要在每個活生生的都市細胞（亦即各個建地上）盛大地展開。也就是說，在人去樓空的廣大舊武家地上，透過東京新興的中堅分子（以薩摩與長州為主的地方武士）之手，或替換舊配置，或引進新元素，一步步改頭換面，確實地調整首都東京的功能與意義，以回應新時代的邀請。而在落實這般溫和的都市改造之際，成效卓著的，便要屬分布在繼承江戶的東京各處的舊大名屋敷。

像這樣展現出獨特都市形制的現代東京，當然也存在著沿襲自城下町江戶且外國城市沒有的、構成都市的特殊原理，當這些原理化為具體，便誕生了獨樹一幟的都市景觀。在這層意義上，解讀東京都市特徵的最大關鍵，正可說是透視其與江戶空間結構之間的關係。

如此說來，東京基本上是以江戶的都市結構為藍本，運用極其溫和彈性的手法進行

13〔譯註〕二者皆為防禦裝置。

都市改造，從而形成了近代的都市，要解讀其沿革，就得掌握以下步驟：

一、解析日本近世建立的都市脈絡。

二、闡明在前述的基礎上融入近代元素的機制。

三、分析上述結果所形成的獨特結構。

從這樣的觀點出發，首先為了解讀近世的都市脈絡，前文已從江戶／東京的地形開始，概述其道路網乃至奠基於此的分區居住與土地利用的型態。

接下來要關注的，可說是根據不同階級身分而在各自的區域所建構的居住型態。這樣的居住型態是以悠久的歷史經驗所孕育的智慧為基礎而建立的獨特空間結構，亦即在各自的區域可以看到合理的街區或建地等土地利用型態，也會確立建地個別的建築配置原則，以及平面、結構、設計等不同的建築類型。與此同時，面向街道出現在人們眼前的表側、展現門第的各種裝置（長屋門、門、圍牆、前庭等）也隨著時代變遷而漸趨完備，確立了都市的景觀結構。這些原本都是與生活機能結合的產物，不久卻成為人類共同的文化規範，亦形塑了象徵意義與美學意識。

日本近世都市細膩的脈絡就此建立了起來。從整體構圖到個別場景，藉由出色的劇本所建構的東京前身江戶，堪稱足以傲視全球的都市傑作。

江戶城下町各區完備的都市脈絡，幾乎可說有條不紊地傳承到了近代。町人地是商人、工匠居住的商業地區，旗本屋敷是華族[14]、政府官員、新興中產階級的宅邸，下級武家地則是一般從業人員的居住地，其各自拖曳著舊有的生活與文化，並堅定地擔負東京這個近代都市的建立，且不僅原原本本地因襲市街區塊與土地區塊這些物理性框架，在許多情況下，符合文化規範的建地內部配置或建築隔間等亦會不斷發展。

在近世以來如此穩定的「脈絡」下，山手出現了氣派的洋房與大廳，下町則有洋風的店鋪立面（façade），這些特意添加的、近代的新穎「元素」，建立起日本近代獨有的出類拔萃、和洋折衷的樣式。但就其根柢「空間結構」的層面而言，本質上仍原封不動地承繼了江戶以降的特徵。

而這段歷史中所累積的遺產，任令歲月流逝、老屋傾頹，也不會輕易地消失，基本上如今仍為個別地區所繼承，避免生活與文化流失原本的特質。即使在這般不斷邁向現代化、空間均質化的東京，廣闊的山手那些個別場所的意象依舊完整地延續至今，不光是多變的地形和其所衍生的綠色地帶，還有結合建地、建築、街道所打造的整體，都是

14〔譯註〕指明治維新後設立的貴族階級，涵蓋舊公卿、大名與對國家有功者等，後於一九四七年廢止。

空間結構（或可稱為一種獨特的人類學結構）的恩賜。

那麼，以精確地解讀土地的樣態、盡可能活化場所固有的特性而逐步建設的江戶／東京為對象，在歷史與文化的脈絡下考察都市與建築的形成之際，著眼於「建地」這個面向莫不是有效的方法。就都市而言，其與土地區塊和市街區塊、街道之間透過地形緊密連結；就建築而言，則關乎大門、通道、庭園、空地等布局，並與排列配置的層次密切相關。且內部除了日常的世俗空間，也吸納了庭園與祠堂等神聖空間，濃縮了多種元素與意義，自成一個小宇宙。在完全基於場所固有的特性而建立的山手，「建地」尤其是解讀都市不可或缺的關鍵字。

在沿路的建築櫛比鱗次、牆面共有的歐洲都市，建地可說幾乎等同於建築，傾向將整片建地蓋滿建築物，反觀日本的都市，從町家到大名屋敷，不論是哪一種，以建地範圍內的庭園為首的外部空間皆蘊含著相當重要的意義，其與建築之間的張力所醞釀出的各種形式，是理解日本的生活文化結構極其重要的線索。因此，不光是建築本身，「建地─建築」的型態也成了重要的主題。尤其在探究明治以降吸收外來文化而發展的東京都市／建築的現代化問題之際，更不能忽視外來文化的輸入是植基於傳統的空間意識這項事實。

將前述幾個閱讀都市的著眼點銘記在心，接著我們便要具體地詳細解讀於山手發展的大名屋敷、旗本屋敷、組屋敷與町人地這些城下町特有的分區居住模式。首先，就從在近代變遷最顯著的大名屋敷舊屬地的發展模式談起吧！

大名屋敷

東京得以成為現代國家的首都，無非是原原本本地利用了大名屋敷廣大的建地——其正好是可以容納眾多設施與建築的容器，含括了不可或缺的政治與軍事設施、教育與文化機構、商業設施，以及華族與新興統治階級的宅邸等。相較於下町的町人地本就櫛比鱗次、密密麻麻的町家與裏長屋，位在山手的武家地（尤其是大名屋敷林立的地區）呈現的則是西歐都市難以想像的、廣闊的田園城市的樣貌（川添登，《東京的原初風景》）。

巴黎經由奧斯曼[15]（Baron Georges-Eugène Haussmann）之手徹底改頭換面；維也納興建了環城大道；羅馬則有延續到墨索里尼時代的都市改建，十九世紀的歐洲首都都經

15〔譯註〕喬治－歐仁・奧斯曼（一八〇九～一八九一），法國政治家、都市規劃家。曾於拿破崙三世在位期間的一八五二至一八七〇年主持巴黎改造計畫，巴黎的輻射狀網絡街道即為其代表作。

歷過的都市結構整體大型外科手術，在東京最終卻幾無用武之地，取而代之的，是失去主人的武家地個別的建地吸收了近代的變遷和嶄新的元素，在不破壞都市基本架構的前提下，透過連綿而柔軟的手法達到了都市的現代化。

解讀東京的關鍵之一，就是考察大名屋敷在都市中所處的位置及其具備的空間結構。後面的章節還會提到江戶城周邊的上屋敷，在這一節就暫且先集中探討山手的大名屋敷。

幕府的參勤交代制使大名都必須在江戶執勤，且明曆大火後，所有大名都有了興建中屋敷與下屋敷的念頭，山手一帶環境優良的地方便逐步為大名屋敷所有，其擁有與武藏野丘陵豐饒自然融為一體的庭園，發揮了私宅或別院的功能。

乍看之下，郊外這類大規模的大名屋敷都是率性地蓋在山丘上，似乎未有任何統一的原則，既未條理分明地規劃建地區塊，也完全不受都市體系的制約，可說是自由奔放的住宅。

然而，江戶市街即使有山手這樣的地區，也絕非鬆散地建置，將這些為數眾多的大名屋敷繪製於現今正確的地圖上，實際到現場走訪勘查、比對分析，便會發現其地點的選定與建地內的配置其實有著共通的原則。亦即精確地解讀地形的紋理與作為通道的道路之間的關係，且強烈意識到方位，背後蘊含著條理分明的盤算。即使在山手，也可說是根據澈底考量所有居住空間的劇本所組建的。

首先，大多數的大名屋敷都是面向小型台地的山脊道路興建，故在建地的斜坡處會運用高低落差鑿泉掘池，打造一座迴遊式庭園[16]。且亦可看出其盡量將建築蓋在山脊道路的南側、建地內靠北邊的小型台地平坦處，南邊的斜坡則往往打造出庭園。古代有所謂「南面稱王」的思想，在蓋房子時多傾向朝南以便獲取充足的日照，這一點便明確體現出日本人自古以來對於居住的態度。

接著，就實際來看看貫穿山手的武藏野台地、向外延伸的山脊主道吧！比起那些順應地形而呈略微彎曲的道路，這條路相對筆直，呈現出妥善規劃的一面。由於山手位處江戶西郊的小型台地，東西向的街道必定占了絕大多數，因此可見甲州街道的內藤家下屋敷（今新宿御苑）、青山通的青山家下屋敷（青山墓園）、目白通的黑田家下屋敷（椿山莊）及細川家下屋敷（新江戶川公園，見圖5）等都是蓋在街道的南側。這樣的情況終究並非偶然，肯定是特意為之的選擇。許多地方都像新宿御苑、椿山莊、新江戶川公

16〔譯註〕日本庭園的樣式之一，以池子為中心在四周鋪設步道，並有池中島、假山、小橋等可漫步遊賞。

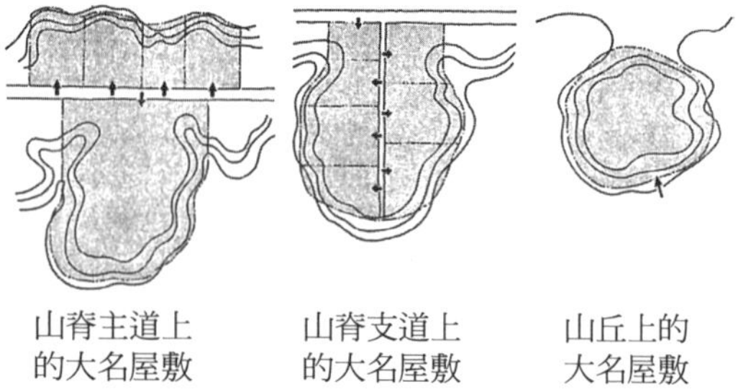

圖4　大名屋敷的建地概念圖

圖5　蓋在目白通南側斜坡上的大名屋敷
（引自〈參謀本部測量局五千分之一東京地圖〉）

園那樣，至今仍留有江戶時代的湧泉池。

至於東京唯一的南北向山脊主道，即是貫穿本鄉台地的中山道。由於其沿途倖免於震災與戰禍，保留了完整的歷史環境，因此不妨一邊散步一邊仔細觀察（圖6、7）。

首先，從神田明神與湯島聖堂間穿過御茶水台地後轉彎往北。自地下鐵丸之內線本

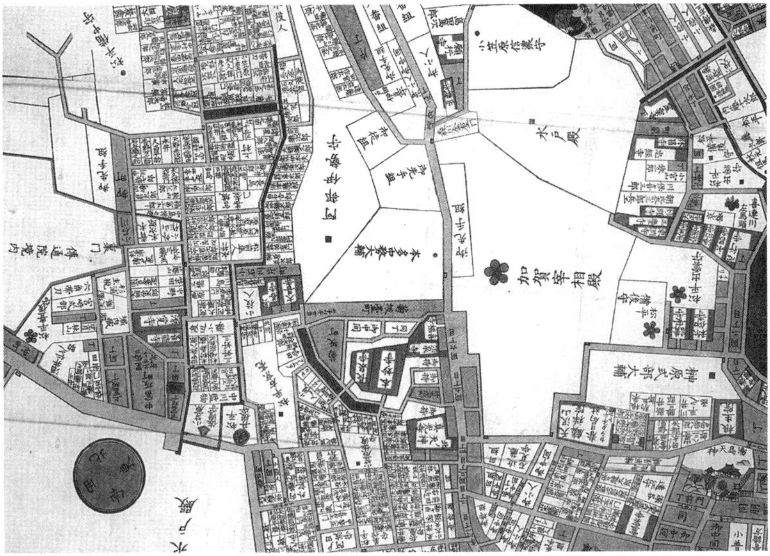

圖6　江戶後期的本鄉一帶(〈尾張屋版江戶切繪圖〉)

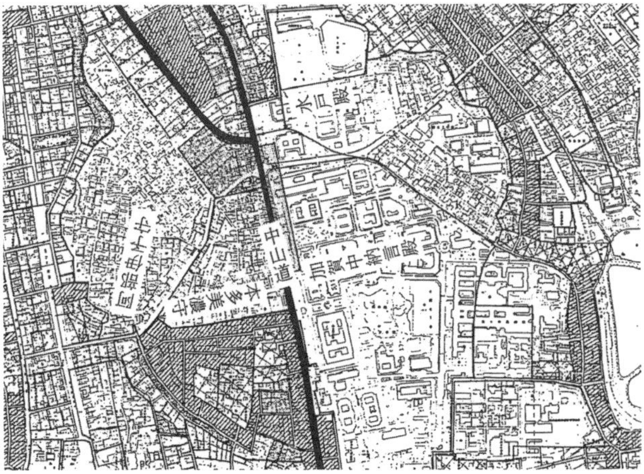

圖7　本鄉一帶復原圖

鄉三丁目站走這條路（今本鄉通）前往東京大學時，在春日通路口前的左側有一間名為「兼康」的化妝品店，店名由來即是「至本鄉兼康為止，屬江戶市內」這首川柳[17]。但事實上，江戶市街在遭明曆大火肆虐後，即沿著中山道外圍大幅發展，而在這條與山脊並行的道路走上一段，即可見知名的菊坂往左手邊描繪出一道和緩的下坡。

繼續往北，會來到至今仍完整保留江戶邊陲地帶結構的東大周邊。位在馬路東側的東大校區過去是加賀藩前田侯廣大的上屋敷，對向的馬路西側是本多家，而隔著小小的山谷、路線在追分轉向西北的中山道南側丘陵地則有福山藩阿部家，三者均衡地配置。

接著要來看看其中搶先蓋在地理條件特別好的東側、擁有知名庭園的前田家上屋敷，也就是現在的東大校區。首先映入眼簾的是赤門，其面向沿著山脊闢建的本鄉通（舊中山道），是過去第十一代將軍德川家齊之女溶姬下嫁前田家時所興建的御守殿門（圖8）。穿過赤門，廣大的校地在東側後方徐緩地下坡，廣為人知的三四郎池就位在這一區，其原本是大名屋敷迴遊式庭園中的池塘。這類在小型台地斜坡山腳挖鑿的、位於屋敷建地內的池子，許多至今仍保留在公園或大學校園中撫慰人心。由此綜合考察街道、大名屋敷的建地及建地範圍內的規劃配置，便能明白在當地掘池且存續至今的理由。

此外，本鄉一帶雖是大名屋敷匯聚於小型台地的典型地區，卻並非全區都一板一眼

圖 8　前田家上屋敷的御守殿門（大熊喜邦，〈泥繪與大名屋敷〉）

地林立著大名屋敷。隔著中山道，東大對面那些於地震與戰爭中逃過一劫的舊町家至今健在。這附近的建築被稱作出桁造[18]，雖始自明治時代，卻承襲了江戶町人職住一體[19]的町家風格，在這些町家之間到處是宛如死胡同的巷弄，巷弄裡則是櫛比鱗次的裏長屋。

這一帶的巷底（西側）往往有寺院。而明曆大火後，每條主要街道在臨近郊區之處也都有計畫地配置了從江戶中心地帶遷出的寺院，建立起小規模的寺町，且表側的町家與町家之間也鋪設了參道通往寺院。如此一來，街道與面向街道的町家、長屋形成了帶狀的町人地，與其後方的寺院用地並置，孕育了沿著街道建構的典型市街，這樣的景象尤以本鄉一帶最為顯著。

以上看到的是沿著貫穿廣闊台地的山脊主道而興建的大名屋敷，但城南地區（特別

17（譯註）江戶時代興起的口語化短詩，採五、七、五的格律，共十七音節，內容多感懷人情世態、諷刺時事等。

18（譯註）指屋簷向外延伸，以橫梁橫亙並有木條支撐的建築技法。

19（譯註）即現今所謂的住商合一、住辦合一。

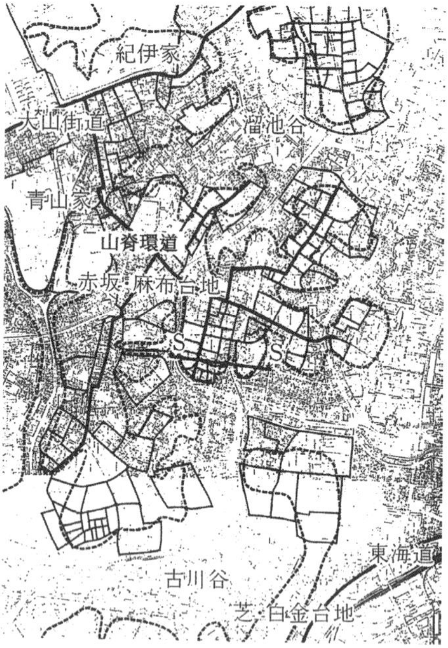

圖 9　城南地區的大名屋敷

是麻布一帶）即使台地與谷地如谷灣海岸般交錯，在突起的台地中央仍分布著由山脊主道與山脊環道開枝散葉的山脊支道，其兩側則林立著規模較小的大名屋敷。在這裡同樣是將屋敷蓋在小型台地的平坦處，斜坡與山崖下則設置庭園。而這樣的山脊支道無疑是後來為開闢屋敷建地所衍生的人工產物，此外，有的山脊支道則是為了重新開發原本已有大名屋敷的地方而新闢的。如今的國際文化會館、東洋英和等機構所在的鳥居坂上部的台地便是箇中典型。將兩張不同年代的古地圖並置對照（圖10、11的中央地帶），便能明顯看到台地的山脊處興築了筆直的山脊支道，兩側則有經過重新編制、配置妥切的大名屋敷。透過這類再開發，小型台地不僅可以充分達到土地利用，於自然形成的階段設置在山谷道路旁通往屋敷的入口，也全都改為蓋在台地的山脊道路這一側，在這個地區明晰地創造出由「上方的武

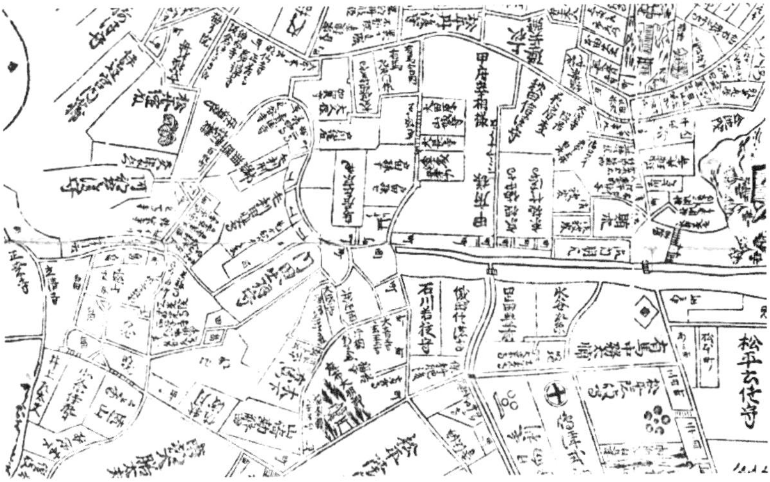

圖10 江戶中期位在麻布的大名屋敷（〈江戶圖鑑綱目〉）

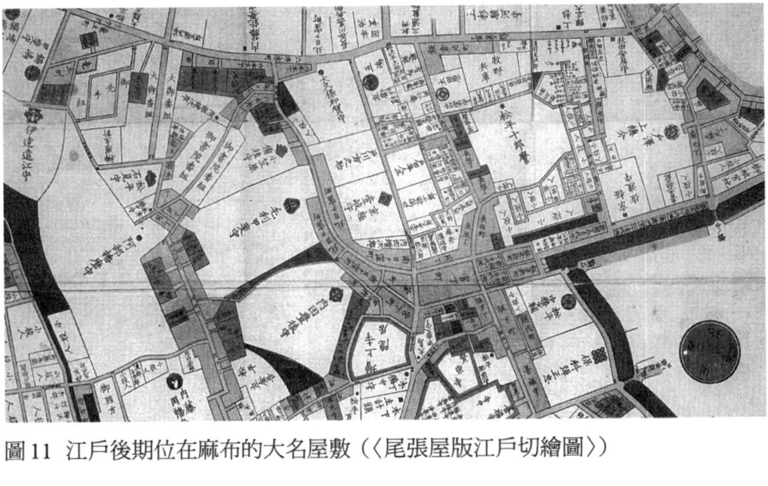

圖11 江戶後期位在麻布的大名屋敷（〈尾張屋版江戶切繪圖〉）

士世界」與「下方的町人世界」組成的、山手特有的雙重居住結構，而連結起位於此一突起狀台地的武家世界和下方町人世界（今麻布十番）的，便是現今的鳥居坂。此處眾多的屋敷儘管未能如願朝向南方，但於後側斜坡上仍可一探湧泉汩汩的庭園。

除此之外，城南的赤坂到白金一帶也零星分布著大名屋敷，就地占據了一座小山丘。早在江戶初期，這片城南之地便能從小型台地的雜樹林中西眺富士山、東望大海，谷地間則是悠然廣闊的田園地帶起伏有致的美麗郊區。在城區內興建上屋敷的諸位大名為了能帶老鷹狩獵，抑或在大自然中擁有舒適的私宅與別院，很早就在此地興建中屋敷與下屋敷。

然而在江戶，同時存在著町人想「開設店舖」與武士想「興建屋敷」，這兩種南轅北轍的向量，乃是城下町獨有的現象。在歐洲的都市，有權有勢的貴族一般都會積極參與都市的各項活動，並建設廣場與面向主要街道的宅邸，因此社會結構的階級便如實地體現在都市空間結構的階級上，打造都市的原理可說簡單明瞭。相對於此，日本都市則採行獨特的分區居住原理，町人的下町與武士的山手二者的空間結構原理截然不同。首先，下町的町人都想在人來人往的馬路旁擁有一家體面的店舖，尤其在江戶／東京，不管建地內的私人住宅再怎麼簡樸，馬路上的店面都要可以防火並展現出宏偉的氣勢，因此採用了土造、灰泥造那種氣派的設計（圖14）。這種在馬路旁開店的心願也飛快地落實在近代的都市建設中，其後遂衍生出唯有正面採行最新流行樣式的所謂看板建築[20]，某種程度上，也可說和現今符號氾濫、瞬息萬變的流行都市表層一脈相承——日本真正的都市型建築正是孕育自町人文化。

反觀並未參與生產與流通等都市活動的武士階級，則渴求於融合土地及自然且僻靜的地方「興建屋敷」。這若在歐洲，不是田園中的別墅，就是只會出現在近代郊外住宅區的獨棟庭院住宅；但在日本，則於都市的中心地帶廣泛形成，這也正是江戶之所以被視為大型田園都市的原因。要說這般傳統的居住意識最終連結到現代人那種再怎麼侷促也想住在獨棟庭院住宅的心願也不為過。

現代日本的都市便是由「開設店舖」與「興建屋敷」的意識以各種形式組合呈現，藉此孕育出多變的街道景觀。

當時澈底體現出這種「興建屋敷」意識的，便是大名屋敷。此一特權階級的住所和土地緊密連結，透露出顯著的私人性質，有別於都市的住宅。如前所述，在小型台地上

20〔譯註〕關東大地震後興起的商店建築，建築正面多以銅板、砂漿或磁磚等防火建材覆蓋。

條件最好的南側斜坡闢地，於建地範圍內的台地平坦處（靠北邊）興建主屋，並妥切地運用建地後側（南側）的斜坡，利用高低落差鑿泉掘池，興建迴遊式的庭園。如此一來，地形、道路、建地、庭園與建築遂融為一體，形成完備的定制。

而受到人們注目的道路這一側也醞釀出獨特的景觀。在都市的公共空間相當發達的歐洲，其貴族宅邸那有著大窗戶的立面往往面向廣場與馬路，而大名屋敷則完全相反，建地周圍沿道是家臣居住的、宛如城牆的長屋及其長屋門，採行對外壓迫感十足的閉鎖式結構，形成了毫無城市歡快氣息、莊嚴肅穆的都市景觀。圖13中的黑田家上屋敷（右側）即蓋在三田丘與古川之間的平地，至今仍流露出幕末的風采，連綿的長屋威嚴懾人，其間則設有長屋門，這樣的街道景觀歷歷在目。

到了明治時代，形同虛設的長屋與長屋門隨即被屏棄，改築起高牆與大門，也引進了考究的洋館，建築與環境的設計確實翻天覆地，然而，這類環繞著私領域的「興建屋敷」意識，依然在各處堅定地存續著，由地形、道路、建地、庭園、建築所創造的大名屋敷獨特空間結構，可說完整地傳承了下來。儘管用來接待客人的洋館屬於門面，設置於通道這一側最顯眼的位置，但整體來看，呈現的還是日式的屋敷結構。就連吸收西歐設計手法、以通道為軸線呈左右對稱的大學等校園建築，都還保有傳統意識，將校地視為私有空間，用牆垣牢牢圍住，大門旁邊則設置了警衛室，不容隨意進出。此一日本獨有的校園建制根深柢固，如今成為司空見慣的景象。所謂「象牙塔」的意象亦是源自於此，在日本少有向市民開放的校園，也和這樣的傳統意識息息相關。

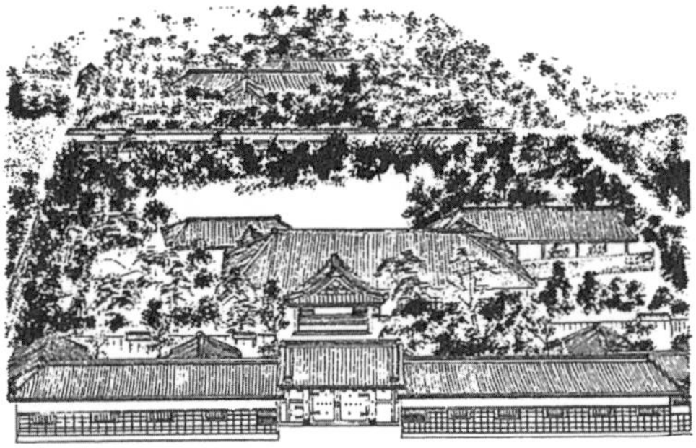

圖12 四、五千石等級的武士屋敷（笹間良彥，《江戶幕府役職集成》）

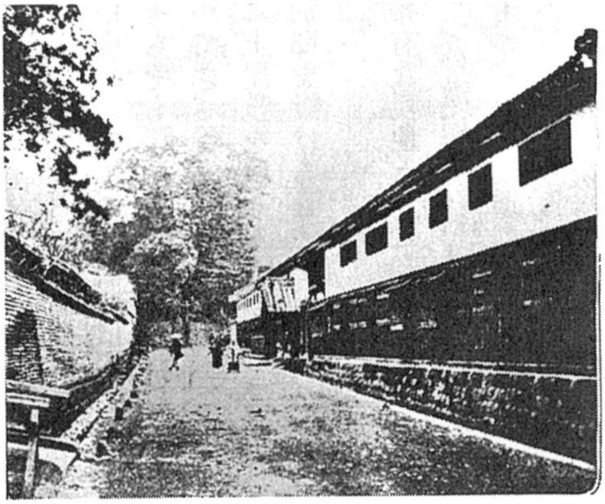

圖13 黑田家上屋敷的長屋門

圖14 明治初期的日本橋町家（《東京商工博覽繪》）

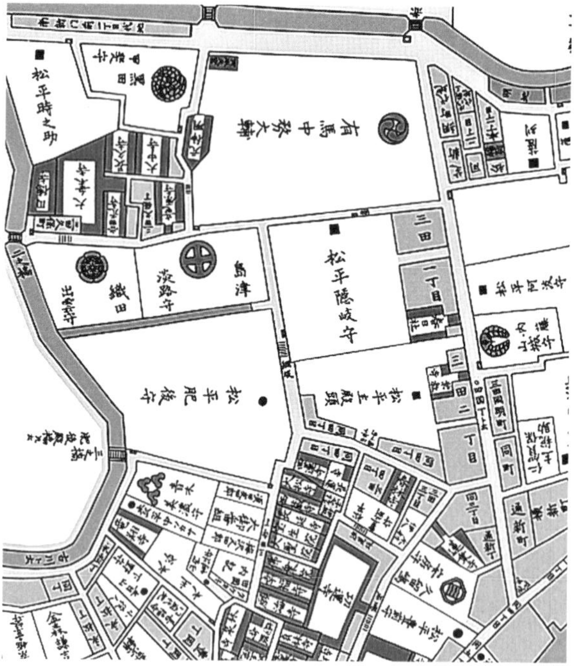

圖15 江戶後期的三田丘（〈尾張屋版江戶切繪圖〉）

現在的東京也還有許多建地完整地保留這類典型的空間結構，前面提過的麻布鳥居坂上部的小型台地便是其中之一，但當中最令人驚豔的，要屬三田綱坂的小型台地。在三田綱坂，貫穿山脊的東西向道路南側有和緩的斜坡，澳大利亞大使館、三井俱樂部、義大利大使館等氣派的宅邸林立。且不光是大名屋敷，整座山丘都採用日式手法解讀土地的樣態、活化場所固有的特性，精巧地從事開發。令人想再更仔細地認識市街的歷史沿革，一邊在這風景雅致的山丘附近散步。

首先從北側的低地起步，江戶中期改道的古川呈九十度角流經這裡的山腳。這條如今被高速公路所遮蔽的渠道儘管受到了污染而不被聞問，現下卻仍有數間依傍水運的木材行毗鄰，得以窺見往昔的繁華。

從這條大馬路往南彎進小巷，來到了洋溢著下町生活氣息的三田小山町[21]，此處曾是黑田甲斐守與松平時之助的大名屋敷，明治中期以降開發為庶民市街，但街頭巷尾町家與長屋林立的生活環境，仍不失江戶時代的下町風情。

穿過小山町的巷子，繞到最內側，台地上有自成一地的寺院與劃分境界的山崖，一邊窺看墓園，沿著狹窄的石梯拾級而上，便來到長久寺與教誓寺的後方。這市街深處迷宮般的空間，其實對應的是和江戶時代的地形相關的屋敷與寺院的建地界線，也是闡明市街規劃歷來如何活用東京山手獨特地形的關鍵之一。

登上大乘寺遺跡後方的小徑，眼前的世界則為之一變。沿著連接東西側二之橋到三田通的小型台地山脊，可以看到一片即使在東京都是數一數二的都市景觀。這條路的南邊在幕末是島津淡路守的上屋敷，如今則一分為二，分別是澳大利亞大使館（西側）與三井俱樂部（東側）。

21〔譯註〕今東京都港區三田一丁目一帶。

澳大利亞大使館的前身是明治初期以降的蜂須賀侯爵宅邸，由澳大利亞政府於戰後收購。原本氣派的御殿造[22]屋敷在東京大地震中毀損，後改建為雅致的英式宅邸（森山松之助設計），傳承至今[23]。其南側的緩坡上有著美麗的和風庭園，傳說源賴光[24]的家臣渡邊綱出生時曾在這裡的水井洗浴，而留下了史跡「綱井戶」[25]。

至於三井俱樂部[26]則位在東側，與澳大利亞大使館隔著一條南向的下坡道，在明治末年為三井家的物業，大門旁有著自大名屋敷時期保存至今、珍貴的舊藩士長屋[27]。在江戶執勤的藩士都是住在這樣的長屋，且藩士長屋不只像城牆般環繞著各大名屋敷的建地，建地內往往也有為數眾多的長屋林立。

迎門而入，自鋪設通道的前庭走到底，便可看到英國建築師康德（Josiah Conder）[28]設計的秀逸洋房（大正二年（一九一三）），往南繞到建築物的後面，露台前方是展現文藝復興風格、左右對稱的草坪，偌大的西洋庭園一派明朗。站在這座同樣出自康德之手、與洋房同步設計的庭園，真讓人有置身西歐小型宮殿的錯覺。

而值得玩味的是南側往下一層、樹木環繞的地方，從斜坡延伸到平地精心打造了和風庭園，讓人不禁遙想起當年山手的大名屋敷。以江戶傳統空間結構的脈絡為基礎，加上西歐風格的近代造形，相異的元素完美地兼容並蓄，讓人得以在此見到一如東京山手的環境。此外，在緊鄰三井俱樂部的建地南側興建高樓層的華廈，俯瞰以這座優雅庭園為背景的景致，也呈現出十足十的現代東京風景。

至於東側，是在松平隱岐守的中屋敷舊址所興建的華族屋敷，這座松方[29]舊邸如今成了義大利大使館，而建地的南側當然也有著江戶迴遊式的美麗庭園。

此外，這座山丘往東南方延伸的地區，過去曾是松平主殿頭的中屋敷，如今則屬慶

22〔譯註〕概指結合傳統京町家與有書齋、壁龕等隔間的書院造所形成的建築樣式。

23〔譯註〕蜂須賀侯爵舊邸先是於一九二七年由建築師森山松之助（一八六九～一九四九）改建為洋房，後由澳洲政府於一九五五年購入，一九八八年又委由澳洲丹頓・庫克・馬歇爾建築事務所（Denton Corker Marshall）重建，於一九九〇年完工。本書成書於一九八五年，當時澳大利亞大使館尚未重建，仍是森山所打造的洋房。

24〔譯註〕原文誤植為源賴政。

25〔譯註〕渡邊綱（九五三～一〇二五），平安中期武將，與碓井貞光、卜部季武、坂田公時並列賴光四天王，以孔武勇猛而廣為人知。至於井戶即指水井。

26〔譯註〕指綱町三井俱樂部。

27〔譯註〕此棟長屋於二〇〇八年遭拆除，現已不存。

28〔譯註〕喬賽亞・康德（一八五二～一九二〇），英國建築師，於明治時期赴日任工部大學（今東京大學工學部）教職，後開設建築事務所，奠定了日本明治以降的建築基礎，知名作品有鹿鳴館、三菱一號館等。

29〔譯註〕松方正義（一八三五～一九二四），日本政治家，力主財政改革，曾任第四任與第六任首相。

應大學校區。而拓展到這座台地東側山崖下的熱鬧商店街，則源自江戶時代三田的町人地。位在小型台地的校區矗立著哥德式的紅磚圖書館，緊臨其下則可以看到在町人地當中闢建參道供參拜的春日神社，箇中的對比也相當有意思。

像這樣帶著閱讀都市的觀點在東京走一遭，比如光是悠閒地漫步慶應大學三田校區，就能享受一段又一段出乎意料的空間體驗，也能親自領略到東京其實鋪就了好幾層江戶以來的歷史。得以這般親身體會都市的樂趣可說再好不過，不管哪一帶，走在理當習以為常的山手，那些與過去截然不同的嶄新都市空間肯定會開始映入我們的眼簾。

雖然前面已經舉了幾個具體的例子來說明大名屋敷在明治時代以後的發展，但下面我仍想重新歸納一次。大名屋敷的用途在近代以來經歷了兩個重大的轉捩點。圖16是明治以降的大名屋敷變遷示意圖。第一個轉捩點是許多大名屋敷隨著明治維新被政府收回，其後在不變更建地規模的情況下轉作公共設施（如政府機關、大使館、軍事設施、教育與文化機構等），或是作為公卿出身而搬離京都的華族與明治新政府高官的宅邸，此外，山手也保留了不少後來成為華族的前大名曾擁有的屋敷。至於第二個轉捩點，則是在二次大戰後，許多軍事設施與宅邸變更為其他公共設施、飯店或住宅區。

無論如何，這些地方都為東京市中心貢獻了綠意盎然的環境，這在都市型宅邸林立

（在義大利的話就是指豪宅）的歐洲是絕對不會有的。除此之外，像新宿御苑、有栖川公園、須藤公園、清水谷公園等，重新運用大名屋敷舊屬地保留了池子的迴遊式庭園，成為了市民日常休閒的公園，這樣的例子亦不在少數。經過這番考察東京近代都市的形成後，令人意外的是，近代本身其實很少新創出相當於都市骨幹的產物，而是活用江戶的都市環境這份本錢，以其為基礎所創造的元素才是占了壓倒性多數。

另一方面，山手的大名屋敷當中，也有很多在轉作華族宅邸後於明治後期到昭和初期歷經開發，最後變成了住宅區。比如走在倖免於地震與戰火的城南麻布，儘管屬於較鄰接的地區，卻可以發現三種型態完全不同的典型近代住宅區，簡直是活生生的日本近代住宅史博物館。試著在這裡設定地形與地理條件、開發時期、開發主體、開發手法、建築類型、住戶階級等指標互相對照，則處處耐人尋味。

首先，再次來看看前面提過的古川沿岸的低地

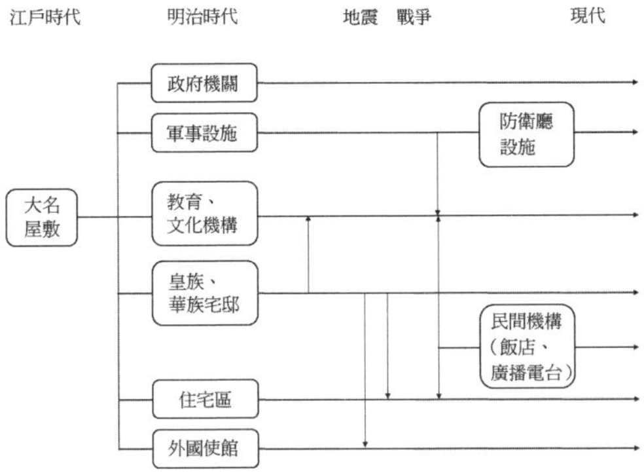

圖16　明治以降的大名屋敷變遷示意圖

三田小山町。此地在明治中期很早便於結合水運的周邊興建工廠，小資產階級隨之打造了巷弄、町家與長屋組成的工匠與商人所屬的地區，孕育出洋溢近世氛圍的庶民生活空間，只不過已不再有近世那種封閉的死巷，而有許多相通的巷弄。此外，大名屋敷當時的結構至今讓人記憶猶新，其中一條主要巷弄會對應從原本的長屋門進去的通道，這一點也很有意思。

相對於此，下面看到的麻布霞町舊阿部家下屋敷則位於平坦的台地，明治中期以降，新興資本家與大型建商規劃出了明快的街區並著手開發。先是北側的土地被切割賣給了新興資本家，透過新地主之手做起出租土地與房屋的生意，將土地租給企業精英，蓋的房子則租給一般上班族。在面北的斜坡等處，還可以看到下町那沒有庭院而赤裸裸面向街道、看似歇業的小房舍。將日本參謀本部測量局的地圖（明治十六年）和其後的地圖相較，會讓人覺得近代住宅區的市街區塊其實是原封不動地以並置藩士長屋、內部簡明的街道體系為藍本。畢竟大名屋敷原本就會有好幾條道路經過、分布好幾棟建築物，不少本身就像小型的市街那樣。而南側稱為阿部山的小型台地則在大正年間由三井信託分售，形成了以企業精英為對象、整齊劃一的住宅區，呈顯出規劃完善的區域結構，堪稱現代郊區住宅最初的型態。

至於麻布飯倉片町則有一處神奇的「西班牙村」，就位在台地中央的小窪地。此處原本是太田原家的上屋敷，在明治、大正年間所有權人歷經更迭，於昭和十年（一九三五）左右，經當時體現了現代主義的文化人士兼農業技師上田文三郎之手，成為時髦公寓林立、氛圍獨具的住宅區。這座西班牙村之所以誕生，源自上田與其子萬茂當時一同參加了美國農業考察團，在西岸見到了殖民風格的建築，深深受到吸引。於是上田回國後買下了這塊地，與萬茂兩個門外漢自行設計、繪圖。其建築物的立面十分獨特，每扇窗戶的形狀都不相同，是當地木工所發想的。獨特的殖民風格外觀醞釀出異國情調，相反地，公寓的配置卻是日本傳統長屋的形式，彷彿面向街道的洋風長屋，狹窄

圖 17 如今的三田小山町

圖 18　洋風長屋風格的西班牙村

圖 19　西班牙村的公寓出奇的外觀

的巷弄則率性地擺放著盆栽與生活用品，在現代主義之中吸收傳統的空間結構，創造出近代與近世奇異混融的空間。在興建當時，從這裡搭乘圓計[30]到銀座還不到十五分鐘，因此據說也有在銀座工作的女服務生與演藝人員入住，那些摩登的男孩與女孩便是從這裡神清氣爽地前往銀座。如今這一帶則已人事全非，但從大樓林立、車水馬龍的大馬路彎進其中一條街，在恍如幻境的寂靜氛圍中，四棟洗鍊的建築安好如初，透露出日本現代主義轉瞬落盡的繁華。

前述三個地區都擁有山手大名屋敷這個共同的背景，但無論一路走來的軌跡或如今的姿態卻是全然各異。我想光是著眼於這一點，就能看見懷抱各種面向而發展的東京近代縮影。

東京的開發方式是一種柔性的變革，維持著眾多大名屋敷舊屬地的界線，不破壞原有的「建地」單位，而是直接在其內部進行；這些舊屬地再像馬賽克磚般集結、交織出整體都市組織。一點也不像歐洲都市彷彿全部重新建構般進行澈底的改造。東京近代的每個部分都蓄積了歷史記憶而呈現豐富的面向，但乍看之下，整體卻反而欠缺理論結構，因此得以建設獨特的都市。故以西歐的現代都市為量尺來評估，要說難以一手掌握近代東京的特徵與魅力亦不為過。

旗本屋敷

相對於蔚為話題的町人地與大名屋敷，江戶中下級武家地的形成卻未獲得太多關

30〔譯註〕一圓計程車的簡稱，乃大正時期興起，不計里程數、單趟只要一圓車資的計程車。

注，這一點也令人匪夷所思。然而，町人地在近代的市區重劃、震災與戰禍後的區劃重整之際拓寬了道路，而貫穿武家地內部的道路卻幾乎原封不動地默默延續至今。其中應當關注的，是這些武家地所呈現的完善規劃，不但體現山手細膩的地形起伏，每一區劃也透過筆直的道路網形成均一的市街區塊與建地區塊，正可說是城下町建設的精妙之處，江戶時代較早建設的地方更是明顯不過。

首先，就到中級武家的旗本屋敷林立、位於麴町台地的番町走一遭吧！

德川家入主關東未幾所考量的駿河、遠江、三河三國大舉遷移的家臣（旗本）居住地，便是位於城西、占有地利之便而易於開發的麴町台地。下面就簡要地看看番町的地理位置。

儘管城西的武家屋敷地區規模龐大，在空間上卻有著一如城下町般明快的三層階級制度，亦即以上、中、下三個階級構成了武家屋敷群——在江戶城中，從現在的紅葉山到緊鄰其西側的吹上御苑，於明曆大火（一六五七年）前都是以御三家[31]為首的高官屋敷；而位於其內外護城河之間的番町，是隸屬旗本的中級武士屋敷；位於外護城河之外的四谷與市谷，則是下級武士團的屋敷，形成上、中、下三段式羅列的武家屋敷群。至於在城西地區設置中級與下級家臣團雖是基於軍事考量，但以劃分宅地為當務之急，地

圖20 江戶後期的番町（〈尾張屋版江戶切繪圖〉）

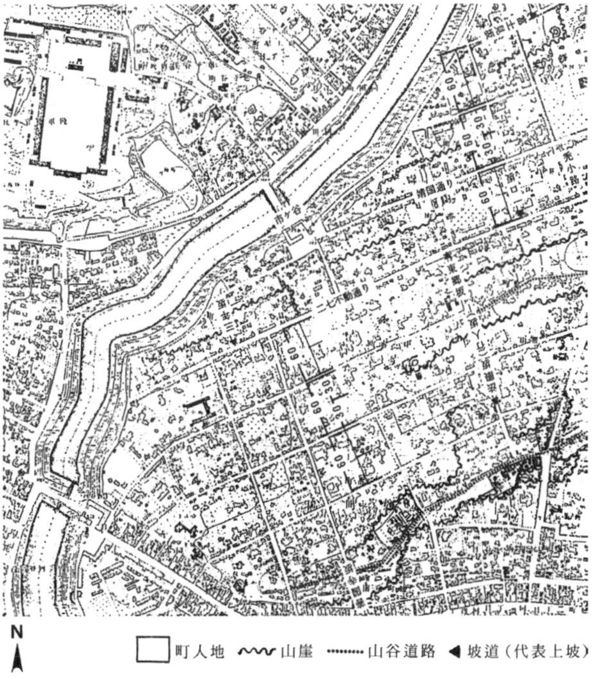

圖21 明治前期番町的地區結構（引自〈參謀本部測量局五千分之一東京地圖〉）

31〔譯註〕指德川御三家，即有資格繼承將軍大位的尾張藩、紀州藩與水戶藩。

理條件最優異、易於開發的地點也就成了上上之選。

然而，即使城西在山手各區中擁有相對平坦的小型台地，也往往伴隨著和緩的起伏，令人在步行間通體舒暢。尤其番町位在麴町台地的突起處，有兩座深邃的小型山谷，地形起伏豐富。儘管如此，十足城下町的一番町至六番町街區，仍舊是由極其完備的規劃所建構。

所幸這一帶即使歷經市區重劃與震災後的區劃重整，也並未進行道路拓寬等改造工程，原原本本地保留了江戶的市街區塊，要是在現今的地圖上用尺量測，便能清楚理解江戶時代的都市設計。

而所謂完備的規劃，首先體現在街區的大小。始自一五九〇年下町中心地帶本町的市街區塊，是沿襲古代的條坊制，街區的內徑尺寸和京都一樣為六十間（京間），儘管這一點眾所皆知（內藤昌，《江戶與江戶城》），但實際在地圖上測量，會發現即使是這座番町，街區短邊的內徑也同樣是六十間，形成了整齊劃一的市街區塊。比起因近代的區劃重整等工程而導致街區大小一舉改變的下町，番町一帶毋寧才是原原本本保留了日本古代都市設計的尺度，只是這項事實卻意外地鮮為人知。

此一規劃完善的網格狀道路模式也與地形配合得天衣無縫，街區的長邊幾乎與等高線平行而稍稍偏離東西向。此外亦如桐敷真次郎[32]針對本町市街區塊所指出的（〈天正、慶長、寬永年間江戶市區的景觀設計〉，收錄於《都市研究報告》第二十四期，東京都立大學，一九七一年），其設計乃是為了遠望時可以看到地標富士山。事實上，與現在的法政大學校區後側相鄰、往西南西方向的和緩下坡道，至今仍被稱作「富士見坂」，而裏四番町的道路通往外護城河的河堤前方，想必在過去也能夠清晰地遠眺面前的富士山。此外，從《新撰東京名所圖會》中亦可發現，在與這條路平行的三番町街道盡頭，同樣曾經得以眺望富士山（圖22）。

日本的都市原本就和歐洲都市以高塔或圓頂那種象徵性的高層建築為中心、城牆環繞的小型向心結構相反，顯然是採用離心法來規劃，和環繞著都市的自然與地形緊密連結，且以盤據四周的山脈為定位的地標。但這一點同時導致都市發散擴張，也就是出現所謂都市蔓延的現象。

儘管如此，在番町周遭卻能讀取到盡可能活用自然條件、近世典型的計畫性市街規

32〔譯註〕桐敷真次郎（一九二六～二〇一七），建築史家、建築評論家、東京都立大學名譽教授，專長為西洋建築史、日本建築史與文化資產保存等。

劃——配合各場所的微觀地形，並考量環繞都市的大自然中顯著的標誌來規劃市街區塊。

從地圖上來看，街區看似被道路井然劃分，但實際走一趟，就會發現這裡其實也是依照日本傳統的市街規劃原則，道路兩側才是屬於同一區。事實上，從一番町到六番町都是挾著道路的同一街區——將短邊六十間的計畫性街區根據中分線再劃分為各三十間，挾著道路的兩側合起來便是一個市街區塊，因此街區的中分線就相當於市街界線，而此界線若是山崖，便巧妙調節了土地高低起伏的落差。在九段小學後方崖線上的階梯所流露出的趣味，就讓人聯想起巴黎的蒙馬特（圖23）。

由於這般形成的土地骨架到了近代亦未曾改變，因此觀察這個地區便能回溯四百年前開發旗本屋敷的方式，文獻史料中絕不會透露的江戶市街規劃的空間結構細節，我們如今都可以在東京一一探索。於現今的東京像烤墨水那般烤出江戶的痕跡，重現其影像——一旦有了這樣的念頭，貫穿東京內部歷史連續性的幾條線便躍然紙上了。

明曆大火前的番町只不過是在四周皆為竹林的建地蓋茅草屋和小門，當時放眼都還是簡陋的屋舍，但火災後竹林被砍伐殆盡，房子也逐漸變得富麗堂皇。在明治十六、十七年的參謀本部測量局地圖中，可以看到許多江戶的旗本屋敷仍保留著過往的格局，若加以比較，便能看出「建地—門—建築—庭園」的基本結構。由此可見，其和大名屋敷同樣在道路兩側設置莊嚴的長屋門，打造出莊重的屋敷町[33]。

正如鈴木賢次[34]詳細檢證徵收或接收武家屋敷的相關史料〈屋敷渡預繪圖正文〉後所提出的看法（〈旗本居住都市的存在樣態〉，《建築史學》第二號），根據俸祿多寡、職務高低或時期不同，整個江戶的旗本屋敷規模從一百坪左右到兩千多坪不等，差異懸

圖 22 自三番町通眺望富士山圖（明治 30 年左右，《新撰東京名所圖會》）

圖 23 九段小學後方的階梯

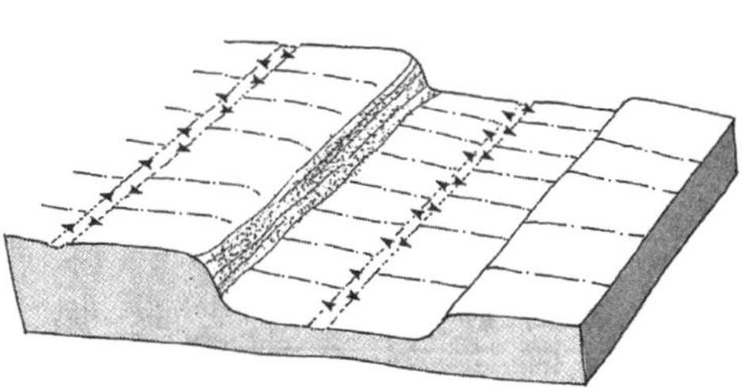

圖 24 番町的街區剖面示意圖

殊。然而這座在江戶初期基於明確理念而整齊劃一地打造的番町，相對來說規模則較平均，根據切繪圖與參謀本部測量局的地圖判斷，幾乎都介於三百坪到九百坪之間。

番町的旗本屋敷在這般形狀完整的建地上點滴吸收了大名屋敷絕大部分的元素，呈現小而美的大名屋敷風格。圖25為大門朝北的旗本屋敷制式格局，進了長屋門，便有一條展示出身分、約十間長的通道，到屋敷的玄關之間放置了踏腳石，雖然建築物的坪數有大有小，但寬廣一點的也有一百坪上下，隔間則有如略微簡化的大名屋敷。至於庭園則在更裡面，占整片建地的近三分之一到二分之一，在這有著假山與池子的江戶式庭園中，亦不乏花團錦簇的美麗庭園，坊間甚至流傳著「五番町戶川邸的百株盆栽，一番町由良家的花菖蒲，表二番町中山邸的櫻草」（引自《麴町區史》）。而擁有假山與池子的寬廣庭園會盡可能蓋在主屋的南側，主屋則蓋在靠北的地方，可說是定規。

如圖12復原後的幕末照片所示，乃領有四、五千石等級的旗本屋敷。在有條不紊的土地區塊中聳立著長屋門，街道景觀則略顯規矩，讓人幾乎可以想像自己漫步在像伊賀上野的市街所保存的中級武家地遺跡。

到了明治時代，番町的許多旗本屋敷也和大名屋敷一樣難逃被徵收的命運。其後由於以生絲和茶葉為主要的外銷品，故為生產所需，原本的建地曾一度改作桑田與茶園，但這項政策以失敗告終，新政府為避免武家地荒廢，遂不再拆除屋敷，而是直接租借給新政府的官員作為官邸，到了明治四年（一八七一），則以低價拋售予民間。於是一度荒廢的番町重新注入了生氣，成為高官與華族居住的屋敷町，矗立著長屋門的莊重景觀也就這樣維繫了一段時間。這裡也曾有泉鏡花與島崎藤村的宅邸，據說在某一時期，旗本屋敷的玄關還曾掛著「文藝春秋」的看板。此外，這裡也從很早開始就有外國使館與學校等洋風建築出現。

這個地區歷經震災與戰災，大半付之一炬，老舊屋敷幾乎所剩無幾，且稠密的土地利用，使其將縱深很深的建地切分為前後兩半，然而時至今日，旗本屋敷當年位於建地面寬中央的氣派宅邸仍矗立著，屋敷町的風華並未消褪。在視覺上完全阻斷屋敷內部與街道空間的長屋門被拆除，改為多少可以窺看到內部的大門與圍牆，毫無遮蔽地呈現出住宅外觀的上半部，形成街道景觀的一部分，這可說是近代主要的變遷吧！但從確保建地範圍的圍牆並設置大門的「屋敷結構」來看，明確遮斷私有的建地內部與公有的道路空間這樣的概念，基本上仍延續至今。就這一點而言，大正以降，以田園都市的概念為

33〔譯註〕指眾多屋敷集中的地區。
34〔譯註〕鈴木賢次（一九四六～），建築史學家，曾任日本女子大學教授，專攻建築史、建築設計。

背景、在郊外誕生的田園調布與成城等開放式的新興高級住宅區，即散發出了略微不同的風格。

而番町近年來也將擁有廣大庭園而土地利用率低的低樓層住宅改為辦公室或公寓，景觀正因之逐步改變。但這麼一來，即使上面建築物的設計或規模有所改變，德川家康主政時期打造的地形、道路、街區等市街的骨幹，歷經將近四百年仍未崩壞，穩固地支撐著現代都市。且不光是富士見坂，法眼坂、一口坂、帶坂等江戶時代的許多坡道至今保留相同的名稱，提供以筆直道路與方正區劃的街區所打造的番町恰到好處的街景變化。此外，坡道兩側的石牆與老樹也訴說著市街悠久的歷史。

這般刻劃於番町的江戶都市結構，確實不只存續於現在的城市中，對今後要實現懷抱認同的都市建設來說亦不可或缺，可說扮演著歌舞伎中黑子[35]般的角色。

組屋敷

如果說明治時期以降的大宅邸承襲了小型大名屋敷與旗本屋敷的意象，那麼如今東京四處可見的獨棟庭院住宅，便可說是繼承了下級武士屋敷的血統。占江戶七成的武家地絕大部分都屬於下級武家地，由於不像大名屋敷舊屬地那樣在近代澈底改頭換面，因

圖 27　番町的街景變遷（由上至下）

圖 25　旗本屋敷的普遍結構

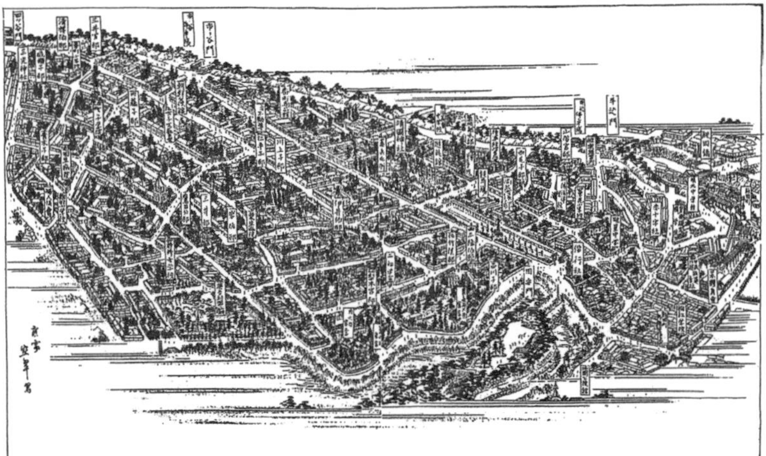

圖 26　明治 30 年左右的番町景觀（《新撰東京名所圖會》）

此不只維持了街區的型態，也得以保留建地區塊，被現今東京市中心的一般住宅區原原本本地承襲了下來，成就江戶到現代庶民住宅的重要系譜。至於孕育自下町町人地的町家與長屋，其居民的江戶子[36]作風經常引發話題，反觀近在身邊的這些山手住宅區，其所擁有的歷史連續性卻乏人關注，這一點也令人百思不解。但從現代人即使空間狹窄仍想要擁有庭院洋房的想法來說，解讀下級武士屋宅的存在可說是至關重要的課題。

直屬幕府的武士（幕臣）可大致分為旗本與御家人，旗本指的是有資格謁見將軍的「御目見」以上的身分，御家人則沒有該資格，而一般來說，御家人以下身分者即稱為下級武士。

下級武士擔任了幕府中各式各樣的職務，可細分為御徒組、大番組、御納戶組等，且每組統一住在一個地方，這樣的地方便稱為組屋敷。在向幕府借來的土地（大繩地）中央開道，道路兩旁則各分為二十到三十戶，基於相同的建地面寬整齊地劃分，組屋敷便是這樣均一又有條理的宅地。亦即在這裡，日本市街規劃的定規——道路同樣發揮了重要的功能，在其兩側形成了一處組屋敷，也不妨當成前面提過的番町的旗本地區等比縮小版。在古地圖上，這類下級武士的居住地通常只會概括表記為組屋敷，而不會一一註明每位居民的名字。

用現在的說法，組屋敷就像攜眷入住的公務員宿舍或軍營，一般的町人原則上不會入住，是封閉且高度獨立的靜謐空間，在道路兩頭設置柵門的亦所在多有。

下面就透過現存的文獻史料來看看各個住宅的結構吧！其與道路和鄰戶之間往往以木板牆或圍籬隔開，每戶都有一扇簡陋的門，從門口走到玄關則約莫四、五間的距離，展現出有通道與前庭的武家門第。至於隔間，以位於深川元町的御徒眾（七十俵五人扶持）來說，玄關占三疊[37]，接著是八疊房、六疊房、廚房、茅廁（高柳金芳，《江戶時代御家人的生活》），相當於今日一般上班族住家的規模。

這樣的都市景觀直到近期都還隨處可見，要是稍微回想一下便知道，除了改為兩層樓、新建材和水泥牆以外，其本質至今幾乎未曾改變。

然而，正如川添登[38]所指出（前引書），由於江戶的山手是綠意盎然、土地廣袤的田園都市，就算是下級武士，隨便一塊縱深深一點的長方形建地都有一百到兩百坪，居

35〔譯註〕又稱黑衣，指歌舞伎表演中身穿黑衣負責布景、道具或輔助的人員。
36〔譯註〕概指土生土長的江戶人，往往被認為性格豪爽果斷而粗率躁進。
37〔譯註〕一疊指的是一張榻榻米的大小，約莫半坪。
38〔譯註〕川添登（一九二六～二〇一五），都市評論家，曾主編雜誌《新建築》，活躍於建築評論乃至民俗學領域。

住條件遠勝過現代東京。而屋敷比起建地則小得多，武士往往會在後面的空地種菜貼補生計。

那麼，組屋敷究竟是蓋在怎樣的地方、又是根據怎樣的規劃建造的？接下來我們將要抽絲剝繭，解開這個謎團。首先，依年代逐一對照江戶的各類古地圖，便可知道各個組屋敷是在哪一個時期建立的；要是再看看尾張屋版切繪圖（一八六五年），也就能掌握幕末的詳細情況。其次，是各個組屋敷實際的規模與型態，可以從根據實際測量而首次正確繪製的〈參謀本部測量局五千分之一東京地圖〉（明治十六、十七年）與現在的地圖得知。

尤其明治十六、十七年的地圖中仍繪有江戶時代留存的建築、大門、圍牆與庭園，既能藉此了解建地內的配置，某種程度上也能揣想當時的街道景觀。而想了解組屋敷偏好蓋在怎樣的地方，抑或如何因應微觀地形進行設計，當然就要透過能顯示地形的明治十六、十七年的地圖與現代的兩千五百分之一地圖來分析，同時親赴現場考察，以便獲得更詳盡的資訊。

最早開發組屋敷的地點，是旗本屋敷林立的番町外側，亦即城西的四谷、市谷，乃至城北的小石川。尤其在城西，如前所述，有三層的空間階級制度，由江戶城往西北方先是有親藩與譜代大藩的屋敷，接著是旗本屋敷，其外側才是這裡所提到的下級武士組屋敷。這一帶在山手算是地形較平緩的，多由小型台地與緩坡構成，因此非常適合開發整片均勻一致的組屋敷。

這類早期組屋敷的特點是基於計畫性的理念而打造得井然有序，首先，中央的馬路與街道及周遭的生活道路明確區分開來，確保居民擁有封閉而靜謐的居住環境。

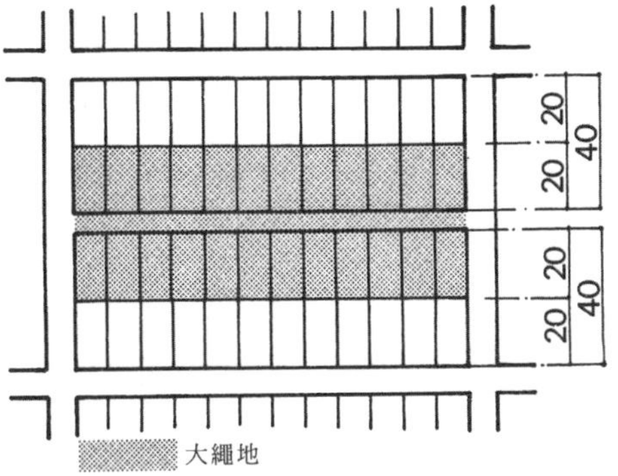

圖28 組屋敷的模組

圖29 組屋敷示意圖

此外，街區多以東西向道路為長邊構成，短邊原則上是四十間，且由於街區有一道中分線，因此建地的縱深便是二十間。一如番町的旗本地區，這個數字其實與以古代條坊制為範本的日本橋及京橋町人地的市街區塊，源自同樣的尺寸系統。亦即町人地是單邊六十間的正方形街區劃分為井字，各個町屋敷[39]的縱深則為二十間。古代以六十間為標準的尺寸系統在下町與山手如出一轍，適用於整座城下町江戶，這項耐人尋味的事實此時也浮上了檯面。

以下試著重新整理大名屋敷、町人地、旗本屋敷、組屋敷的市街區塊各自所採用的模組（圖30），都是以六十間為基礎的模組系統，並因應各自的階級，分別註明三分之一、二分之一、三分之二的比例。

組屋敷一塊地的大小約莫是面寬七到十間、縱深二十間，光從規模來看，與町人地的町屋敷幾乎一模一樣。但町人地的巷弄後側有許多屋舍，這樣的土地利用型態和後方都是空地的下級武家屋敷大不相同。儘管如此，江戶的都市整體仍源自條坊制的傳統尺寸系統而有完善的規劃。

雖然有十足城下町那般明確的規劃理念，但在地形多起伏的山手，並非和平坦的下町一樣硬是機械式地執行均一的網格設計而無視地形。當時對都市計畫的想法一直都是充滿彈性的。也就是說，這類模組所規劃的元素會因應地形一點一滴調整，同時像馬賽克磚般連結起來而形成了整體。亦即其建立都市的思考模式是先確立細節的計畫體系，再根據不同場所的情況彈性應對。

最終可以看到山手各區的型態，巧妙地取決於「城下町特有的計畫性意向」與「彈性應對多起伏的原始地形」之間的平衡，創造出了具備優異而堅實的骨幹，且不失其有機性、豐富多變的都市環境。這一點和忽視場所原有的條件、不管在哪裡都執行同樣的都市計畫與建築設計的現代技術可說大相逕庭。

分割比	2	1	2/3	1/2	1/3	
2	(240)	120	(80)	60	(40)	大名屋敷
1		60			20	町人地
2/3						
1/2	60	30	20	15	10	旗本屋敷
1/3	40	20		10	7	組屋敷

單位：間

圖30 江戶的市街區塊模組列表

那麼在此首先就以初期計畫性地建設的組屋敷為例，來看看市谷台地南側斜坡的御徒組。越過外護城河，爬上神樂坂後稍微往西的這一區，如今仍是閑靜的住宅區——像這樣和緩的南側斜坡，即使到現在都是良好的居住環境。

這裡的街區面寬九到十間、縱深二十間，屋舍儼然，建地規模在江戶的組屋敷中是最寬敞舒適的。從幕末的切繪圖中可以看到柵門的圖示，顯示其屬於封閉且高度獨立的環境，在明治十六年（一八八三）的地圖上也可

39〔譯註〕即町人居住的屋敷。

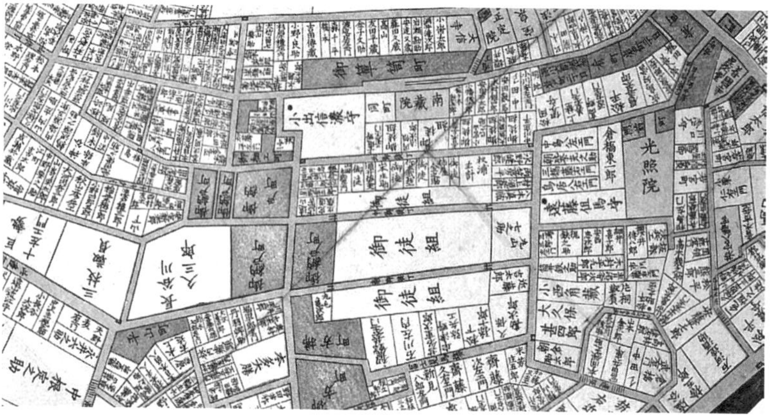

圖31 御徒組的組屋敷（〈尾張屋版江戶切繪圖〉）

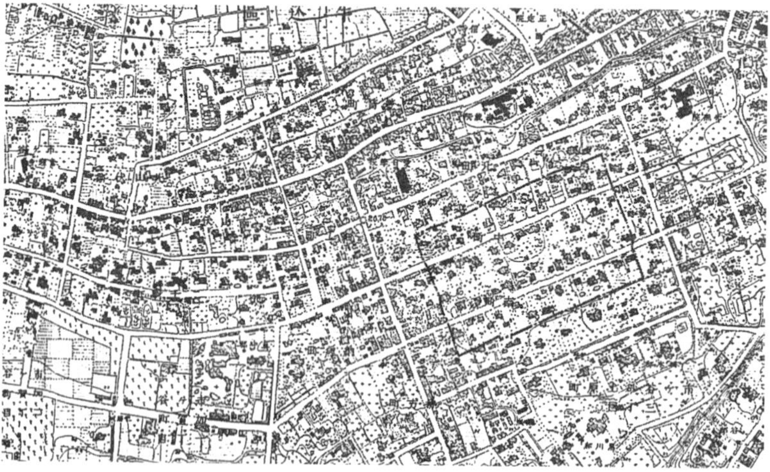

圖32 明治16年左右的舊組屋敷（引自〈參謀本部測量局五千分之一東京地圖〉）

以看出這個時期武家住宅幾乎都仍保留著。與面向馬路、密密麻麻的町人地相比，亦能明顯看到武家地的特徵，即零星的庭院與田地等空地。仔細查看圖32，便會看到面向馬路的簡陋大門，從門口往內四到五間則有宅邸。比起豪華的上級武家屋敷，其對於方位較不講究，東西向道路的南北兩側幾呈對稱，亦即不管入口朝北或朝南，同樣都有制式的「門—前院—玄關」的配置，且前院的大小也大多是固定的。即使在此處，亦可看到建築物的後側像武家住宅那般有假山庭園，其餘的土地則開闢為菜園。

雖然建地大概是從幕末開始逐步區分為或表或裏的前後兩側，但當時的土地區塊普遍都完整承襲了下來，到了現代也未再區分得那麼細。儘管傳統的老建築已不復見，木造公寓也所存無幾，但仍在市中心保全了彌足珍貴的居住環境。近來進駐此處的華廈十分引人注目，但畢竟建地小而少見大型建案，仍能保有住宅區的閑靜安適。

話雖如此，這類源自武家屋敷的住宅區近年卻由於環境變遷（主要是高額的遺產稅）而引發爭議，使人逐漸無法繼續在地價高漲的高級住宅區保有代代相傳、庭園廣大的宅邸。分割住宅建地，一部分用來蓋公寓，或是交由建商興建華廈，這樣的事例如雨後春筍般出現，因此不光是土地的歷史景觀，即連綠意這項都市環境的財富，當然也都隨之逐漸消失。不可諱言，這正是山手環境問題的棘手之處，但我並無意否定戰後土地改革的精神……。

接著，從這裡稍稍往西來到二十騎町，在相同形制的街區中，這裡躲過了震災與戰禍，仍保存著數幢珍貴的老建築。且幸運的是，在我們的考察過程中，發現其中一棟原本是與力[40]住處的房子保留了改建前的平面圖，圖33便是根據其平面圖、透過口述增補繪製而成。如今定居於此的小藤家，據說是在明治初期買下了這裡。

二十騎町在幕末原本是兩組十騎的御先手所居住的地方，但這棟建築物也出現在明治十六年的參謀本部地圖上，兩相對照，就連假山的位置也一模一樣。後來小藤家將這塊地的西半邊脫手，但建築物東側的部分直到我們五年前進行考察時仍完好如初。這棟房子畢竟是幕末時期的建築，因此在明治初年購入時，少說也已經有幾十年的歷史。而比對尾張屋版切繪圖，此地正好寫著「山本喜兵衛」這個名字。

這塊地當時約有兩百坪，面寬十五到十六間、縱深十三到十四間，進門右手邊是中間房，左手邊主屋前有庭園，從門口到玄關的通道約四到五間。此外，其亦遵循當時住宅的定規，區分為客用的大玄關與自用的小玄關，從前者進門，會先來到四疊半的玄關空間，其左側有十疊大的房間，再往內有廚房，廚房向左依序是六疊、八疊、六疊的朝南房間，後側則有浴室、廁所與倉庫，亦標示了水井的位置。整體看來是中規中矩、不折不扣的武家宅邸，且明確劃分了區域，接客室位在從大玄關進門、面向庭園的西邊（左側），而日常的私人生活空間則在進入小玄關後往東（右側）的內室。

這裡在下級武士的住宅中算是相當寬敞的，曾經住在這裡的每位御先手與力的名字都會出現在切繪圖中，正代表這是御家人當中等級最高的屋敷。由於占地廣、面寬寬、縱深淺而略呈長方形，因此庭園設置在屋敷南邊靠馬路的一側。儘管其未必稱得上典型的組屋敷，卻不失為貴重的資料，得以呈現當時下級武

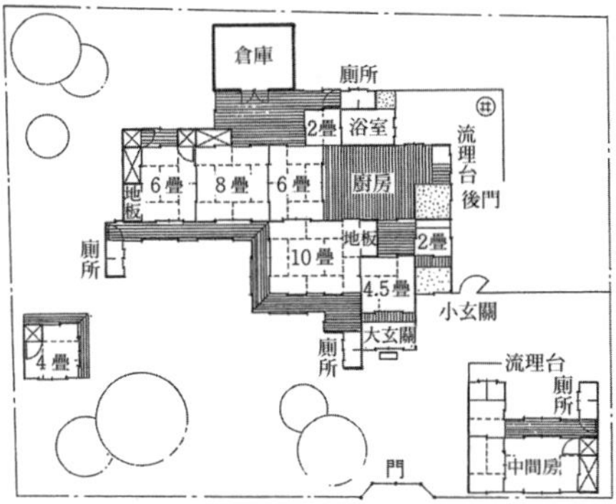

圖 33　下級武士的住宅平面圖

士的住宅型態。此外，從這張平面圖來看，也讓人確信下級武士的宅邸就是近代獨棟庭院住宅的原型。

接著從山手內側往外走，登上小日向的小型台地，來到一處氣氛獨特的地方。光從町內會介紹看板上的地圖，就能看出不尋常的規劃。

40〔譯註〕江戶時代的下級官員。

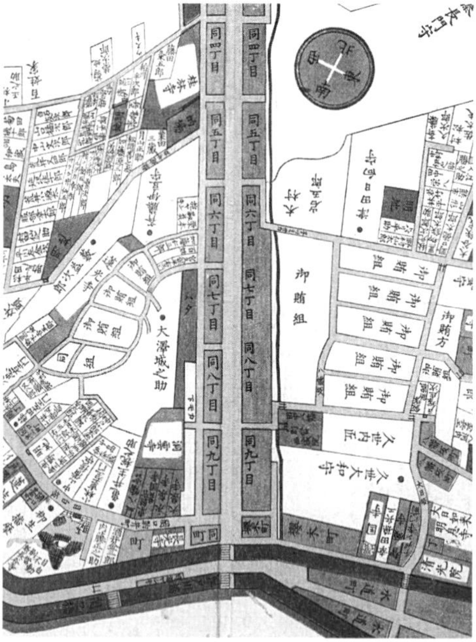

圖34 小日向的組屋敷（〈尾張屋版江戶切繪圖〉）

事實上，早在興建護國寺之前，這裡曾是於江戶西北緣打造的御賄組組屋敷的所在。查看元祿時代印行的地圖〈江戶圖鑑綱目〉（一六八九年）可知，此地周遭是一望無際的稻田，後方是護國寺的門前町音羽町一帶，此外亦有山谷溪流流經。但組屋敷這邊已然打造了延續至今的計畫性區域，共有六條平行的東西向道路，實際走一遭，會發現地勢起伏劇烈，當時卻能強行開闢平行道路、闢建優質的住宅區，這一點實在令人嘖嘖稱奇。當年西側崖上都還是田地，後來被劃入組屋敷的範圍，幕末時期的區劃則如圖34所示。不出所料，這裡同樣被柵門團團包圍，看來就像一座大型軍營，如今仍依稀可以感受到這種封閉而統一的氣氛。

雖然組屋敷的組成模式和前述的神樂坂非常相似，實際上規模卻大不相同。這裡的街區短邊為十五間，因此一塊建地的縱深約七到八間，以組屋敷來說相當小，不過各戶建地的面寬有八到九間，算起來面積約有六十到七十坪，以現代的標準來看，也足以令人欣羨了。由於東西向道路又直又長，寬度卻頂多只有三公尺，因此如今與其說是公有道路，更像是與各家門口及庭院合為一體的私人道路，讓想從這裡通過的外人下意識地敬而遠之，住戶也就這樣獲得了沉穩閑靜的生活空間。

自這座小型台地往西而下到音羽町，可以眺望著前方目白台的東京聖瑪利亞主教座堂，一邊步下鼠坂（圖35）。往南則能遠眺神樂坂方向的台地，緩緩步下八幡坂。

圖35 現今的鼠坂

像這般在山手慢慢地散步之際，至今仍讓人感到驚喜的，是在小型台地的山坡上，於眼前豁然展開的優美全景，往往令人充分體驗到開闊感，還能確認自己的所在，從立體的角度了解市街的歷史沿革。自古以來，東京的都市環境各處便都有出色的機制，醞釀了「人類」與「空間」的對話。幸運的是，這些與地形結合的景觀結構超越了時間，至今幾乎未曾改變。

然而，近來下方馬路旁興建了一幢幢辦公大樓與華廈，使得視野完全被遮蔽，而感受不到豐富的地形變化。但願公部門能有所作為，考量東京的都市美學，避免破壞這幅可以從山坡上眺望的全景式絕景。

江戶時代中期到後期，都市蔓延與人口密集的情形與日俱增，組屋敷也不再局限於城西與城北，而逐步往南邊的青山與麻布設置。但由於這個時期地理條件佳的小型台地全被大名屋敷與初期的中下級武家地占據，因此新建的組屋敷只能蓋在北側斜坡之類的陡坡，尤其在地形起伏劇烈的城南，往往不得不蓋在山崖下或窪地上。從這個時期開始，下級武士的世界與其說是位於小型台地的武士空間，不如說具備了位於谷地的庶民空間特質。此外武家地或寺社地的一部分也經常會改作組屋敷。

然而，在地形條件這樣不利的地方，仍透露出想要井然有序地進行區域開發的建設意圖。且窪地這樣的地理環境，或許反倒可能孕育出封閉而安穩的住宅區，進而得以在現代的都市發展中保留一方靜謐的天地。

舉例而言，一提起青山與麻布，大家聯想到的往往是高級住宅、大使館、時髦年輕人聚集的地方，但這裡也曾經刻劃好幾道歷史的褶痕，事實上，其後方的窪地便出乎意料地有許多源自組屋敷、洋溢著生活氣息的閑靜住宅區。

畢竟城南地區本就以地形多起伏的自然環境著稱，明曆大火前便沿著山脊的小型台地與山丘興築了許多大名的中屋敷和下屋敷，另一方面，谷地也隨之逐漸發展出町人地。到了十八世紀，為了容納日漸增多的御家人，遂運用地理條件欠佳的窪地與低地開闢了組屋敷。

在此來看看一個典型的例子，那就是麻布我善坊町（今港區麻布台一丁目）御先手組的組屋敷。這裡的組屋敷是蓋在麻布台地上、由東向西如盲腸狀深入的狹長窪地，在貫穿中央的東西向道路兩側，正如定規那般，是縱深二十間、面寬七到八間且有條不紊的屋敷區塊。一般來說，被小型台地所包圍的窪地並非優良的地理條件，但在這裡卻反而轉化為不受外界干擾、封閉而安穩的住宅區。

如今，在高速公路緊靠其西側呼嘯而過，且麻布的風土與周遭地區日新月異的情況下，只有後側這個區域得以保有歷史褶痕中閴靜安適的所在。當然，這裡畢竟還是市中心，如今已無法像組屋敷那樣維持廣闊的建地。儘管江戶時代建地區塊的骨幹尚存，但

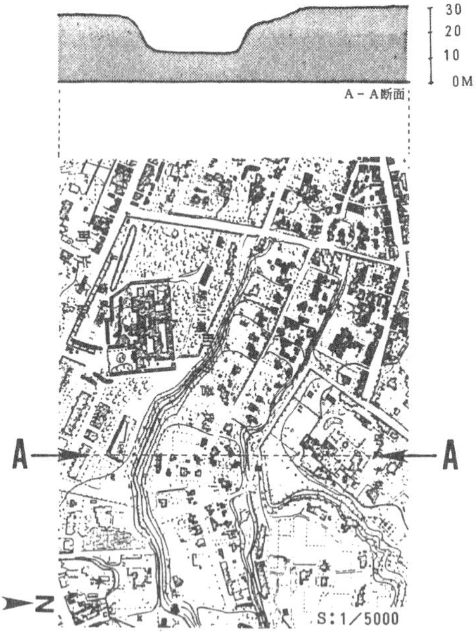

圖36　麻布我善坊町的組屋敷（引自〈參謀本部測量局五千分之一東京地圖〉）

各自於建地東側開通了巷子（考量到日照問題，巷子基本上都是由南向東延伸），縱深的方向則蓋起四到五間住屋或公寓。有趣的是，比起原本整體經過區劃重整的下町，現今的山手下町其實保有更多讓人無端懷念的巷弄空間。

在周圍的小型台地上，大名屋敷舊屬地與外務省、郵政省[41]等偌大的建築比肩，後方的窪地則聳立著庶民的房舍，這樣的景觀如實揭露了山手的都市構圖。

從六本木的十字路口往乃木坂步行約兩百公尺，緊鄰左側天祖神社的南邊，在繁華鬧區的後方隨即可以看到過去御先手組的組屋敷地區。老舊的獨棟住宅與木造公寓之間，混雜著員工宿舍與新建的華夏等充滿現代感的各式建築，儘管如此，多虧了自大馬路內縮而獨立一隅的組屋敷整齊劃一的結構，使這裡如今仍得以維持靜謐安詳的居住環境。即使在洋溢著青春氣息的六本木，只要從大馬路往裡面跨一步，就會發現源起江戶時代、幽靜的生活場所，這項事實莫不是再次用不同的角度重新看待東京這座現代都市的契機？

跨入十八世紀，儘管幕藩體制的矛盾逐漸浮上檯面，江戶的市街卻像最初那樣在缺乏明確規劃的情況下，不斷進行無止盡的開發與都市蔓延。將近幕末時期誕生的組屋敷完全沒有江戶初期的規劃考量，很多硬是蓋在武家屋敷的某一處或寺院神社的舊有地，那些都是山崖下或谷地等地理條件欠佳的地點，抑或和山手町人地同樣蓋在山路沿途，就在車水馬龍的一般道路兩旁劃定屋敷區塊，不再考量如何建立封閉的半隱密生活空間。此外，隔著馬路與町人地對望的片側町[42]型組屋敷也在這時出現了。這種蓋在都市陰影下的組屋敷，有一些後來則淪為了貧民窟。

如此看來，江戶初期以組屋敷的概念所打造的地區，至今仍能維持良好的居住環境

41〔譯註〕日本於戰後設立的行政機關，主要負責郵務、儲匯、保險及電訊等作業，後於二〇〇一年因體制改組而廢除。

42〔譯註〕指市街區塊中只有單邊的道路旁有屋宅。

境，反觀幕末時期缺乏完善規劃、草草興建的組屋敷，其環境品質則不可避免地顯得低劣，這一點可說顯而易見。

儘管如此，其實這些江戶時代開闢下級武家地的記憶，很多也鐫刻在山手線內側的一般住宅區，其中更有許多現代都市計畫望塵莫及的出色規劃。漫步在這樣的地方，可以於靜謐的住宅區中解讀江戶時代精巧策劃的痕跡，也多少能親身體會在近代大量興建、千篇一律的住宅區中絕對看不到的、韻味十足的風景。極為可惜的是，除了地方耆老以外，多數住在這裡的居民對土地的沿革已是一無所知。

此外，從大正時代到昭和初期，許多蓋在東京西郊的郊外住宅區，甚至可以看到有一部分儼然承襲了這類江戶中下級武家地的開發技術。在這層意義上考量近代與現代東京的居住環境，再重新考察下級武家地，可說是至關重要的課題。

然而，關於近年來東京的都市行政，有些人疾呼應該透過重新開發等方式促使建築一步步改建為中高樓層，以便充分運用既有的市區土地。但這樣的意見與其說是針對都市環境的全盤考量，更像是振興景氣的方案，首相甚至大力提倡東京的國鐵環狀線內側要蓋五層樓以上的建築。基於防災與改善環境等因素，我們當然很希望稠密的低樓層不良住宅區可以改建為中高樓層的集合式住宅，但事實上，將下町地區林立的町家改建為商業大樓的過程中，人口仍舊會逐漸流失。另一方面，在山手環境優良的小型台地上，華廈等中高樓層住宅則如雨後春筍般出現——在江戶山手的山手線內側，如今普遍存在著如同此前所看到的那樣歷史悠久、綠意環繞而獨樹一格的優質住宅區。在位於小型台地的大宅邸土地遭到分割，抑或一步步被華廈取代的現今，有待具體可行的政策，在維護良好環境與自由的土地政策之間取得平衡。

在正確認識既有的市區各自的歷史與文化背景，以及現今生活環境品質的同時，也要站在居民的立場，規劃今後適合各個場所的城市建設構想。

山谷間的町人地

江戶山手的主角並非只有武士。在武家住宅林立的小型台地上多走幾步，隨即會來到邊坡與懸崖，其下方的山谷，正是一片堪稱山手下町的町人世界。

在山手，原本就有平川（神田川）、溜池川、古川等中小型河川深深嵌入武藏野台地，地形因而多起伏。如前所述，河川沿岸的百姓地被江戶的都市蔓延團團包圍而形成了町人地，也就是山谷道路沿線的山手下町。

但即使進入江戶時代，這裡都要等到中期才發展起來。在江戶初期，跨出外護城河，也不過是武藏野的雜樹林與河岸邊那些貧瘠的農地。江戶的市街是以一六五七年的明曆大火為契機發展起來的，在山手，武家地沿著山脊道路開展，而町人地則隨著山谷道路逐步開拓，順應地形而形成了擁有雙重結構的獨特都市空間。一七一三年，小石川、牛込、市谷、四谷、赤坂與麻布近郊正式升格為町，編入了江戶所屬的市區範圍。山手谷地的市街幾乎都是在這個時期建立的。

這些市街自然而然會沿著彎曲的山谷道路開發，且活用與後方的懸崖僅有咫尺之遙的狹窄土地。因此，下町所規劃的町人地是取街區六十間的三分之一，也就是縱深二十間，走進位於町家之間的巷弄，定然有林立的裏長屋，相形之下，這裡許多地方的縱深卻不滿二十間。即使如此，也可看出只要稍有餘裕，其便會透過町家與裏長屋打造江戶典型的庶民生活空間。沿路的蔬果、雜貨等零售商構成了町家，面向後方巷弄的長屋則是在小型台地的屋敷進進出出的園藝工、木匠、泥水匠等匠人生活的地方。

町家是最具備都市特質的建築。在這裡，前頭的店鋪用來做生意，後頭的空間則自住，形成職住一體的型態。江戶的町家沒有關西常見的穿堂（貫通建築內部的泥地），旁邊的巷子才是通往內側的動線。從附近農村來謀生的工匠、勞工則在裏側[43]賃屋而居，對這樣的大都市江戶而言，町家無疑是恰到好處的建築結構。

這樣的巷子也正是貫穿江戶／東京的庶民生活舞台——侷促的長屋沒有專供居民使用的庭院，生活的一切便全仰賴這條巷子。這裡不僅是擺置盆栽的前院與兒童的遊樂場，對主婦來說，更是生火炊煮所需的地方，當然也少不了公共廁所與公用水井，再往裡面則有稻荷神社這個後巷居民的精神寄託。這樣的巷弄與生活的機能息息相關，因此主婦煮食的廚房也往往會對著巷子。

明治維新後，山手已經不見大名與旗本的蹤影，這段期間民生疲弊、百廢待舉，但不久，皇族、華族與資本家等明治時期新興的勢力在部分武家舊屬地重新領有宅邸，另一部分舊屬地則興建了官廳、學校、大使館等近代都市的各項設施。此外，明治後期到大正年間市內電車十分發達，隨著台地上的住宅區愈見增多，山手的下町也再次恢復了生氣。

直到明治時期，巷弄深處的長屋結構都還和江戶時代的大同小異，但到了大正年間，則明顯透露出現代化的跡象。首先是兩層樓的房子變多了，其次，隨著自來水與瓦斯的安裝，廚房不再非得對著巷子不可而改設在後方，前方則變為特別用來接待客人的

43〔譯註〕指街道後方的巷弄一側，相對於面向街道、出現在人們眼前的「表側」。

玄關。庶民所居住的長屋往往就在舉世現代化的過程中，衍生出更便捷舒適的居住型態。如本鄉的菊坂一帶等位在東京谷地的市街，至今可見這類面對巷子、長屋林立的後巷生活空間。

然而，即使山手達到了如今這種程度的都市化，改變的卻並非只有多起伏的地形。山脊的主要街道與河川沿岸的大馬路有橫亙的高速公路與櫛比鱗次的大樓，都市景觀澈底改頭換面，但只要跨入谷地一步，就可以看到這類歷史悠久的市街演變為與生活息息相關的在地商店街存續至今。

比如麻布十番便是其中之一，其周遭小型台地的住宅區不斷興建華廈，日常的購物人潮因此逐漸增加。這類台地上方與下方互相扶持的關係，想來在都市現代化的過程中本質上並未改變。而存續至今的建地區塊內店舖林立，形成支持著地域交流、洋溢生活氣息的商店街，顯露出十足的活力。

此外，近年來這類商店街不再像過往那樣仰賴大規模的重新開發，而是運用既有的都市結構並加以改造、整頓，使其活化為充滿魅力的市街，這樣的創意發想也愈來愈活躍。透過當地原有的歷史與文化底蘊來思考都市建設的方法，這一點讓人深感認同。

小結

像這樣拿著古地圖實際到處逛逛，展讀都市的面貌，每個人想必都可以親身感受到，東京是座運用原有的自然與地形條件巧妙打造、擁有獨特景觀結構的卓越都市。此外，經過這番考察，我們也會對自己在現代東京所享受到的優質都市環境感到訝異——沒想到有這麼多繼承了江戶市街規劃的遺產，並且也該認清功能與經濟效益掛帥的現代人甚且一步步將這筆遺產坐吃山空的危機。

圖37 現今的菊坂一帶（位於本鄉5丁目）

儘管我們遲遲無法捨棄對近代都市計畫那不切實際的想像，但假使東京沒有江戶的城下町這個前身，在白紙一張的狀態下僅靠著現代式的規劃進行都市建設，那麼想必會淪為枯燥乏味、零散未統整且機能破綻百出的都市吧！要說不斷膨脹的東京正是繼承了江戶的遺產（紮實的都市骨幹以及土地利用適地適所的精妙）才得以勉強維持環境品質而不致破產，也並非言過其實。在仰賴強大的技術大舉開發而大幅躍進之前，我們難道不該謙遜地面對這項事實嗎？

最重要的是，透過這項閱讀都市的行動，往往可以捕捉到身邊原本認為和現代毫無瓜葛的江戶歷史結構，在平時習以為常的市街，也能逐漸發現截然不同、未曾見過的一面。就算老建築不復存在，東京的每個地方也都鐫刻了歷史的年輪、蘊含了各式各樣的記憶。於是，不論哪個地區都和歷史性的都市結構、土地利用型態密切相關而擁有多彩多姿的面貌，讓人得以一點一滴地去解讀。不也正因如此，其中才潛藏著強化東京都市認同的巨大可能？東京愈是往國際都市的路上邁進，各種新舊元素像這般在深層與表層間交融並存、全球獨一無二的現代都市結構便愈顯珍貴，這一點可說無庸置疑。

我們的注意力至今都被都市的瞬息萬變吸引而暈頭轉向。在混沌的都市中，絕大多數的人都忘了自己是以怎樣的型態住在怎樣的地方，失去了對在地的關懷與依戀。市民必須懷著對土地的依戀與自豪，才能慢慢孕育出美麗的都市景觀與優良的生活環境。如今正是時候好好靜下心、引入歷史的軸線，重新認識自己居住的市街或地區的沿革，這麼一來，才有機會開啟以市民為主體的關於都市建設的討論。

無論如何，我誠摯建議各位不妨帶著古地圖上路，前往探索這擁有豐饒歷史的東京山手。

2 「水都」的宇宙論

前言

儘管這件事如今已澈底被人們拋諸腦後，但東京下町其實曾是足以媲美義大利威尼斯、魅力十足的水都。歌川廣重[1]等浮世繪畫師筆下也總樂於描繪這裡明媚的水岸風光。東京的水岸曾以其獨特的都市空間著稱，這是以防潮堤強化護岸、高速公路自水路上方奔馳而過的現代難以想像的情景。儘管這樣的水岸在現代化的過程中一步步改變，但直到東京奧運[2]前夕都還是都市中最美的風景。

然而近二十年來，不再使用的渠道成了無用之物，淪落為都市裡見不得光的角落，甚至被視為現代化過程中遺留的小污點。這顯然是功能與經濟效益掛帥的都市政策所衍生的結果，也可說是市民的意識與價值觀長期以來默許所導致。

1〔譯註〕歌川廣重（一七九七～一八五八），知名浮世繪畫師，代表作包含了《東海道五十三次》、《名所江戶百景》等。

2〔譯註〕指一九六四年的東京夏季奧運。

另一方面，明治時代以降，在整個東京慢慢地往「陸都」靠攏之際，下町陸地這側的生活空間也承受了市區重劃、震災復興的區劃重整等大規模的都市改造，產生很大的變化。拜這類以交通或防災為優先的近代市區改造之賜，在落語中登場的「八仔」與「阿熊」[3]生活的地方（巷弄深處長屋林立的後巷）也就幾乎自下町的中心地帶消失了蹤影。

因此，走在如今的下町，要從都市結構中察覺那始自江戶、一目了然的連續性談何容易。就算在史料的世界裡可以復原一部分的江戶下町，但在山手，想於現今的都市上方疊加江戶的都市結構加以復原，一面留意道路、街區、建地、建築配置等，一面進行現場考察，運用所有的感官來解讀都市的歷史沿革——這樣的作法卻困難重重。或許我們再也無法在東京下町找到解讀都市的線索了吧！

然而，也無須就此輕言放棄。事實上，看似澈底銷聲匿跡的「水都」結構，如今確實地被東京的「基層」所承繼。在經濟高度成長時期被填埋的渠道的確不在少數，還有許多被掩蓋在高速公路之下，驅趕到不見天日的所在，雖然如此，假使今日乘船出航，會發現繞行了一圈的水路網其實仍流經下町的絕大範圍。我們經常僱用佃島相熟的船夫享受東京的舟遊之樂，從至今保留著濃厚江戶色彩的佃島船塢出航，乘小舟釣鰕虎，於隅田川溯游，周遊江東的水路網後，沿著神田川、外護城河、日本橋川乃至龜島川，在東京的正中央繞一圈——要說這是東京最歡快的遊樂之一或許不為過。不消說，可以讓人這般遊賞的水路系統，從江戶至今幾乎未曾改變。只要發揮想像力實際自水面上觀察都市，就能讀到從江戶至少延續到戰前的「水都」沿革。與路上司空見慣的日常風景迥然不同，試著在水面上探看，一切就會變得新鮮有趣。若想實際漫步於現在的都市空間，回溯大正、明治與江戶時代，解讀其所蓄積的都市歷史，以東京來說，探勘水路會遠比陸地更有收穫且更有意思。

此外，在各種意義上，下町的都市營造都是以渠道與河川為軸心成立的。都市的經濟、社會與文化上所有活動的展開都與水息息相關，不僅於交通運輸占有一席之地，熱鬧的廣場與引人入勝的風景名勝亦伴隨著水的存在，江戶時代與近代初期的許多劇場同樣是蓋在水岸，整座都市的活力主要都集中在這裡。且水岸對於近代的都市景觀

3〔譯註〕落語是日本的傳統表演藝術之一，類似單口相聲。至於八仔與阿熊，是經常出現在古典落語中的虛構角色，八仔本名八五郎，性格喋喋不休、冒冒失失，本名熊五郎的阿熊則多被設定為粗魯無文的莽夫，往往因而引發令人啼笑皆非的情節。

也起了很大的作用，可說正是有了水的存在，才組成了江戶／東京的下町空間明快的敘事基礎。

然而，從省思經濟高度成長時期對環境的破壞開始，如今人們似乎深刻體認到都市中「水」與「綠」的重要性，在各地方政府的都市計畫中，「水」與「綠」已漸漸成為不可或缺的口號，但其重要性卻可能被都市設計或景觀設計單調的技法所取代——儘管水與綠明明在更深層的面向與人類的存在密不可分……。

水與綠起初是西歐在始自二十世紀初的近代都市計畫中所主張的概念，於日本，則終於在省思環境遭到破壞的現今受到了關注。

然而，日本都市和西歐都市不同，日本的都市中（抑或其周遭）原本就會有豐饒的「水」與「綠」（或說「森林」），連像江戶那樣人口破百萬、舉世罕見的都市，也難以想像脫離了水與綠的發展歷程。如今若將水與綠視為一項議題，就必須試著洞察其迥異於歐美現代都市計畫脈絡、與日本都市或地域中「場所」（場域）的形成密切相關，也和人類的生活與文化息息相關之處。

我們不妨從上述的觀點出發，以東京的下町為考察對象，試著自各種角度探究其都市／地域的形成如何與水緊密連結。亦即以「水」為關鍵字來解讀下町的沿革，嘗試重新認識都市中的水所蘊含的多重意義。

江戶的水系

東京其實原本就擁有得天獨厚的條件，得以打造優質的都市環境與景觀，其前身江戶是在放眼武藏野台地前端的東京灣、風光明媚之處所興建的城下町。町人居住的下町由三角洲沖積而成，是渠道廣布的「水都」；武士定居的山手則是以地形多起伏著稱的「綠町」——全世界獨一無二、「橋梁」與「坡道」難以計數的東京便是這樣誕生的。

尤其對町人而言，江戶更是他們心目中豐饒的「水都」。證據就在於從幕末時期到明治時代雖然曾有好幾幅都市鳥瞰圖，卻都是基於相同的構圖、根據共同的意象來描繪，也就是從江東的高處俯瞰西邊，全心投入、鉅細靡遺地描繪眼前町人生活的空間——「水都」下町。從畫面的右側流經左側，川流不息的隅田川滋養著下町，最後注入了東京灣。與町人文化、生活思想結合的江戶「文學空間」，同樣以隅田川的水岸為中心拓展開來，且在渠道縱橫的町人地也能看到密密麻麻的臨水河岸與倉庫，熱鬧的商業氣息躍然紙上（圖38）。

圖38 幕末時期的江戶鳥瞰圖（二代歌川國盛，〈江戶繪圖〉，東京都立中央圖書館館藏）

另一方面，畫面中央繪有江戶城，城郭背後則是一整片群山環繞的山手武家地，但或許是為了淡化這個「政治空間」在市民心中的現實感，因而畫得不那麼仔細。相對於此，背後的焦點富士山在物理空間上理應距離很遠，卻被往前拉，以誇大的手法雄偉地呈現，儼然都市的象徵。透過定居下町的町人視線，江戶這座與大自然互相融合的美麗都市便構成了一個完整的宇宙，描繪得栩栩如生，而「水都」鮮明的形象也歷歷在目。

然而，東京下町這座「水都」

並非是這樣因循自然而建，而是藉由近世首次突飛猛進的土木工程改造了自然所打造的，因此毋寧說是人類的意志所創造的產物。儘管如此，其不誇示進步的技術，講究細枝末節並遵循原始地形，從而孕育出了與自然共存的都市機制。

在武藏野台地與千葉方向的下總台地之間，有注入東京灣的利根川／荒川水系流經，形成了沖積平原，進而成為下町進行開發的舞台。尤其舊石神井川與舊平川等中小型河川流入的江戶港、日比谷海灣一帶遭填埋，有計畫地組織運河與渠道網絡，又明快地實行區塊劃分，水都的中心地帶於焉成形。

這些水路網在水運之外亦貢獻良多。舉例而言，在市區降下豪雨時可以排水，於隅田川水量增多時則提供部分蓄水的功能，此外更是家事與輕工業所需的雜用水水源，同時亦有排放廢水的管線，可說自成一個生態系。

下町之所以能形成這麼大的範圍，要著眼於河川的大規模改道等大型土木工程。首先，江戶水系的主動脈日本橋川河道並非原來的流向，原本注入日比谷海灣的舊平川經太田道灌改道，流往了日本橋方向。到了德川時期，德川家康率先整備城郭，挖掘了道三堀這條水路，以便將鹽巴等物資直接運送到江戶城下。此外不能忽略的是，為了讓填埋而成的日本橋周邊市區免於水患之苦，於是又挖鑿神田川，並將平川與小

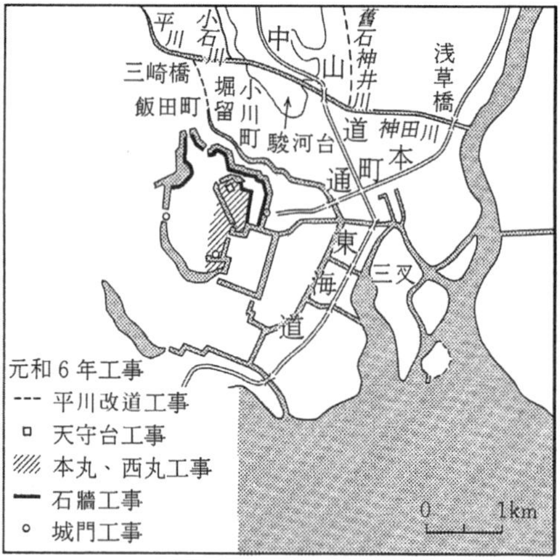

圖39　江戶幕府所進行的渠道整備（鈴木理生，《江戶的河川．東京的河川》）〈江戶繪圖〉，東京都立中央圖書館館藏）

石川等原本南北向的河川流向全部改道東邊注入隅田川（鈴木理生，《江戶的河川．東京的河川》）。

開鑿神田山而成的這條水路，在東京要算是與地面落差最顯著的。即使現在，只要在御茶水附近乘船，兩岸綠意盎然的高聳土堤夾道，便會讓人感覺彷彿駛入了小型峽谷。縱使夏天亦舒爽宜人，令人一時忘了自己置身東京的中心地帶。

由於這番大規模的土木工程奏效，使平川下游區域不再氾濫成災，也使江戶港逃過被掩埋的命運。與此同時，神田山所開挖的土則絲毫不浪費地用來填埋日比谷海灣，最終形成了市區。

不論在這塊下町的低地有多少自然河川經過大幅改道，基本上都還是順應原始的地形，整頓為有機的運河網，而江戶城的外城郭，則巧妙運用多起伏的武藏野台地那與谷地交錯的地形挖掘水渠。因此這一片人為加工的自然，仍是水、土堤與綠意環繞的閑靜空間，成為具有都市意義的間隙。且值得慶幸的是，沿著皇居內護城河承襲了江戶遺產的都市景觀，至今幾乎未曾改變。江戶那包含一定秩序卻又富於變化的都市之美的祕密，就在於近世城下町獨有的計畫原則，以及古來巧妙運用自然環境的市街規劃二者之間的融合。

圖40 今日御茶水一帶的水上風光

渠道的運輸功能

接下來，要藉由「水」這個關鍵字來解讀下町的歷史沿革，首先就來看看渠道的運輸功能。江戶下町的渠道與水路，是支撐著將軍膝下人口遠超過百萬的大型消費都市經濟的主動脈。在沒有鐵路與貨車的近世，物資的輸送與流通幾乎全靠水運，而下町原本即是町人的經濟活動場所，是以中世以來江戶港的商業貿易活動為母體而孕育的，來自全國各地、聚集在江戶港的運輸船，就停泊在品川或鐵

圖41　寬永年間材木町的河岸群（〈武州豐嶋郡江戶庄圖〉）

砲洲外海，駁船在這裡載貨，再經由市區的渠道於各自的河岸地卸貨。

在寬永年間的江戶地圖〈武州豐嶋郡江戶庄圖〉中，可見運河網絡交織在京橋到日本橋的東岸，碼頭如扁梳般整齊地成排羅列（圖41）。這一帶被稱為材木町，在江戶初期是非常繁華的河岸，船隻會經由八丁堀深入都市（這些碼頭後來遭廢棄，填埋作業不斷向東京灣推進，在其外側形成了作為舟運基地的河岸）。

日本橋川北邊的本町附近的小舟町、小網町一帶，也直接就舊石神井川的河道遺跡挖掘水渠，很早便已成為舉足輕重的河岸。

那麼，當時的河岸景觀又是如何呢？根據〈江戶圖屏風〉（日本國立歷史民俗博物館館藏，圖43）所示，江戶初期的河岸還十分簡陋，水岸邊未砌石子就直接用來泊船與卸貨，畫面中到處都是載送的物資卸下後直接堆在河岸的情景。但隨著江戶的商業活動大規模擴展、確立了運輸體系，河岸也經過整備，形成了特色鮮明的形制，也就是以石牆鞏固河岸，在岸邊蓋起倉庫，為了能自水岸直接將貨物搬進倉庫，也會架木板當作小型棧橋以便泊船。

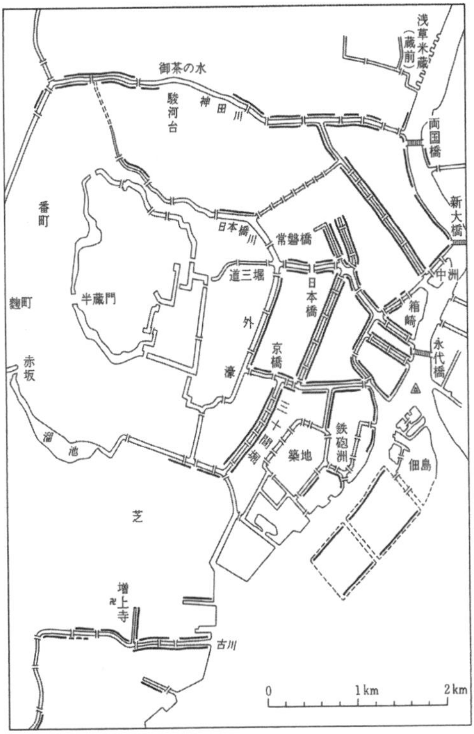

圖42 江戶後期的渠道與河岸（鈴木理生，《江戶的河川・東京的河川》）

在江戶這座稠密的木造都市，火災層出不窮，因此倉庫（特別是土造倉庫）很早就備受重視，其中運輸經濟所需的河岸倉庫尤為重要，面向河岸的市街會在幕府的許可下於河岸空地建土造倉庫。這類河岸倉庫不光便於存放自船上卸下的貨物，發生火災時也能保全商品免受波及，更有阻擋火勢蔓延的優點。這或許是由於明曆大火後，官方隨即大力推廣土造河岸倉庫所致（竹內誠，〈江戶的都市經濟與倉庫〉，《自然與文化》，一九八四年新春號）。不久，在以小網町、小舟町、伊勢町為首的中心地帶町人地，河岸邊的倉庫林立，兩側懸山式屋頂錯落有致的白牆間船運興盛，形成了獨特的水岸風光（圖44）。

圖43 日本橋川的河岸景觀（〈江戶圖屏風〉，日本國立歷史民俗博物館館藏）

圖44 伊勢町的河岸（《江戶名所圖會》）

河岸地本就是幕府管轄下的公有地，所有地朝向水路的地主則被允許利用附近的土地。由於在直接銜接水運的沿岸地區會被徵收高於一般的稅金，因此運輸業者自然而然會聚集在這裡，形成倉庫林立的景象（鈴木理生，前引書）。

在江戶下町的中樞地帶，水岸空間的組建正是以經濟與運輸為優先考量，都市中心於是誕生了這般獨特的空間結構——在店鋪與住家二者和倉庫分離且大幅形塑了都市景觀的水岸邊，有著櫛比鱗次的倉庫。日本的市街規劃首重經濟活動，這項特點在此時期可說已見端倪。但這和現代所謂的經濟動物並不相同，在此一經濟掛帥的都市空間中也蘊含著美學意識，白灰泥與黑色海鼠壁[4]所打造的妻入式[5]倉庫錯落有致地林立著，創造出獨樹一幟的都市美學。幕末時期，遠道自（擁有水岸豪宅林立的威尼斯與阿姆斯特丹那類水都的）西歐造訪江戶的瑞士聯邦政府外交使節團團長艾梅・亨伯特（Aimé Humbert-Droz）[6]，對這些倉庫卻不以為然：「假若最初的都市計畫並非充

4〔譯註〕指在土牆外鋪設瓦片，接縫再以灰泥塗抹、呈黑白格紋狀的外牆，具備防火功能。
5〔譯註〕指懸山式建築中在山牆一側設置出入口的類型。
6〔譯註〕艾梅・亨伯特（一八一九～一九〇〇），瑞士政治家、外交官，曾於一八六三到一八六四年間以特使暨全權公使的身分赴日。

斥著一列列無邊無際的倉庫，而是興建拱橋，眼前的景色必然會更加動人。」（《幕末日本圖繪》）

但從歌川廣重的〈小網町〉、〈鎧渡〉或葛飾北齋[7]的〈富嶽三十六景・江戶日本橋〉等，熱中描繪水岸倉庫風光的作品來看，當時的人們想必已從中發掘出那些樣式統一的水景之美。

像這樣從陸地內側往水邊延伸，町家、公用道路、倉庫、渠道林立的日本近世都市獨特的水岸空間結構，基本上延續到了明治時代，許多直到關東大地震之前都還完整地保留著。而原本屬於公有的許多河岸地則為了籌措震災復興事業的經費而轉售給民間。以震災為分界，洋溢著江戶風情的土造倉庫於是銷聲匿跡，其後又因水運發達而沿著渠道建造了許多水泥倉庫，保留下來的紅磚或石造老倉庫也就更少了。如今漫步在入船町或小舟町，總會讓人感受到河岸的氣息。

然而，水岸邊的景觀可以直截地展現出當地商業活動的潛力。例如同樣在町人地，從批發商聚集的中心地帶往外到周邊一看，會發現水岸的倉庫數量很少，渠道與岸邊則融為一體，形成廣闊的水岸空間；又或是到風光明媚的水岸會看到開放式的茶屋。此外，從明治三十年左右的畫作看來，沿江東的小名木川等連結東京市中心和千葉、流域寬廣的主要水道筆直延伸的寬闊道路上，除了水上巴士的乘船處以外，再沒有其他建築，成為了廣闊的水岸空間。接著離開町人地前往靠郊外的地方，這邊的水岸就不再砌石牆，而是用木樁固定，保留了土堤原本的姿態，也有許多地方種植櫻花林。由此可見，這類渠道與河川的水岸因應不同功能與利用模式，出色地展現出樣式統一的「水景設計手法」。而水岸的景觀正是評量都市活動中經濟、運輸乃至再創造的指標。

然而，如今若試著乘船悠遊東京的渠道，非但可見倉庫林立，舉目更有許多與水運息息相關的木材行、石材行、印刷業等小型工廠。沿隅田川往西，溯神田川而上，在御茶水的聖橋再往前一點的右手邊，有著位在濱水的山崖、四到五層樓高的木造石材行建築，推銷大理石和大谷石等石材的看板懸掛在岸邊，讓人遙想起當年神田川水運絡繹不絕的情景。除此之外，不只是深川的伐木場周遭，古川流經麻布與三田丘之間的沿岸地區也有好幾間木材行。其中某家木材行直到最後一刻都還頑強地反對填埋神田川上游的飯田堀進行再開發，堅持拒絕拆遷一事令人記憶猶新。繼續溯游而上，印刷廠等小型工廠至今仍所在多有。雖說江戶／東京的產業本就是以水系為中心發展

7〔譯註〕葛飾北齋（一七六〇～一八四九），江戶時代的浮世繪大師，代表作為《富嶽三十六景》，描繪從日本關東各地遠眺富士山的景色。

起來的，但藉由這樣的空間體驗更讓人深刻領悟到這一點。

憑藉古來與渠道、河川息息相關的運輸功能，搖身換上現代的形象而傳承至今的事物可說不勝枚舉。即使如今已不再需要依靠水運，許多企業仍在代代相傳的土地上紮根、戮力經營，位於小網町的龜甲萬、髭田、寶等醬油品牌的公司與相關設施便是其中的典型。野田與銚子等地所生產的醬油交由批發組織透過船運運往江戶的河岸，要是從野田發船，載滿醬油的高瀨舟沿江戶川而下，在五個多小時後抵達新川口，接著趁漲潮經由船堀、小名木川，駛出隅田川的萬年橋後，自中洲、箱崎來到小網町的河岸，則約需三個小時（《龜甲萬醬油史》，一九六八年）。都市這類意義結構意外地根深柢固且生生不息。從成田國際機場進入東京的玄關——箱崎的東京城市航空總站，亦是蓋在緊鄰小網町的江戶河岸當中尤其重要的行德河岸對面，時至今日，數以萬計的旅客仍從千葉方向沿著同樣的路線被運送到東京。

河岸與市場

河岸當中尤其值得關注的是市場。市場支撐著大都市江戶的廚房，同樣是與水運結合而建立的。首先，江戶時代的蔬果特許市場，是利用神田川的水運而成立的神田果菜市場，所在地還靠近筋違橋這個中山道、奧州街道與日光街道前往江戶的入口，正位於水陸交通的節點。儘管明治以降亦沿用為神田的中央市場，但在關東大地震後則搬到緊鄰北邊的秋葉原設立新市場。

另一方面，憑藉水運之便，日本橋河岸的漁市場自古以來便極為興盛。被德川家康從關西的攝津國帶來的漁夫落腳佃島、開始捕魚，促進了魚河岸的興起。其最初是在路邊的門板擺上魚貝類兜售，後來逐漸發展為常設店鋪，歌川廣重的〈日本橋雪晴〉所刻劃的便是此一店鋪林立的魚河岸（圖45）。

從橋上放眼望去，繁盛的魚河岸連同其四周門庭若市的店家，是日本橋知名的景象。日本橋的橋頭原本即為江戶的中心地帶，人來人往，熙熙攘攘，是江戶市民聚集的廣場，雖說如此，卻不同於後面將提到的其他橋頭之廣小路所演變的市民娛樂中心。日本橋是幕府與市民傳達意見的地方，是當事者不用曝光就能進行對話的廣場，在這層意義上，其性質與象徵市民自治的歐洲中世紀都市廣場當然也就南轅北轍。

首先，日本橋的南橋頭西側在造橋後不久的慶長十一年（一六〇六）即設立了高札場，用來張貼幕府的布告、對町人的訓示等，但據說有時也會反過來被市民貼上批評時政、用詞尖銳的狂歌[8]等。至於南橋頭東側，則是犯人示眾、行刑的晒場。

圖 45　歌川廣重，〈日本橋雪晴〉

這不禁令人想起，即使是那座海洋都市國家的水都威尼斯，也有在水上玄關聖馬可廣場的兩根大理石圓柱間設置機關，於民眾面前執行絞刑的過往。據說土生土長的威尼斯人因此至今心懷恐懼，往往繞道而行，避免穿過這兩根圓柱中間。結果無論是共和體制或幕藩體制的城市都一樣，於水岸建立的都市中樞——廣場，是在安定的日常生活中為統攝市民而安插的權力裝置，這項事實在探討都市結構時更是耐人尋味。

不消說，在這樣的日本橋一帶，自然有生活在都市空間的人們滿溢的活力。比如自戰前即以插畫家身分廣為人知的伊藤幾久造[9]，就探究過歷經關東大地震仍屹立不搖的日本橋魚河岸周邊的生活型態。伊藤的老家經營著仰賴市場做生意的「待潮茶屋」（來自全國各地的小型零售商到市場批貨後，暫時放下漁貨歇息的茶屋），直到青年時期為止，他都在這個東京下町的中樞成長。在市場工作的人都定居這一帶，形成了職住一體的地區，不分晝夜，生氣蓬勃，幾乎每天都有地方舉辦廟會，到了夜晚，銀座的夜市（這原本亦源自與宗教信仰有關的節日）則連日人潮滿溢。令人驚訝的是，就在後方的三越百貨翻新開張時會先招呼當地居民，分送包袱巾並優先招待其出席開幕典禮。當時的日本橋融入了下町的江戶風情與文明開化的氣息，流露出獨特的都市生活魅力。

然而，想了解傍水而生的市場四周所開展的各種都市活動，就要從緊鄰日本橋的江戶橋橋頭來看（圖46、47）。這裡在明曆大火後闢建了廣小路作為防止火勢蔓延的

8〔譯註〕指採用五、七、五、七、七的格律，諷刺時事、滑稽詼諧的短歌，於江戶時代一度特別盛行。

9〔譯註〕伊藤幾久造（一九〇一～一九八五），插畫家，活躍於少年雜誌界，曾於《少年俱樂部》連載〈快傑黑頭巾〉而風靡一時。

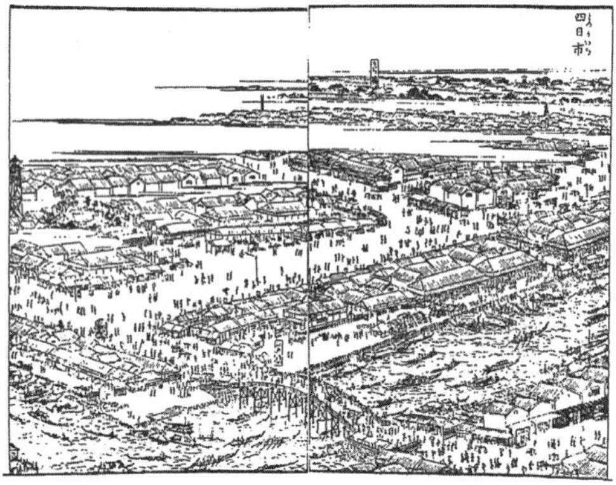

圖46　江戶橋廣小路（《江戶名所圖會》）

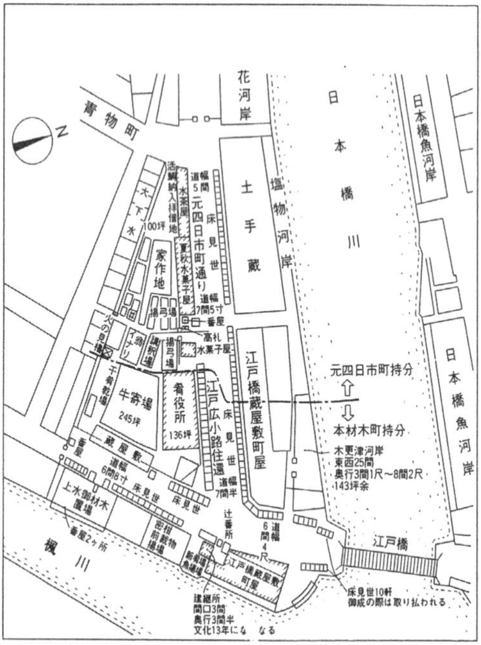

圖47　幕末的江戶橋廣小路復原圖（波多野純提供）

火除地，至於在這條廣小路上設置市場的情形，則從大熊喜邦根據領主的書狀與《狂歌江戶名所圖會》等文獻史料，以及文化十二年左右的平面圖所介紹的內容，便能鉅細靡遺地得知（《江戶建築叢話》）。此外，吉原健一郎基於《江戶橋廣小路併最寄舊記》等史料所做的研究，也闡明了町人利用這條廣小路的情況（〈江戶橋廣小路的形成與結構〉，《歷史地理學會會報》一〇一號，一九七八）。

首先在水岸邊，以從木更津運來的米與旅客下船的木更津河岸為首，在大型河岸設置了卸貨區；另一方面，廣小路四周與市場相連的大型商業設施及一〇八間攤商則密密麻麻地林立，還有看準了人潮商機的理髮鋪，以及許多供民眾休憩的水茶屋[10]。如此一來，位於與廣闊的渠道相接且人來人往的橋頭一帶的廣小路，必然衍生出繁盛的市場，甚至逐漸具備類似市民娛樂中心的性質。

耐人尋味的是，從綿長橫亙的廣小路靠中央一帶轉進巷弄深處，有好幾間射箭遊藝場和一間說書場，都是用蘆葦簾子圍起來的小屋，成為市場民眾的娛樂場所。所謂的射箭遊藝場，設置於知名的寺院神社境內或廣小路等地方，還有美麗的取箭女隨侍，其實很多會提供私娼寮那樣的服務，此外往內則祭祀著稻荷神，每逢初午[11]時節似乎總是熱鬧非凡。下面這首狂歌拿抵達木更津河岸的鄉下人來打趣，生動描繪了人聲鼎沸的「鬧區」江戶橋廣小路繁盛的景象：

「搭木更津的船不暈眩，倒為江戶橋的人潮頭昏眼花的鄉下人。」

10〔譯註〕指位於街道旁或寺院神社境內、提供茶水並讓人歇腳的茶店，又稱「掛茶屋」。

11〔譯註〕指二月的第一個午日，乃民間祭祀稻荷神的日子。

於橫跨江戶水系的大動脈日本橋川的橋頭水岸，形成了日本橋與江戶橋的市民廣場，而其特質也傳承到了近代，尤其在明治末期到昭和初期，創造出了由近代建築與橋梁所建構的美麗水岸景觀。雖說現今加上了高速公路這個沉重的蓋子，但在下方的河面乘船遊覽之際，仍能澈底了解往昔水面與地面連結、生氣蓬勃的美麗景觀之沿革。而江戶橋身為震災復興的橋梁之一，如今則隨著昭和通的興建稍稍往西移了。

水岸名勝

如此看來，在水岸邊不光展開了銜接水運的市場等經濟活動，還聚集了各式機能，衍生出鬧區，形成與人類的各種活動息息相關、多彩多姿的都市文化。

接著我們要換個角度，從與地形及都市結構之間的關係來探討江戶「名勝」的分布情況。關於這一點，樋口忠彥[12]出色的研究率先提供了重要的線索，根據其研究，江戶／東京市民所熟悉的名勝和地形密切關聯，往往出現在「山邊」或「水岸」。首先在山手，多蓋在武藏野台地尖端抑或反向的內陸，而在下町，東京灣和隅田川的水岸則成了名勝，而這些名勝都是建立在與源遠流長的寺院神社緊緊相繫的前提下（樋口忠彥，《日本的景觀》）。

圖48 市谷八幡（《江戶名所圖會》）

為了深入探討這樣的構想，下面要著眼於寺院神社本身建地的結構。以山手而言，江戶的寺院神社後方確實在丘陵邊緣有著茂盛的「森林」。圖48的《江戶名所圖會》描繪的市谷八幡[13]，便呈現了山手的宗教設施典型的地理環境：下方有河川潺潺流經，門前則有町家林立，爬上町家之間的參道盡頭，便來到蓋在略高處的寺院神社境內。由此也可明顯看出槇文彥[14]口中具備「奧性」[15]的空間結構（《若隱若現的都市》）。

此外在這幅畫作中，也描繪臨時搭建的小屋外立

12〔譯註〕樋口忠彥（一九四四～），景觀學者，曾任京都大學教授，專長為景觀工學。

13〔譯註〕位於東京新宿區的市谷龜岡八幡宮。

14〔譯註〕槇文彥（一九二八～），建築師，畢業於東京大學工學部建築學科，後留學美國，取得哈佛大學設計學院碩士學位，一九六五年成立事務所，並於一九九三年獲得建築界最高榮譽的普立茲建築獎，代表作有名古屋大學豐田講堂、千葉幕張展覽館等。

15〔譯註〕有別於西方強調都市中心的空間感，「奧性」乃日本獨有的空間概念，是一種隱而未顯的特質，強調的是空間的層次以及往深處探索的細膩感受。

起了旗幟、演出宮地芝居[16]的情形。這類與地形結合、位於豐饒自然中的宗教空間經常成為四季「名勝」，同時又因為有廟會或芝居小屋，對百姓來說，無疑具備能夠放鬆心情的廣場特質。而山丘下的門前也是熱鬧的市街，透露出發展為「鬧區」的趨勢。

而曾經悠閒自適的市谷八幡附近，如今的環境也截然不同了。雖然護城河大多維持原貌，這個靖國通越過外護城河所通往的地方卻車水馬龍，當年的門前町一帶如今高樓雜然林立。但是穿過此處往裡去，從參道過渡至境內的這塊空間結構也完整地承繼了下來，階梯一逕筆直陡峭的男坂與坡度和緩的女坂，這樣的組合至今健在。想要在現今的紛紜雜沓中再次重新描繪都市原本的樣貌時，這類默默存在的「神聖空間」堪稱重要的線索。

另一方面，在下町，主要的寺院神社過去都蓋在突出的水岸，其後方便是浩瀚的水面。不論哪一座，必定都遠離世俗的市區空間，讓人從參道被帶往深處那四下闃靜的宗教空間，歌川廣重筆下的〈品川洲崎〉（圖49）正完美呈現出這樣的情狀。即使位於不靠海、也沒有大型渠道的內陸平地，許多神社仍擁有如不忍池的辯天那樣突出的池中島，或如根津權現般後方有一座偌大的池塘，在在都是以水畔作為據點。

在江東的深川，也有兩座神社明快地展現出這類空間結構的概念。第一個是深川的富岡八幡，雖然其周遭在江戶後期遭到填埋，導致如今有些難以辨識，但仍呈現出背海的典型地理條件。相傳其創立於一六二〇年代，是江戶市街規劃的過程中，填埋了隅田川河口東岸所形成的聚落的鎮守神社。只要看看天和年間（一六八〇年代）的地圖，就會發現後來最具深川特色的地區仍大半都位在南側海灣的海面下，但可看出從漁師町往東南東延伸的沙洲（其下即為現在的地下鐵東西線）一側已經蓋了富岡八幡宮（圖50）。在這裡還能見到巧妙運用水岸的自然環境、具象徵性的空間配置，亦即從被當成通道的沙洲闢建如棧橋般突出的參道，將神社設立在背對著海灣廣闊水面的地方。如今在洋溢著下町風情的八幡宮境內漫步時，一繞到東側的後方，不知為何總能從留存在那裡的池塘水面等，感受到往昔的空間配置所營造的氛圍。且在這被水與綠包圍的神社境內，還會用蘆葦簾子圍起來演出宮地芝居，門前也會出現私娼窟，是吸引市民前往、人聲鼎沸的鬧區。

在富岡八幡略往東方延伸的海岸邊，於元祿時期興建了民眾信仰的洲崎辯天。參

16〔譯註〕「芝居」在江戶時代主要是指歌舞伎之類的演出，也會用來指稱劇場本身，而「宮地芝居」便是指在寺院神社境內搭建臨時小屋的表演。

圖49 歌川廣重，〈品川洲崎〉

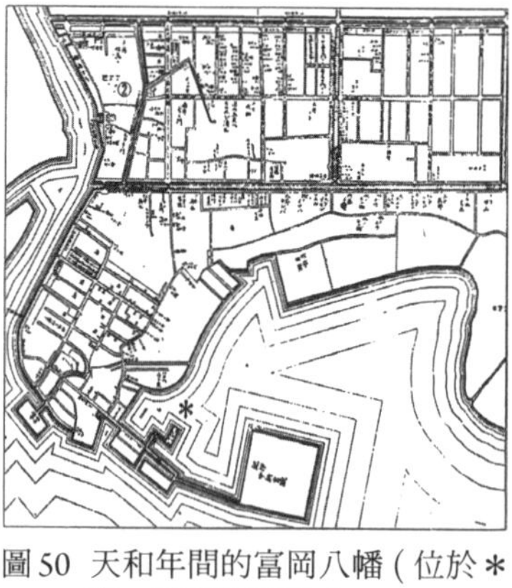

圖50 天和年間的富岡八幡（位於＊處，《深川區史》）

道沿著海岸線幾呈筆直地橫亙，神社則突出於海岸，此一極具象徵性的空間配置令人嘆為觀止。海面一望無際，東方有房總群山，東北遠方有筑波山，南方是羽田、鈴森，西南方則可遠眺富士山。加上春季拾貝、夏天乘涼、秋夜望月、冬日賞雪，一年四季都能吸引遊客造訪。此外，洲崎辯天也經常舉行開帳[17]這項宗教儀式，發揮了令江戶市街洋溢勃勃生氣的重要功能。因此其與富岡八幡一樣，門前茶屋林立，儼然深川這個人間天堂的核心，大為繁盛。

在江戶設立宗教設施的地點和歐洲都市相比，原本就呈現出完全不同的性質。在歐洲，整座都市的宗教中樞主教座堂就氣派地矗立在大型廣場的前端，且各教區的教會不僅是宗教設施，還負責管理居民的戶籍、徵收稅金等，兼具類似今日公所與稅捐機關的功能，位在居民日常生活的中心——廣場的一角。每座教堂僅用厚牆與一扇門隔開，在市區這個世俗之地中創造出神聖的空間。此外行會或公會也往往有其主保聖人，形成宗教上的羈絆。在組建日常的都市社會之際，宗教發揮了非常大的作用。

反觀江戶，並沒有歐洲都市的教區教會那種作為地區機構的中心設施，以及中心設施不可或缺的廣場。在日本，家家戶戶當然都有佛壇或神龕，日常生活與宗教的關係之密切，比起歐洲有過之而無不及，卻不一定形成社會化的體制。即使個人或家族會祭拜祖先、家中出現宗教元素，都不必然與都市或地區的商業、生產抑或日常社群的組成相關。在幕末劇烈動盪的社會中，市區這個日常生活空間也會設置稻荷神社等民間信仰的對象，只是儘管信仰虔誠，宗教卻不像在歐洲都市那般成為建構都市社會的中樞。

江戶的宗教性空間較傾向設置在略靠都市邊緣、平常進行商業活動與生產活動的

17〔譯註〕寺院於特殊節日公開展示平常不曝光的法物供信眾參拜。

地方，抑或在居住地的市郊。許多宗教空間遠離了市民日常生活的場所，審慎地選擇與異界連結、感覺神聖的地方，落腳在遠離市區的丘陵綠地與水岸邊。不用說，前往這個場所的通道以及萬籟俱寂而莊嚴的境內，在形成這樣的宗教空間之際具有非常重要的意義。就這一點與歐洲相較，日本的宗教空間所孕育的色彩，毋寧是非日常的、晴[18]的空間。日常生活空間與其他非日常的事物之間的切換，或許都體現在個人認知、都市空間與地理場所的分布上。

即使是祭典有天下祭之稱、足以代表江戶的神田明神以及山王權現（今日枝神社），將二者的位置放在江戶的都市空間中探討，亦可得出耐人尋味的事實。神田明神原本位在江戶城附近的神田橋一帶，後來隨著都市擴張遷移到駿河台，又在元和二年（一六一六）搬到如今外護城河北邊的湯島。展現江戶初期寬永年間都市景觀的〈江戶名所圖屏風〉（出光美術館館藏）中，描繪了堪稱位於都市邊陲的神田明神境內，於祭禮後開葷的酒宴上演出能劇，洋溢著近似芝居町[19]的玩樂氣息。至於山王權現自古以來便位在江戶城內，但隨著江戶城的擴建而遷移到半藏門外的水渠旁，明曆大火（一六五七年）後又輾轉搬遷到如今所在的赤坂溜池畔。這些地方位在江戶市區外側、有森林與水脈環繞的小山坡上，正具備了供奉神社萬中選一的條件。

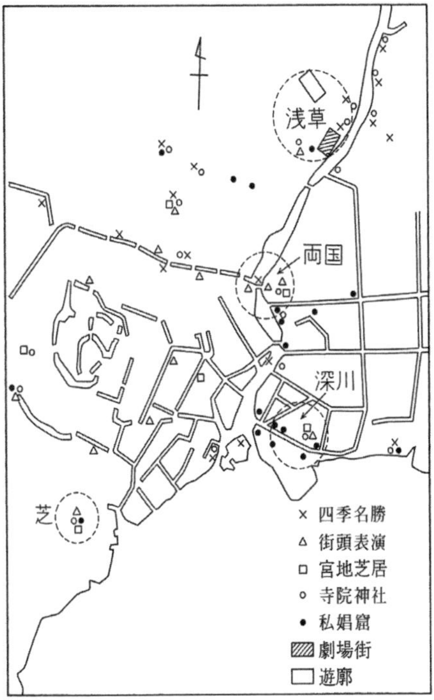

圖51 江戶後期的遊興空間分布圖

於是隔著稠密的江戶市區，東北側有神田明神，西南側有山王權現，且各自的信眾幾乎被流經市區中央的日本橋川河道分為兩邊，形成了獨一無二的都市空間結構。即使自江戶城觀之，這兩座神社亦分別位在東北與西南方，與寬永寺、增上寺位於鎮壓城郭鬼門的位置具有相似的意義。相對於設立在兩端的兩座重要神社，江戶市區的範圍內卻完全沒有半座大型神社——事實上，江戶其他以祭典聞名的神社全都位在都市的邊陲。

因此在江戶，於市區邊陲與自然元素相結合，形成了宗教空間。亦即山手有武藏

18〔譯註〕晴，日本民俗學的基本概念，涵蓋四季祭典、婚喪喜慶等社會生活中非日常的一面，相對於此，人們規律而日常的勞動則稱為「褻」。「晴」的到來往往一掃因「褻」而累積的倦怠，使人在歡慶中重獲活力。

19〔譯註〕指芝居小屋林立、表演盛行的地區。

野台地的「森林（綠）」，下町則有海洋與河川的「水」，顯然都被視為神聖的場所而孕育出宗教空間。於是以位在這裡的寺院神社為核心，一如樋口所指出的，在「山邊」與「水畔」形成了名勝，之後又發展為鬧區。

這樣說來，水的存在便不光與下部結構的層次有關，在形構跨越聖俗兩面的多重元素所組成的都市之際，亦是極其重要的因子。

在此要進一步解讀都市之際，值得注目的是網野善彥[20]的研究。據其所言，中世以前的日本，在浪跡天涯的工匠與賣藝者聚集的寺院門前、市場、河岸與橋梁等處，建立了不受世俗關係束縛、基於「無緣」[21]的原理運作的「神聖」場所，形成確保了某種「自由」與「庇護」的「聖域」（保護區或解放區）。此外山林或河海本身也往往具備聖地屬性，具有聖域的特質。儘管在近世幕府與大名的掌控下，這樣的「聖域」已然分崩離析，但在遊廓與芝居小屋等都市社會的邊陲地帶，其仍與世推移、延續了下來（網野善彥，《無緣・公界・樂》）。

以這項學說為基礎之一來思考近世江戶的沿革，便可知其實不只是遊廓與劇場街，其亦能極其簡潔地闡明整體都市結構。

首先，從前面提到的江戶宗教空間建立在山手的丘陵與下町的水岸一事，可以明顯看出山林與水脈往往呈現出與聖地性結合的聖域特質。在日本的民俗學中，山和水就經常被認為擁有與死亡、靈魂相關的聖地特性，且江戶民眾可以逃離由世俗關係所掌控的沉悶市區，在市街邊陲的寺院神社境內或門前鬧區解放自我，因此這些地方正可說具備了聖域性質。由於這些場所是由寺社奉行所管轄，相較一般由町奉行所管理的市街，對於各類活動的限制確實較為寬鬆。

試著在江戶的地圖上標示舉辦見世物[22]、小型芝居或宮地芝居等表演的地點，會發現絕大部分聚集在香火鼎盛的神社、寺院境內或門前。一方面有神田明神、湯島天神、寬永寺、赤城神社、市谷八幡、日枝山王、芝神明、增上寺這些位於台地尖端、區隔了町人地而蓋在邊緣地帶的設施；另一方面，也有許多如深川的富岡八幡、回向院、淺草寺之類，與水岸的神聖意象密不可分而建立起來的宗教空間。其中建於江戶

20〔譯註〕網野善彥（一九二八～二〇〇四），歷史學家，專攻日本中世史，其歷史觀對後世研究影響甚鉅，代表作有《無緣・公界・樂》等。

21〔譯註〕日本古代到中世的社會形成原則。指遊女、賣藝者等「無緣者」斷絕血緣、地緣而脫離體制（即所謂「無緣」），在門前或河岸等權力所不能及之處重獲新生。

22〔譯註〕以雜技奇術、珍禽異獸、奇人異士等為賣點招攬人群的表演。

時代初期的寺院回向院，是為了將功德迴向給明曆大火中大批被燒死或溺死的往生者靈魂，而在靠近兩國橋東側橋頭的地方設立的，相對於此，淺草寺所在的淺草，於七世紀時還是江戶灣的海灣內一處名不見經傳的貧窮村落，當時在隅田川撒網捕魚的漁夫意外打撈到觀音像而虔誠祭祀，成為了淺草寺的緣起。這段歷史遠比江戶的都市形成更悠久，而二者的建立，無疑都與隅田川水脈的存在息息相關。

而寺院神社境內所舉行的這類宮地芝居，原本就是幕府官方認可的三座[23]以外的主辦方聯合寺院神社，以配合祭禮與開帳吸引香客添油香等名義，於其境內設置小屋所舉行的表演。

廣小路的鬧區

當時還有一個地方會舉行見世物與小型芝居，那就是水岸邊，也就是橋頭的廣小路。網野善彥指出，與水相連的河岸與橋梁原來具備的「無緣」場所的特質，被江戶橋頭（橋端）的廣小路原原本本地承繼了下來。尤其在元祿十六年（一七〇三）的大火後作為火除地而開闢的兩國廣小路的景象，更如實印證了這樣的說法。兩國廣小路迥異於前述的江戶橋廣小路，位在遠離江戶中心地帶的偏遠地區，但兩國橋卻不僅是坐擁地利之便的水運主動脈，更連結了下總與武藏兩國，亦是連接本所一帶與江戶市區重要的陸路節點，發揮了江戶東側玄關的功能。且由於隅田川流經此地略微彎曲，故從長達兩百公尺的太鼓拱橋上，可見富士山聳立於江戶市街連綿的建築後方，呈現自然與都市和諧並存的壯闊全景圖。

這一帶既是水陸交通的節點，也擁有瀕臨隅田川、風光開闊明媚的地利之便，在十八世紀中葉發展為吸引江戶市民造訪的最大鬧區。而這般自由的空間，是無法在政經中樞（或說為制度收編）的一般町人地建立的。以日本橋為首的下町中心地區，一旦在大型商店林立的河岸發展出批發商倉庫那樣櫛比鱗次的經濟空間，具備遊興特質的空間便會漸漸被推到都市的邊陲，在邊陲地帶形成繁華的鬧區。於是越過神田川，北方盡處有淺草寺；渡過兩國橋的隅田川東邊則有經常因開帳而人山人海的回向院，香火鼎盛的宗教設施各據一方，也是形成「鬧區」的最佳條件。

此一廣小路的空間經常成為浮世繪與名勝圖描繪的主題，使我們得以具體得知其人聲鼎沸的情狀。首先，以神田川河口為中心的河川沿岸有熙熙攘攘的料亭與船屋，

23〔譯註〕即中村座、市村座與森田座（於一八五六年改名守田座）三座劇場。

而放眼橋頭廣場，水畔成排的茶店林立，後方則密密麻麻地都是見世物、淨琉璃[24]、芝居、說書之類的小屋，呈現出迷宮般的情境。與歐洲廣場永恆的、具紀念性的意象截然不同，臨時搭建的小屋等裝置與人們精力充沛的活動合為一體，便孕育出廣場這個洋溢著獨特熱鬧氛圍的地帶。

歐洲的廣場是執政者一開始便在都市中心計畫性打造的，而江戶廣場形成的背景則有所不同。亦即當時根據當權者的想法將橋頭與山腳改作火除地，在民眾為這純粹的空地加上了各式各樣的功能與意義、改造為生活的空間後，廣場也就因此誕生。唯獨在江戶，民眾的活力對於都市的形塑堪稱貢獻良多。

然而，這個兩國廣小路廣場的空間尺度極其重要。兩國橋四周是隅田川開闊的水面，形成了一望無際、令人心曠神怡的場所，另一方面，鬧區空間本身的視野則被遮蔽，形成了尺度較小的空間，雜沓的人群看似創造出了封閉於內側的熙攘熱鬧。這般巧妙對比的表現，令空間產生了戲劇性的變化。風來山人（平賀源內）[25]在《根奈志具佐》一書中，便鉅細靡遺地描繪了被廣小路自由氣息所圍繞的「遊興空間」。

此外在夏天，這裡還有搭船遊大川[26]的乘涼遊河活動，熱鬧滾滾。揭開這項活動序幕的五月二十八日「開川日」是江戶一年一度的盛事，還會在兩國施放煙火。屋形

圖 52　泉壽，〈新版浮繪江戶兩國橋納涼之圖〉（東京都立中央圖書館館藏）

船、屋根船、豬牙舟以及荷足舟擠得水洩不通，就連大川的河面都幾乎被遮蔽了。昭和三十七年（一九六二）以降一度取消的兩國煙火，也在昭和五十三年（一九七八）重新舉辦，不管水上或陸上，江戶曾經的繽紛熱鬧僅僅在夏日的這一夜勃然復甦。

兩國廣小路這個可以享受涼風拂過河面的水岸鬧區雖然廣受歡迎，但由於隅田川把江戶一分為二，西兩國這一側就在將軍眼皮子底下，加上東側才具備臨時搭建的小屋等條件，因此聲色類、畸形秀、變戲法或大型表演主要聚集在回向院這邊的東兩國。回向院前是有名的私娼窟，乃俗稱金貓、銀貓的猥瑣私娼群居之地。正如栗本慎一郎[27]所指出，以隅田川為界，確實讓人意識

24〔譯註〕日本傳統的說唱曲藝，多以三味線伴奏。

25〔譯註〕平賀源內（一七二八～一七八〇），江戶時代中期的博物學者、蘭學者、發明家，同時是通俗小說家、淨琉璃作家與俳句詩人，風來山人為其筆名，《根奈志具佐》則是其於一七六三年發行的長篇通俗小說。

26〔譯註〕江戶時代稱吾妻橋以下的隅田川河段為大川。

到都市的內外兩側，對岸的東兩國與西兩國相比，和異界相連的「暗黑」都市特質更為強烈（《光明都市・暗黑都市》）。以兩國橋為中心的兩國一帶，不只是江戶，更是日本第一個真正意義上的鬧區，一度極盡繁榮。

兩國橋東西側的廣場像這樣在橋頭自然形成了以見世物小屋為中心的鬧區，自古以來便是浪跡江湖的賣藝者聚集之地，網野善彥所謂以「無緣」的原理運作的解放區——河岸與橋頭的存在，也被近世的江戶完整地承襲了下來。雖說處於幕府控制之下，但在河岸、廣小路的空間這類未被私人占有的跨界地帶，莫不是保留了可供「無緣」的原理運作的空間？

若是在歐洲，恆常有於都市中心孕育廣場這個公共空間的力學在運作，相對於此，江戶的河岸與橋頭正因為是幕府所管轄的特殊空間，才能擺脫一般町人地的社會性束縛，成為庶民得以自由活動的場所，可說是日本獨有的場所形成的邏輯。

從中也能看出這類日本特有的、孕育民眾活力的自由空間，與前述的江戶橋廣小路以及筋違八小路（後來的萬世橋一帶）、采女原等江戶主要橋頭的共同點。

然而時至明治，情況卻勃然翻轉。明治六年（一八七三）左右，這樣的見世物備受箝制，蘆葦簾子所搭的小屋與河川沿岸的水茶屋遭到拆除。伴隨著現代國家的發展，都市空間被收編至現代式的管理之下，懷有江戶時代猥雜生命力的聖域般場所也就此被剝奪了。

此外，根據明治六年太政官所發布的法令，自江戶時代即受到百姓虔誠信仰的淺草寺、寬永寺、增上寺、深川八幡等寺院神社境內被劃定為現代公園，其中亦可窺見當權者巧妙的企圖。也就是藉著由參拜所衍生的見世物小屋秀與花街尋歡等行為，從制度化的地域共同體的日常性解放，讓身心沉浸在無上的滿足中——民眾這類無政府心態本來應該為當權者所不容，但後者顯然企圖將這樣的空間收編到國家的掌控下。

都市的演劇空間

為了進一步解開江戶市街的意義結構，接著要關注的是都市的演劇[28]性空間，其亦隨著市區的發達與擴展而變遷。尤其在下町作為防火線的火除地隨著區劃重整而遷移，「演劇空間」與鬧區便也跟著轉移，但不管怎樣，其絕大多數仍舊誕生於水岸邊

27〔譯註〕栗本慎一郎（一九四一～），經濟學者、評論家，曾任眾議院議員，主要研究領域為經濟人類學。

28〔譯註〕概指於劇場中演出的戲劇。

圖53　中橋芝居町的景象（〈江戶名所圖屏風〉，出光美術館館藏）

的橋頭。

江戶的芝居小屋和花街一樣，最初是基於繁榮的商業活動而在人群聚集的河岸附近自然形成的。寬永元年（一六二四），被視為歌舞伎發祥地的中橋南側，也就是日本橋與京橋之間隸屬中心町人地的濱海處，不久後則發展為前述材木町那如扁梳般碼頭林立的船運基地，可以看出這塊臨水之地很早就出現了芝居町與遊女町交相發展的態勢。

當時的盛況可從描繪明曆大火前江戶市區的〈江戶名所圖屏風〉（出光美術館館藏）中一探究竟（圖53）。這扇屏風呈現了一幅都市景觀圖，讓江戶中橋芝居町的景象如在眼前，栩栩如生。以女歌舞伎的兩間小屋為中心，藉由等距投影的手法，出色地表現出擠滿了人偶戲與雜技小屋、射箭場以及有湯女陪浴的澡堂等景象。且這些遊興設施前方臨海，後方則有渠道環繞，形成了開放式的水域，還被傍水而建、富麗堂皇的色茶屋[29]團團包圍。突出於水面的茶屋建築看似與東南亞高腳屋那樣的水上建築一脈相承，展現出色的親水特性，而水面上，要前往欣賞表演的船隻與載著遊女的遊船同樣擠得水洩不通。

日本近世都市的遊興空間與「水」連結的源頭，莫不是在江戶初期的這個階段便已見端倪？關於這一點，守屋毅[30]在分析了諸多妓院遊樂圖後，提出「水—船—樓閣」這樣的架構，又根據松田修[31]揭示近世日本人如何展現傳統異境觀的卓見，指出這類宛如「白日夢」宇宙觀的遊興世界結構，都被〈江戶名所圖屏風〉所描繪的中橋芝居町不折不扣地承繼了下來（〈風俗畫中的芝居町〉，《近世風俗圖譜10歌舞伎》）。

此一位於中橋南側的遊興空間，同樣由於江戶的都市開發而成為水運與經濟的樞紐，在這裡舉行的表演遂被廢止。江戶的芝居小屋最後被集中到葺屋町、堺町二丁目與木挽町，明曆大火後，只有此地為幕府官方認可的「劇場街」。

29〔譯註〕相對於單純歇腳的水茶屋，指伴隨著性交易的茶屋。
30〔譯註〕守屋毅（一九四三～一九九一），日本歷史學家，專攻中世與近世的日本文化史，曾任日本國立民族學博物館教授，代表作為《近世藝能表演史的研究》等。
31〔譯註〕松田修（一九二七～二〇〇四），日本國文學研究者、文藝評論家、國文學研究資料館名譽教授，專攻近世文學，著有《松田修著作集》全八卷。

另一方面，由於散布在都市中的花柳巷有傷風化，因此元和年間亦統一集中在葺屋町，在那裡形成了吉原遊廓。在明曆大火令江戶市街付之一炬後，吉原雖然被幕府遷移到靠近邊境的淺草田圃，但從那時起，緊鄰原吉原（過去的吉原）西邊的堺町、葺屋町便成了人聲鼎沸的芝居町與鬧區。

此地自東京灣略沿江戶水系的主動脈日本橋川而上，正是自古以來的水運中樞。小網町、堀江町、新材木町等地倉庫林立，緊鄰著對江戶的運輸而言至關重要的河岸。這裡雖說是劇場被限制在一處的官方特許芝居町，但由位置結構來看，仍可明白其形成的原因與街頭藝人齊聚、河岸市場和商業活動興起有關，並承襲了芝居小屋這樣的演劇空間最初形成與發展的機制。

在此番背景下誕生的堺町與葺屋町於是形成了花花世界，中村座、村山座、都座等歌舞伎劇場通年響徹櫓太鼓的聲音[32]，各處是芝居茶屋或歌舞伎演員和夥計的房舍，從寬永至天保兩百多年間極盡繁華（圖54）。

如此確立的劇場街形式是日本獨有的。文藝復興以降出現的西歐劇場取代了中世紀的市政廳與主教座堂，成為都市中嶄新的紀念建築物，也是一種獨立的象徵性存在，堂堂地矗立在廣場上。就市民所生活的都市空間而言，劇場是開放性的所在，亦是在

圖54 堺町、葺屋町的劇場街（歌川廣重，〈東都名所二丁町芝居之圖〉）

視覺上重新編列了都市結構的中心設施。然而江戶的劇場街卻被從日常性的都市空間區隔開並圍聚起來，集中了數間芝居小屋，打造成一個特殊的地帶。觀賞歌舞伎這項娛樂所具備的非日常獨特解放感，想必也是源自於此。

二者之間的差異與都市結構有所關聯，更與演劇及劇場不同的成立經緯息息相關。也就是說，即使歐洲有像義大利即興喜劇那般在街角表演的戲劇，劇場這個存在仍舊衍生自宮廷文化，後來才被市民社會所承繼，相對於此，江戶的芝居則並非由上向下傳布，而是由下往上——始自社會最底層的人群，進而擴散到一般大眾間（川添登，《東京的原初風景》）。

於是在江戶，即使在劇場街的街上也不會只有單獨一棟顯眼的劇場，而是融入了

32〔譯註〕江戶時代的相撲場所或劇場往往會在望樓敲擊太鼓，以昭告開幕與閉幕。

擠滿街道兩側且一、二樓皆呈開放式的芝居茶屋之間，而正面二樓的部分被大型看板遮住，幾乎見不到建築物本身的模樣。不管是劇場或茶屋，一樓上方的短簷都會掛上暖簾與燈籠，前方則有無數的旗幟熱鬧地迎風飄揚，儘管略顯雜沓，但從劇場街整體看來，仍呈現出和諧的一致性，這與歐洲劇場的配置企圖在都市空間中強調遠近法的效果是截然不同的概念。

以臨時看板、配件來裝飾空間，營造出熱熱鬧鬧、恍如傳統節慶的氣氛，這樣的思維延續至今，被日本都市空間的各個角落所繼承，但不考量整體的和諧，一味塞進各式各樣的元素而毫無統一的美感，這一點或許也可說與過往大異其趣。

無論如何，江戶時代劇場街的形成，可視為催生出今日新宿歌舞伎町或大阪道頓堀那劇場與戲院林立、餐飲店密密麻麻，以獨特的雜沓感營造出熱鬧氣氛的「鬧區」之原型。

而另一個與堺町及葺屋町齊名、獲得幕府認可得以上演大型芝居的劇場街木挽町，則展現出與水更緊密的連結。木挽町面向現今銀座六丁目後方的渠道，《江戶名所圖會》中也細膩地描繪出當時的情景（圖55）——水岸邊，掛著燈籠的開放式水茶屋成排林立，為數眾多的屋形船與豬牙舟靠在一起，還有過橋觀賞歌舞伎的群眾身影。

不論是乘船或過橋，將人潮引導至旗幟招展、櫓太鼓聲響不絕於耳的「劇場街」的空間展演，想必讓來此欣賞表演的民眾心情愈發雀躍，這幾乎動員了視覺、聽覺、觸覺、味覺等人類所有的感官活動。演劇空間堪稱民眾為了追求解放感而聚集的、非日常的虛構空間，非但與水的意象結合，情緒上也會被節慶般的氣氛所渲染。這般與渠道相接的江戶時代劇場街，被大阪道頓堀的鬧區原原本本地承襲了下來，左右舞動著蟹鉗的巨大螃蟹看板等餐廳林立的美食鬧區，至今仍位在當時面向水渠的芝居茶屋所在地。

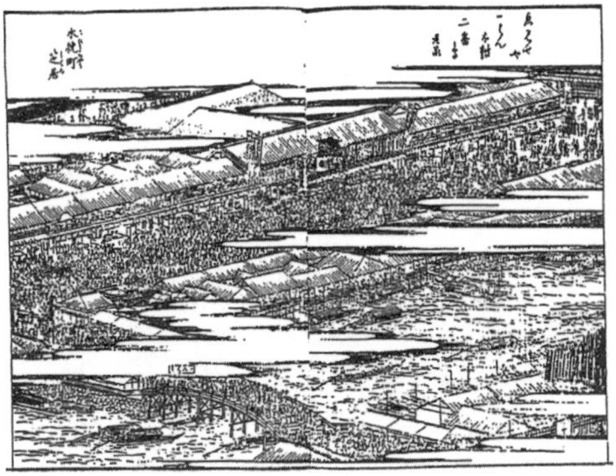

圖55 木挽町的劇場街（《江戶名所圖會》）

歌舞伎儘管擁有風華絕代的歷史，卻也有被自都市中心驅逐的歷史。天保十三年（一八四二），此地的劇場街最終被遷移到猿若町這個被淺草的寺院與水脈環繞的邊陲地帶。猿若町不光只是地理上的邊鄙之地，演員在市街還被禁止與一般市民接觸，被劃歸在體制之外而明確受到歧視。

遊廓也面臨相同的情形，比起劇場街，其早在明曆大火後便被驅趕到新吉原。在吉原町，除了大門以外，四周全被黑齒溝[33]圍住，隔開了遊廓內外——遊女與演員一樣因為身分受到歧視而被隔離。廣末保[34]對於如此形成的「邊界的惡所」所具備的意義，有如下的考察。

這些惡所雖然是非日常的場所，與町人日常的生活全然相異，但在都市的邊界卻是日常之所。虛構的惡所超越了階級秩序的邏輯與價值觀，化為現身邊界、從日常概念中被解放的廣場。於是江戶町人在都市邊界獲得了惡所這個獨特的空間，許多町人文化與庶民文化都是從這裡孕育出來的（廣末保，《邊界的惡所》）。

正如其所指出，歌舞伎演員會演出遊蕩在日常陽間邊界的死靈或怨靈的世界，遊女在根源上則是與巫女性相結合，假使如此，這樣的惡所便亦與聖地性有所關聯，正可說是由「無緣」、「無主」的原理所支配的「聖域」。近世的江戶歷史隨著都市的發展與擴大，也成為了將這些聖域空間驅趕到邊界的歷史。然而伴隨著這一點也可看出，從日常中解放的廣場又以更為激進的形式發展其特質的矛盾。

隨著都市的擴大與發展，江戶市民的文化與遊興空間脫離了政經中樞以及日常的生活空間，主要在洋溢著與自然面對面的解放感的都市邊陲形成。相對於歐洲都市擁有明確核心的向心式結構，以江戶為首的日本近世都市中，洋溢市民活力的中心則稍微偏向外側，產生了離心式的都市結構，也可說這又成為了江戶特有的庶民都市活力之泉源。這般離心式的都市結構既是幕府都市政策的產物，卻也可說具有巧妙區分日常與非日常、存在於日本文化中的本質性特徵。

這和每隔一段時間固定舉行的祭典有所不同，是與被收編到都市的日常性社會關係中的「職／住」場所接壤、恆常存在的非日常空間。到了近代以後，明治二十一年（一八八八），根津的遊廓由於太過靠近東京帝國大學而有傷風敗俗之嫌，因此被遷移到深川再過去的洲崎遼闊的濱海地帶。此外，關東大地震之際，有十二階之稱的淺草凌雲閣一垮，原本群聚在下方、被稱為銘酒屋的妓院便悄悄搬到了隅田川對岸的玉之井，呈現一派燈紅酒綠的花街風情。

既是栗本慎一郎口中的「暗黑都市」，也是海野弘[35]所謂的「地下世界」（《摩登都市東京——日本的一九二〇年代》），這樣的都市空間（尤其在日本）採取著離心式結

33〔譯註〕環繞著吉原遊廓、防止遊女脫逃的大溝渠。

34〔譯註〕廣末保（一九一九～一九九三），近世文學研究者、演劇評論家，曾任法政大學教授，專攻松尾芭蕉、近松門左衛門、井原西鶴等作家，其對於「惡所」的考察對後來的近世論帶來了極大影響，代表作有《邊界的惡所》等。

35〔譯註〕海野弘（一九三九～），作家、文藝評論家，畢業於早稻田大學第一文學部俄國文學科，曾任職平凡社，主編雜誌《太陽》，著述涵蓋文學、音樂、電影、都市論等領域。

構，且不論哪個時代，都會保留著「奧性」在都市邊陲密集地形成。

如此一來，江戶市民偶爾得以逃脫由柵門隔離控管的日常社群，以自由的身分現身無政府的場所。這也是由於惡所或聖域般的鬧區是建立在都市周圍，於空間上巧妙地與市民日常的生活場所區隔開來的緣故。相對於健全而日常的「制度化空間」，其邊緣與背後則是充斥著慾望而有別於日常、宛如節慶般的「自由空間」，二者兼容的獨特結構，至今仍是日本都市的一大特徵，也是日本都市活力充沛的祕訣。

而在江戶，這些惡所就位於隅田川深處，整個遊興空間和水的意象強烈連結，這一點實不容忽視。自柳橋一帶的船屋陸續乘豬牙舟出航的遊客朝大川（隅田川）而去，以本所松浦宅邸的栲樹或御藏（幕府的糧倉）前的首尾松[36]為記號，朝山谷堀前進。從懷抱著奧性的隅田川到山谷堀的水岸空間次第展開了一連串的景觀變化，想必令船上遊客的心情為之振奮（圖56）。

不光吉原，前往隨著天保改革而遷移到淺草的猿若町劇場街也往往會乘船。明治維新前出生於蘭醫桂川家、在築地與鐵砲洲水岸的宅邸成長的今泉美爾在回憶錄《昔日夢痕》[37]中，便曾提及乘船觀賞歌舞伎的樂趣：

「彷彿攤開一卷美麗的畫軸那般，我憶起往昔看戲的瑣事。由於太過期待了，前

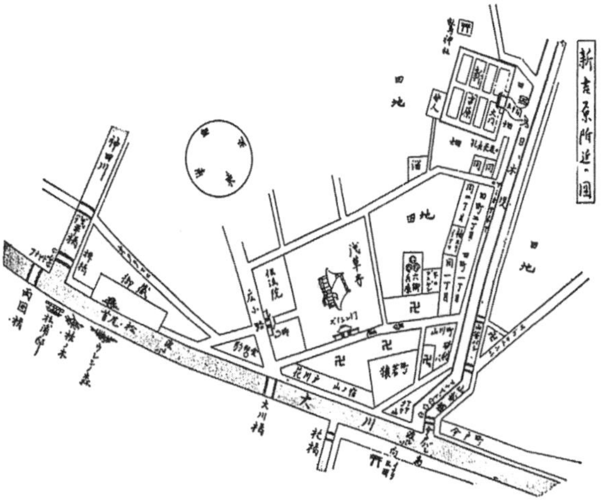

圖 56 新吉原一帶的地圖（三谷一馬，《江戶吉原圖聚》）

一晚幾乎輾轉難眠。（中略）這時隨行的人也已準備妥當，馬上就要乘著屋根船朝淺草出發。人多的時候搭的是屋形船。到了碼頭，事先聯絡好的茶屋夥計便來迎接，人人手上提著繪有店家名號的燈籠，鄭重地招呼問安，自船中將人扶上岸。

我們去的芝屋町叫作猿若町，在一丁目、二丁目、三丁目分別有小屋，稱為三芝居。儘管同時開演，但大抵來說歌舞伎狂言的劇目各有不同，這邊演出忠臣藏，那邊便演出阿染久松。馬路兩側成排林立

36〔譯註〕江戶時代位於淺草藏前附近的隅田川畔松樹，是當時舟船前往吉原的標記，如今於藏前橋西側橋頭則立有石碑。

37〔譯註〕今泉美禰（一八五五～一九三七），其父為知名蘭醫、蘭學學者桂川國興（第七代桂川甫周），故自幼家學淵源，口述自傳《昔日夢痕》記述了幕末至明治初年環繞著桂川家的人事物，生動地呈現當時的江戶風貌。

的茶屋掛上了暖簾，燈籠的火光搖曳生姿。自築地登船來到此地遊賞的樂趣，直教人飄飄然。」

隅田川的水岸空間

身為都市中自由的「遊興空間」，「鬧區」在江戶中葉以後，從芝一帶大幅往淺草、本所與深川的方向遷移，這一點與遊廓和劇場街的消長息息相關。然而更重要的原因是江戶都市發展的過程中，過往流經都市外圍的隅田川逐漸朝都市內緣整併。在已然擴張為世界最大都市的江戶，對其市民來說，隅田川畔的樹蔭與遼闊的水岸全景，提供了從日常性的束縛中解放的絕佳舞台。

隨著主要市區的擴張，這類適於散步的區域也逐步擴大，最終越過了隅田川。執政者也為了提供民眾宣洩精力的出口，而在遠離市區的地方興築寺院和祠堂、種植松樹與櫻花，以吸引市民出遊。在這些地方，也必定會有美麗的遊女頻送秋波、拉扯著行人的衣角攬客。

隅田川堤防亦在第八代將軍德川吉宗掌權之際，與飛鳥山、御殿山等一起被劃定為江戶的公園，並種植櫻花樹。此地真正成為江戶市民共同的休閒場所花了很長一段時間，到了文化年間終於受到大眾青睞，茶店與料亭一間接著一間開，指望隅田川兩岸的遊客帶來生意（前田愛，《都市空間中的文學》[38]）。

至於渡過兩國橋，以回向院為中心的本所一地熱鬧的景象也已於前文提及。此外，永代橋另一頭的深川亦成為吸引江戶民眾遊山玩水的後花園。箇中原因不僅在於深川是隅田川彼岸自外於江戶的世界，更因其水鄉風光正投熱愛寬廣自由的江戶民眾所好。

深川原本是座漁師町，但其後於深川八幡門前逐漸形成了市街，以神社境內所舉辦的宮地芝居和在門前營生的茶屋為契機，形成了遊樂之地，亦即江戶市民嚮往的鬧區。

隅田川的水岸空間與江東的水鄉激發了居住在稠密市區的江戶市民遊賞的興致，而這又促使寺院神社門前與橋頭廣小路所孕育的鬧區更為發達。

以上探究了在江戶所展開的遊興空間的發達，但回顧歷史上古今都市的誕生與發展，卻可以歸結出幾個相似的現象：歷經幹勁十足的草創期、在城市建設方面精力充

38〔譯註〕台灣版為《花街・廢園・烏托邦：都市空間中的日本文學》，二〇一九年由臺灣商務印書館出版。

沛的成形期，達到經濟繁榮的頂點之際，在都市中則往往產生了社會矛盾，與此同時，人們厭倦了都市的生產活動，而被文化所吸引，又或者隱遁到自然的懷抱……這彷若人類一手打造的都市文明固定的往復循環。

義大利的文藝復興運動正是中世紀都市市民在社會經濟的各項活動之上開花結果的文化運動，尤其在水都威尼斯，這一點更是顯而易見。這座城市那文藝復興與巴洛克風格輝煌燦爛的都市文化，是以中世紀的東方貿易所累積的財富為資本才得以實現，人們在都市中耽溺於演劇與音樂，沉迷於嘉年華與宴會，甚至傳聞這裡的妓女豔冠群芳。另一方面，傾心自然的上流階級則在田園中興建了眾多別墅。凡此種種，皆緊緊擄獲了歐洲知識分子的心，使威尼斯魅惑人心的都市文化臻於成熟。

再往前回溯，也可以在羅馬帝國時期看到同樣的現象。當時羅馬帝國的勢力遍及整個地中海區域，迎來號稱「羅馬治世」（羅馬和平）、平穩而安定的時期，也促使文化開花結果。都市中，在公共浴場泡澡或於羅馬競技場觀看搏鬥等世俗性的大眾文化方興未艾，上流階級則在沿海或田園等處興建迎向自然的豪華別邸，據說在風光尤其明媚的拿坡里灣沿岸，濱海的度假小屋更是多不勝數。在和平繁榮的時代，總會出現這類開放式的建築。

至於江戶，由於將豐饒的水岸整併到都市的邊緣地帶，於是每位市民都能沉浸在水岸邊洋溢著解放感的遊興空間。從隅田川到東京灣，過去確實只有大名有權占據豐饒的水岸興建個人住所，亦曾有好幾座大名屋敷引入海水設計了迴遊式的「潮汐庭園」，而其遺跡之一正是如今深川的清澄庭園。但從高級料亭到大眾化的水茶屋，水岸邊同時林立著這些開放式的建築物，因此不論哪個階級的市民都得以享用風光明媚的水岸遊興設施。這類面向大海或隅田川的建築，正可說是和平與繁榮的象徵。而前面提過的中橋芝居町在短時間內所展現的水岸遊興空間，到了堪稱「德川治世」（Pax Tokugawana。芳賀徹，《江戶的比較文化史》）的繁榮時代，才又重新綻放燦爛光輝。

對江戶的市街而言是水系主動脈的隅田川怎樣吸引各式各樣的人潮活動？有一幅饒富趣味的畫作呈現了這樣的情景，那就是歌川廣重筆下的〈永代橋全圖〉（圖57）。其構圖是自日本橋這側面向隅田川，放眼左側看向永代橋，畫面右上方是佃島，左上方隔著隅田川則可見深川的住家，只要仔細觀察，當時的都市景觀便一目了然。

至於畫面前方是江戶町人地廣闊的濱海地帶，右下方有流經商業中樞江戶橋與日本橋最重要的渠道日本橋川匯流，還有傍水而建的白牆與海鼠壁倉庫羅列並陳，其背後是南新堀町，畫面中央的橋頭則可見北新堀町的街景（最靠近橋之處有船番所[39]），

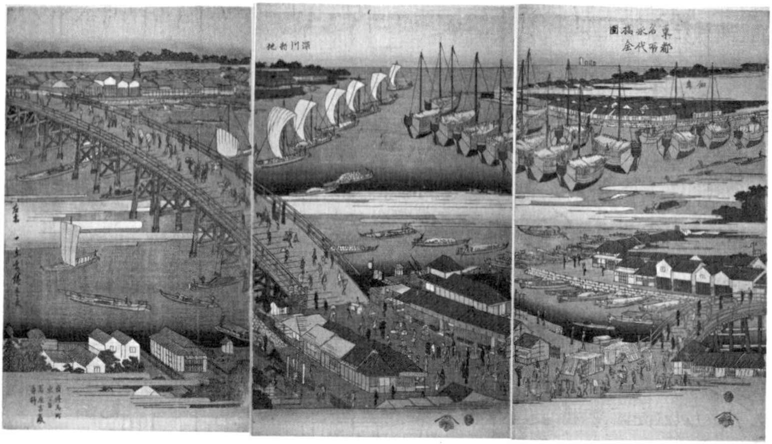

圖 57 歌川廣重，〈東都名所永代橋全圖〉（東京都立中央圖書館館藏）

呈現出町人地特有的喧囂。身為商業及運輸重鎮的下町町人地區域內就像這樣，有渠道流經，幾艘小船往來運送著貨物。

另一方面，靠近隅田川中央，先是緊鄰佃島的河灘（畫面右手邊）上，有許多千石船降下了船帆停泊。而在河道中央，從橋梁到下游的河口有好幾艘白色風帆被吹得膨起、正準備進港的貨船，由此可見當時將貨物運送至大型消費都市江戶的流通情形。

此一商業經濟的世界後來搖身一變，右邊的佃島是天正年間從攝津佃村集體移居的漁民所建設的漁村，與深川的漁師町一同催生出日本橋魚市場，供應江戶市民的廚房。

至於對岸描繪的則是相形之下較晚開發的江戶市民後花園——深川。這幅畫中先是在靠近橋梁的河岸邊繪有各種批發商的妻入式倉庫，但若看向河口，在視野良好、得以眺望突出於海面的深川新地之處，還有幾間開放式茶屋林立，這也讓人得以管窺深川的部分特色。此外亦可看到好幾艘屋形船和小型的屋根船在載著貨物的小船之間穿梭，自橋畔或西或南，繞著深川新地打轉，都是用來載送要前往水鄉的遊客。

隅田川的水岸空間集結了位於「運輸經濟」與「遊興文化」兩極的各種都市活動，且不光確立了各自相應的建築與設施形式，來往的船隻規模與用途等也澈底加以規範，誕生了自然美與人工美融為一體的都市景觀，也使得人們的行為模式變得洗鍊優雅，更進一步提升為獨特的文化。

歌川廣重的畫作將這類複合元素所構成的水景全體置入出色的構圖中，將描述及表現的效果發揮得淋漓盡致，和水質遭受污染、高聳的水泥防波堤隔開了水面與岸邊的今日大不相同，在這裡，水岸空間充斥著都市人群各式各樣的活動。

像這樣聚集了人類諸多活動的水岸，也可說是最敏銳地反映出時代價值觀的場所。江戶時代都市水岸的土地利用模式涵蓋了工商業及運輸、居住乃至遊樂等文化層面，或可視為所有型態的完整循環。

39〔譯註〕負責檢查通行船隻、徵收稅金等事務的單位。

明治以降的隅田川與東京灣沿岸，顯然是主要擔負著殖產興業與經濟成長的工業地帶，一方面興建了許多工廠與倉庫，另一方面則將市民帶離了水岸。然而如今，都市產業結構的改變導致工廠逐一遷移，水岸（水濱）的土地利用模式也有了巨大轉變，不只是高樓層的華廈與辦公大樓，也囊括國際會議廳、親水公園等具備文化性質的元素，各項機能再次齊聚水岸。正如同紐約蘇活區的變化那般，著眼於能以便宜的價格使用廣大空間的舊倉庫，促使其再生，創造為藝廊或劇場等活動場所，這類藝術團體愈來愈多，也開始打出「下城文藝復興」這樣的口號。但與此同時，如果今後要進一步評估水岸舒適設施的價值，也必須充分考量大企業的大型建築或華廈一棟棟蓋在這樣的水岸空間，市民就再也無法接近水岸的風險。在這樣的情況下，試著在東京的水岸重新挖掘、描繪江戶以來所開展的多變空間利用型態與豐富的市民活動，於今後擴充下町的都市建設意象時將具備重大的意義。

然而，江戶下町的水岸空間所具有的魅力，是現今的我們難以想像的。在幕末時期訪日的瑞士聯邦政府外交使節團團長艾梅．亨伯特，將隅田川河畔與川上的景色比擬為水都威尼斯華麗的水景，描寫道：

「……江戶的一切都呈現出安定的和諧，人們的動靜、跫音、談笑、歌聲與音樂絲毫不干擾那如夢似幻的曲調，要想在歐洲尋求同樣的情調，也只有在亞得里亞海的女王（指威尼斯）的岸邊與廣場。」（《幕末日本圖繪》）

汩汩流過下町、不斷滋養流域內諸市街的隅田川，確實相當於貫穿威尼斯中央的大運河，深入各個角落的渠道，也與威尼斯諸島間的小型運河極為相似。長谷川堯[40]在《都市迴廊》一書中引用了亨伯特的這段話來闡述水都江戶，假設其主運河日本橋川為水上的香榭麗舍大道，以此解讀妻木賴黃[41]於明治時期設計日本橋的旨趣。

在這之後，也曾有幾次將江戶／東京的下町風情比喻為水都威尼斯的嘗試。大正末期，西村真次[42]在《江戶深川風情研究》便將深川比作水都威尼斯，引用亞瑟．西蒙斯（Arthur William Symons）[43]的描述如下：「兩側皆為水，除此之外別無他物，於薄

40〔譯註〕長谷川堯（一九三七～二〇一九），建築史學家、建築評論家、武藏野美術大學名譽教授，其研究對近代建築的合理性提出質疑，以一九七五年出版的《都市迴廊》一書獲得每日出版文化獎。

41〔譯註〕妻木賴黃（一八五九～一九一六），建築家，曾留學美國康乃爾大學，代表作除日本橋外，尚有舊日本勸業銀行本店等。

42〔譯註〕西村真次（一八七九～一九四三），歷史學者、考古學者、文化人類學家。

43〔譯註〕亞瑟．西蒙斯（一八六五～一九四五），英國詩人、文藝評論家，曾任雜誌編輯。

暮蒼茫中幽然橫亙，最初前方不見陸地蹤影，然一線燈火搖曳，黑色船隻及淡白船索一同現身水平線，狀若島嶼。未幾，線條逐漸擴大，黑暗中一盞盞燈影搖曳，一幢巨大倉庫如鎔爐般閃耀，頑強屹立水面。此時我等已然抵達威尼斯。」（《義大利的都市》）

西村提到，這個段落簡直如實描述了他搭乘電車渡過隅田川上的永代橋去到深川的感受。基於這番與威尼斯的比較都市論發想，他於是展開了對深川的獨創性考察。

西村對深川研究的獨創性，在於其並不將研究對象擴及整個江戶下町，而是集中於深川，將其比擬為潟湖上的威尼斯。東有中川、西有隅田川流經，瀕臨東京灣而四面環水的深川，正可說是不折不扣的「水都」。西村闡明了其與水結合的獨特地形，以及因其風土所展開的地方特色，顯見大正末期的深川仍能激發這樣的發想。

西村於半個世紀前對都市的觀點，在如今的我們看來，仍舊是創新到令人吃驚的多重發想。他先是將市街視為生命體，著眼於其活動，把人文地理上的發展階段設定為漁師町、門前町、商業地帶與工業地帶四項。他主要關注的面向，便是考察像這樣隨著時代推移的經濟基石上開花結果的文化與精神樣態，分析建立物質城市的背景及群眾活動，以深川為對象，在這樣的基礎上進行真正的都市文化史研究。

這樣的研究之所以得以實踐，就在於水鄉獨特的地理環境賦予市街活動與文化各式各樣的面貌。如今受到污染而被置之不理、視為燙手山芋的河川，原本亦是形塑地域的母體，其水運不僅支撐著經濟、促進產業進駐，也往往驅動人類的精神層面，培育出感性與創意，是文化自都市誕生的重要元素。西村對深川的研究，關注的正是這一點，遙遙領先今日對水脈的關注日漸提升的思考動向。

在進行出色的跨領域共同研究的國際想像力學會上，近年也提出了「都市與水」的議題。其會場位於與此學會相襯的法國東部群山環繞的香貝里小城，以水都威尼斯為具體案例，探討都市與水在本質上對人類心理現象的意義，疊合文學、繪畫、建築、都市工學、精神分析等領域，多元地突顯威尼斯的形象（饗庭孝男，〈都市與水——心理現象的新觀點〉，《讀賣新聞》，一九八〇年六月十一日晚報）。

近代的水岸空間

明治以降的東京歷史，也是一段從「水都」轉變為「陸都」的歷史，但水並非隨即失去了作用。以水為線索，可以在都市變遷的過程中追溯其明晰的理路，在解讀近代東京的都市形成之際，水正是得以發揮功用的關鍵字。

首先來看看令都市之所以為都市、意義重大的演劇空間。受到天保改革整頓風紀的影響，江戶的劇場街被幕府驅趕到位於邊界的猿若町，並規定只能在中村、市村、守田三座劇場演出。但到了明治時期，情況急轉直下，以明治五年（一八七二）守田座遷往新富町為起始，劇場開始有機會前進市中心，數量也跟著增加。另一方面，寺院神社境內與廣小路的小屋所進行的芝居、見世物被禁，表演形式於是大幅改變，隨著明治現代國家的發展，其原本雜沓的生命力也就被剝奪了。

在這樣的情況下，從明治到昭和的戰前時期，向來最受大眾歡迎的就是淺草。淺草寺自江戶時代便是人聲鼎沸的鬧區，境內在明治六年被劃定為現代公園，劃分為七區，其中仲見世屬於二區、奧山（花屋敷）為五區，西南方的低窪溼地所形成的演藝街則是所謂的六區。淺草廣受歡迎的祕訣就在於搭上開化的便車，打造了花屋敷、凌雲閣（即十二階）、全景展望館等各式各樣嶄新的見世物，但在此同樣不能忽略的則是大池（瓢簞池）。如同許多錦繪與照片所示，以六區為主的淺草意象，與櫻樹及柳樹環繞、茶屋和攤販林立的瓢簞池的情感空間密不可分。其與近世的名勝、鬧區的空間裝置兼開化的手段——即獨創的見世物結合，想必就是淺草吸引民眾前往的最大祕密。

到了明治末年，六區演藝街靠中央到南側的地帶搖身變成東京獨樹一格、時尚摩登的都市空間。由上野的寬永寺往淺草寺的東西向連線自古即為重要的道路，也是通往六區的主要通道，但盡頭剛好碰到瓢簞池的西南角而呈放射狀。這塊看來極其顯眼的銳角三角形土地上，興建了圓柱狀上方有圓頂的歌劇館為地標，形成了呈現端景效果的巴洛克式都市空間。

圖58 十二階與瓢簞池（石版畫〈淺草公園之景〉，柏崎黑船館館藏）

在此右轉往南，道路兩側，堪稱新巴洛克式設計的建築櫛比鱗次，蓋有尖塔與圓頂並以拱窗裝飾，風格奔放熱鬧。這些建築大多是明治末期開始普及的電影院，盡可能採用西洋的設計來誘發人們對電影的好奇心。之所以打造成這般奇異的街景，據說是因為曾在美國參觀博覽會的老闆深信奇特建築是吸引人潮最快的方式（初田亨，〈建築展現的近代〉，《日刊建設工業新聞》，一九八二年四月十九日）。

就算建築設計與街道的空間結構一律替換為

圖59　大正時代中期的六區演藝街（《街　明治大正昭和》）

歐風，一、二樓的旗幟仍熱鬧飄揚，繪有演員肖像的看板高掛，與江戶時代芝居小屋所懸掛的物件同樣用來炒熱節慶般的氣氛。因此對於過路人來說，最終都能在這裡看到規模感與體感良好、類似其熟悉的近世劇場街的空間。儘管新巴洛克式建築在筆直的道路上林立，遠近法的空間效果卻透過這些物件被澈底抹除了。

即使在此時期，瓢簞池依舊是醞釀演藝街氛圍不可或缺的。望著前方的十二階，從此一巴洛克空間往北走，到了歌劇館後向右望去，視線便豁然開朗，呈現一片截然不同的水岸情感空間，而這廣闊的水面在鬧區展現根本的解放感之際，正扮演了最重要的角色。

然而，若是在此重新想想江戶時代的鬧區，有與河川、渠道的水脈相結合而形成的隅田川沿岸的兩國及淺草寺一帶、日本橋川沿岸的江戶橋廣小路，同時亦不能忘記較靠近內陸的上野山下。以上野山的「緣」為背景在廣小路孕育的這個鬧區的西側，

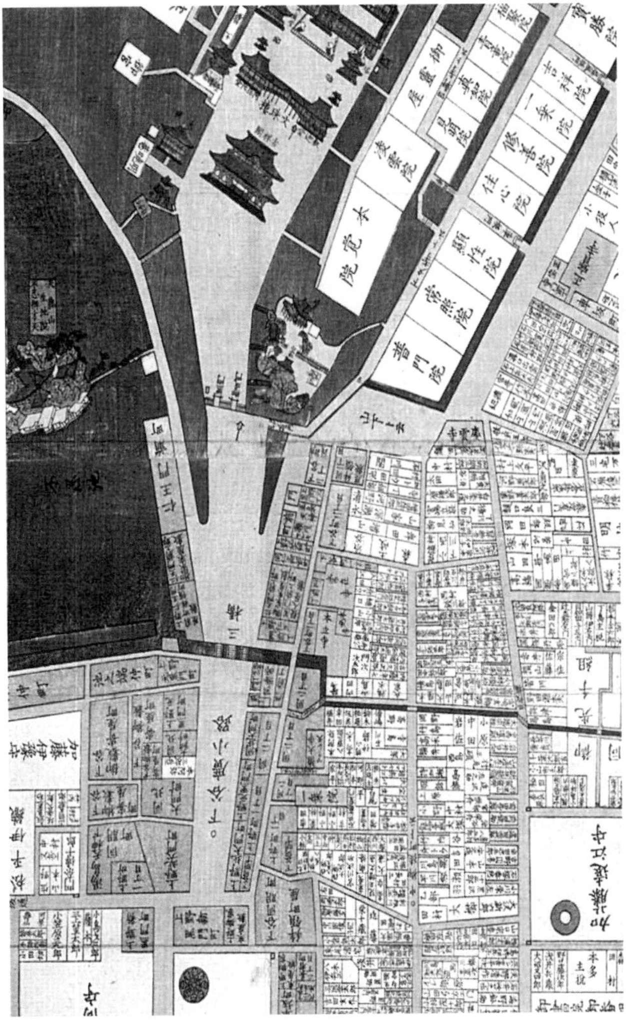

圖60 江戶後期的上野山下（〈尾張屋版江戶切繪圖〉）

其實也有一座不忍池，得以想見「水」亦是此處形成鬧區的重要因素。相當於現代愛情賓館的出合茶屋，也多聚集在這座令人春心蕩漾的池子旁，是眾所周知的幽會地點。仿造日本五辯天[44]之一的琵琶湖竹生島興築、有辯才天鎮守的中之島四周，尤有為數眾多的出合茶屋（花咲一男，《江戶的出合茶屋》）。

即使在新興的演藝街淺草六區，中島也是用來作為創造充滿情調的解放空間，不難想像此一辯天鎮守的池畔空間是經過巧妙規劃而成。試想這池塘的環境形成所具備的重要意義，便會發現從明治、大正乃至昭和時代，瓢簞池這面水鏡映照出了六區的千姿百態，而加以填埋一事加速了戰後淺草鬧區的蕭條，或許並非偶然。

不可思議的是，明治以降的東京名勝，抑或花柳巷所在、熙熙攘攘的鬧區，許多都是以池子為中心，山手的四谷荒木町也是其中的典型。這一帶原本是松平攝津守的屋敷，直到明治十年（一八七七）左右都還是有狐與狸出沒的荒地，但隨著芝居小屋落成，後來就以建地內的池子為中心，形成以軍人和學生為對象的花街，一時生意興隆。如今池子大半遭到掩埋，但過往要步下池畔所鋪就的石階仍如迷宮般曲折，原原本本地保留了明治時期的路徑。這座僅保留一小部分的池子，如今也還祭祀著辯天。這一帶恰如擂缽底部那般比周遭低了些，待合茶屋[45]與料亭風雅的建築呈階梯狀依偎在周圍的斜坡上，屋簷垂掛的簾子內傳來三味線的清音，悠然令人憶起往昔花街的風情，這樣的地方在現今的東京實在難得一見。

江戶時代以來即為郊區名勝而廣為人知的新宿十二社，在池畔和緩的斜坡也曾發展為繁榮的三業地[46]，儘管池子已被填埋，池畔的銀杏樹仍訴說著過往的水岸記憶。而緊鄰今日新宿西口摩天大樓群後方，在極其狹窄範圍內所打造的風情萬種的料亭街至今尚存，強烈的對比突顯出膨脹為巨型都市的東京那現代文明的剖面。

在明治時期所興建的大型劇場中，當然也有不少出現在水岸。突出於隅田川的中洲於江戶時代某段期間曾是人聲鼎沸的水岸鬧區，但在天保改革之際被拆除，到了明治中期已經是空無一物的冷清沙洲，直到明治二十六年（一八九三）真砂座落成後才恢復了往昔的盛況。在其後的《新撰東京名所圖會》中，此地有眾多船隻來來往往，水上交通仍舊活躍不已。在四面環水的沙洲上，還可以看到旗幟飄揚的和風劇場。在隅田川沿岸，茶屋與料亭成排林立，一如江戶的劇場街。只要看看這一帶在東京大地

44〔譯註〕即五大祭祀辯才天之地，包括安藝的宮島、大和的天川、近江的竹生島、相模的江之島與陸前的金華山。
45〔譯註〕指供密會、男女幽會或與藝伎飲酒作樂的茶屋。
46〔譯註〕料亭、待合茶屋與藝伎生活的置屋，三者合稱三業，三業地即其獲准營業之地，其中料亭與置屋又稱二業，皆概指風化場所。

圖61　明治30年左右的中洲（《新撰東京名所圖會》）

震後的照片，便可知其仍保有江戶時代的石牆，水岸風光並未有太大的改變。然而如今，在伊勢灣颱風[47]過境後粗製濫造的水泥堤防（即所謂防潮堤）對面，僅只餘下一間料亭，令人不勝唏噓。

但在《新撰東京名所圖會》中，也描繪了在中洲對岸的大名屋敷舊屬地上已興建的淺野水泥工廠冒著黑煙的樣子。深川的外海也在明治三十年（一八九七）左右被填埋，接著矗立起煙囪。隅田川沿岸除了淺野水泥工廠，還有東京紡織株式會社、石川島播磨重工業株式會社等，略往東邊的渠道，則有很早便興建的花王肥皂工廠。隅田川與東京灣沿岸的水質因此受到污染，逐漸失去了江戶的情調，也就是說，最敏銳地呈現出工業革命都市軌跡的，正是水岸空間。

轉向「陸都東京」一事，也隨著鐵道的發展穩健地邁進，但其最初的發展同樣與水息息相關。如前所述，江戶市區的交通網本就是以渠道組成，水陸的節點為河岸，為了在此集中物資而興建倉庫、聚集了批發商，人群與貨物就以河岸為據點行動，所以初期的新橋、兩國、飯田町等火車站都是蓋在極為重要的河岸所在，也因此每一條路線都停在渠道前方的舊市區邊界。這種形式和歐洲的鐵道終點站相同，稱為終端式月台，但在大阪則率先採用列車直接通過的側式月台，一如今日這般，且後來也引進了東京。

而東京最初真正擁有站前廣場的萬世橋站，也是誕生自神田川自古以來重要的河岸，如今的交通博物館就位在這一站，彷彿娓娓訴說著歷史記憶。這裡是江戶時代水陸交通的節點，身為筋違八小路的廣小路而人聲鼎沸，進入明治時代仍極其繁榮，但到明治三〇年代中葉以後，以飯田町為終點的甲武鐵道（中央線前身）通過外護城河（神田川）南岸土堤間往東延伸，萬世橋站遂作為轉運站於明治四十五年（一九一二）開始在此營運[48]。其站體是氣派的紅磚打造而成，站前廣場亦整備完善，中央還矗立著紀念建築物——日俄戰爭中的「軍神」廣瀨中佐[49]的銅像，以純正的都市廣場之姿

47〔譯註〕即一九五九年九月登陸日本、造成嚴重災情的強颱薇拉。

48〔譯註〕一九三六年開幕的交通博物館空間運用了萬世橋站的舊站房，車站本身於戰後的一九四三年停止營運，博物館則因建築老朽、空間不敷使用等因素，於二〇〇六年閉館，相關館務與展示改由二〇〇七年開幕的埼玉縣埼玉市鐵道博物館接手。

搖身成為東京的新名勝。

至於在江戶下町廣受市民青睞、洋溢著廣場般熱鬧氣氛的橋頭空間，在明治以降又產生了什麼樣的變化呢？在迎接文明開化之際，橋頭空間的重要性雖然降低了，但在功能上與視覺上卻成為愈來愈重要的場所。正因如此，明治政府考量到對外的體面，遂以江戶庶民所營造的、充斥雜沓活力的兩國廣小路為首，拆除了許多橋頭的小屋與水茶屋。取而代之的，是在幾座橋頭打造支撐著現代國家機構的大型建造物，且刻意採納新穎的設計，使其成為東京嶄新的象徵。文明開化可說就是始自以江戶都市的顏面——橋頭為中心的水岸，此一橋頭空間正是文明開化最劇烈變動的所在。

許多錦繪所描繪的文明開化象徵——第一國立銀行，也正是出現在東京水系中樞海運橋的橋頭。這座海運橋東邊的水岸地帶，在江戶時代初期原本是御舟手奉行向井將監[50]的宅邸，從此地負責監視往來日本橋川的船隻這一點，便可知其乃「水都」東京的水系要衝。

這幢建築物原本是江戶時代以來的富商三井組興建的匯兌所，但藉由引進國立銀行制度，第一國立銀行遂於明治五年（一八七二）正式營運。這幢出自清水喜助[51]之手的建築，在下方洋風的兩層樓疊上象徵日本城郭的意象，是明治初期具代表性的和洋折衷建築。這棟備受讚揚、宏偉壯觀的紀念建築物並不遜於以開化自豪的歐洲諸國，一如小林清親[52]的錦繪經常描繪的，其融入了至今保有江戶風情的空間，巍然矗立在橋頭。

人來人往、水面開闊，視野顯得相當遼闊的橋頭空間，是吸引人群視線的理想場所，也很適合用來設置象徵文明開化的大型建造物。雖然江戶時代的確形成了人聲鼎沸的地帶，但映入眼簾的町家與攤商、茶屋、見世物小屋等低樓層建築，多少顯得索然無味、乏善可陳，因此橋頭於視覺上也儼然成為引人注目的都市新名勝。

49〔譯註〕廣瀨武夫（一八六八～一九〇四），海軍中校，傳聞其於日俄戰爭期間為搜救同僚而隻身返回即將沉船的福井丸，後遭砲彈襲擊不幸捐軀。此事傳為美談，廣瀨亦被尊為「軍神」，並於一九三五年在其出身地大分縣竹田市興建廣瀨神社，以昭後人。

50〔譯註〕向井忠勝（一五八二～一六四一），安土桃山時代至江戶時代前期的武將。擔任御舟手奉行一職，負責監督水上往來的船隻，官拜左近衛將監。

51〔譯註〕清水喜助（一八一五～一八八一），指二代清水喜助，明治初期的建築家，乃傳統工匠出身，本名藤澤清七，為初代喜助的弟子及女婿，後承襲清水喜助之名大為活躍，代表作有國立第一銀行、築地飯店館、深川的澀澤榮一宅邸等和洋折衷的傑作。

52〔譯註〕小林清親（一八四七～一九一五），幕末知名的浮世繪畫師，代表作有《東京名所圖》系列等。

圖62 矗立水岸的第一國立銀行(左)與驛遞寮(日本國文學研究資料館史料館藏)

然而，明治初期的整個橋頭空間尚未有所變革，只有作為地標的單一紀念建築物兀自聳立，但正因為周遭屬於江戶都市的脈絡，這樣的洋風紀念建築物反倒被襯托得更顯眼。由於其大抵蓋在大名屋敷的舊屬地，因此廣闊建地靠道路的那一側有柵門與石牆環繞，還沒有西歐都市那般直接面向廣場矗立的建築。

至於出現在鄰近第一國立銀行的鎧橋橋頭的，則是明治新政府的御用商人島田組的辦公處(之後為東京證券交易所），也是四周被柵欄圍繞的典型案例。

就這一點而言，位於江戶橋南端橋頭的驛遞寮[53]（明治七年〔一八七四〕竣工）可說是劃時代的建築。此地在江戶時代曾是漁會所的倉庫，後由林忠恕[54]打造為驛遞寮。相對於明治初期多半蓋在大名屋敷舊屬地的官廳與公共建築，是皆被圍牆與門扇圍起來的「屋敷結構」，驛遞寮則形塑了直接面向都市街道的街區，堪稱東京最初的都市型建築。且其作為江戶時代的交通樞紐，又位於河岸繁榮的江戶橋橋頭一帶，更緊臨新一代的文明開化繁華鬧區銀座煉瓦街，這幢洋風建築想必吸引了不少行人的目光，非但算是新的東京名勝之一，也時常在錦繪中亮相。

位於海運橋橋頭的第一國立銀行開了第一槍，以江戶橋、鎧橋為中心的兜町、南茅場町、坂本町遂漸次出現了新時代的商業建築，形成日本最初的商業區，並在明治

53〔譯註〕前身為一八六八年設置、總管交通與通訊的官方機構驛遞司。後升格為驛遞寮，其後納入郵政匯兌與儲金業務。一八七七伴隨著體制變更而改稱驛遞局。一八八五年獨立為驛遞省，幾經變革，於一九四九年廢除。

54〔譯註〕林忠恕（一八三五～一八九三），建築家，早年主要在橫濱的外國人居留地從事木工，曾向美國建築師理查．布里珍斯（Richard Perkins Bridgens）學習西洋建築技法，以和洋折衷的風格聞名，明治初期多主持官廳的營建工程，代表作有驛遞寮等。

初年成為日本的經濟中樞。可說除了因為位居水運要衝，也由於此地多大名屋敷舊跡，而一直在尋求新時代應具備的新功能（藤森照信，《明治時期的東京規劃》）。

此外，對這個商業區的建設卓有貢獻的澀澤榮一，在第一國立銀行後側、突出於日本橋川的兜町沿邊興建了威尼斯哥德式的豪宅（圖63）。這棟建築擁有輕巧的拱形開放式結構，一如威尼斯的商館那樣，在水面倒映出了優雅的身影。

然而明治時期，在這個商業區的周遭，不論是建築設計或都市空間結構，幾乎都不脫折衷主義的範圍。

在水岸邊首次出現純正的近代都市空間，是江戶的主運河日本橋川略往上游處的日本橋橋頭。這座橋本身是在明治四十四年（一九一一）由建築師妻木賴黃所設計，其運用俐落的拱形設計搭建了出色的石橋，與此同時，彷彿與之呼應般，在橋梁周邊如同環繞著橋頭空間那樣，陸續興建了村井銀行（之後

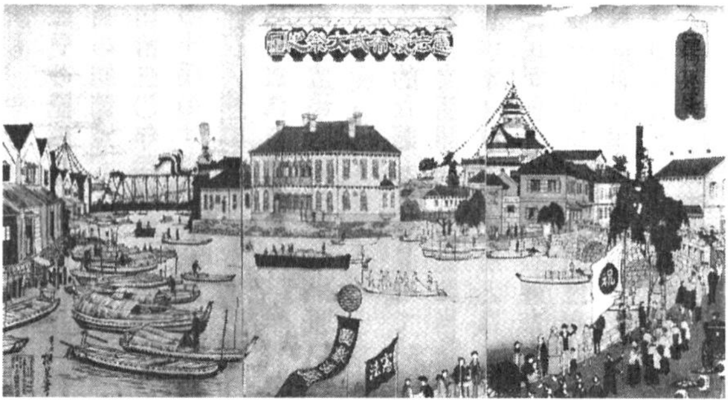

圖63　位於兜町的澀澤榮一宅邸（井上探景，〈憲法發布式大祭之圖〉，日本國文學研究資料館史料館館藏）

圖64 大正前期的日本橋橋頭（《街 明治大正昭和》）

為東海銀行，明治四十三年）、帝國製麻公司（今大榮大樓，大正元年（一九一二），辰野金吾[55]設計）、國分商店（大正四年）、野村大樓（昭和四年（一九二九））等以形式之美著稱的獨特建築。由於被高大且伴隨著永恆意象的石造與紅磚建築群所圍繞，於是誕生了代表東京最初實質外部空間的廣場。此時我們才第一次真正見到江戶時代以來的廣場——陳列著各項臨時裝置、集結人類各種活動所開創的地帶，轉變為被堅固的建物牆面明確劃分的西歐式廣場那實質的都市空間。以日本橋為先驅，這類都市空間所呈現的本質性轉變先是在大正時期累積，到了大正末期至昭和初期的震災復興時期，終於化為在東京隨處可見的明確型態。

55〔譯註〕辰野金吾（一八五四～一九一九），建築師。師承英國建築師喬賽亞．康德，與曾禰達藏、片山東熊同為工部大學造家學科（今東京大學工學部建築學科）第一屆畢業生。知名作品有東京車站、大阪市中央公會堂等。

3 近代都市的修辭法

前言

之前的章節主要說明了山手與下町的都市形成基本經緯，接下來讓我們從近代東京的都市空間構造著手，聚焦在其獨樹一幟的造形手法。循著歷史的軌跡，探索這座都市是如何演變至今日的面貌。

東京自明治時代起就以西歐都市為發展的範本，一開始雖然嘗試系統性地引進外來文化，但著實難以不經取捨地全盤接受。於是歷經了反覆模仿、修正的學習階段，以及運用日本自我的巧妙詮釋後，才漸漸將西歐的建築與都市造形手法融入至江戶所確立的都市脈絡中，最終創造出東京獨一無二的都市景觀與空間。因此，為了理解現代的東京，我們有必要先行掌握江戶的市街架構，進而探究以此為基礎、自明治時代以降所展開的近代都市形成機制。基於這樣的觀點，我在這一章中設定了幾個主題，將具體闡明江戶／東京的都市空間特徵。

都市的規模感

都市給人的印象，往往來自其空間的規模感。而有別於西歐的都市，江戶／東京在都市的規模感方面，可說是有著雙重意義的獨特性。

首先，這座都市位於可將東京灣盡收眼底的武藏野台地突出處，是在強烈意識到都市與外圍壯闊自然環境的關係下，進行尺度宏大的市街規劃。其結合了地形起伏、水域、植被及與此相關的土地利用，共同勾勒出市街的輪廓，交織形成和諧之美。就連實際上聳立在遠方的富士山與筑波山，也被賦予了象徵性的意義，被認為是在座標軸上定位都市的最佳地標。而這樣的思維模式，正是源於日本各地自古以來便將山岳本身視為神靈所在的神聖之地。

在西歐，雖然在鳥瞰都市的地圖上，可能會一併顯示出都市周遭的群山，但是當畫作的視點是從都市內部去看都市空間時，都市後方的象徵性山岳便極少出現在畫面上。一旦踏進城牆內的都市，就是進入了與大自然隔絕的人工空間，由人造的建築物形構出都市之美。然而在日本，都市內部卻是與其外圍壯闊的自然風景有著密不可分的關係。歌川廣重的《名所江戶百景》就是典型的例證。在他繪筆下的江戶市街，包括日本橋、櫻田門或是回向院等地，都讓人以為富士山是當地景觀的一部分。他廣為

圖65 歌川廣重，〈駿河町〉

人知的畫作構圖，即是以富士山為背景來描繪駿河町這處繁華町人地的街區（圖65）。進入明治時期之後，即使街頭上矗立著三井組的和洋折衷建築，迎來了文明開化的新時代，三代歌川廣重[1]也仍然以相同的構圖描畫這都市空間的一景。

桐敷真次郎以實際的東京地圖為底稿製圖分析後，提出了相當有趣的解釋——日本橋本町是依據眺望地標富士山時的方向，來進行市街區塊的劃分；與此同時，連結日本橋與京橋的通町也同樣是以筑波山為地標所開闢的。

1〔譯註〕三代歌川廣重（一八四二～一八九四），浮世繪畫師，為初代歌川廣重的門生。因浮世繪領域的家系襲名制度而得名。

任何時代所展開的都市計畫，必然都有其線索可循。在劃分市街區塊時，規劃者通常會先找到決定方向的心理依據。諸如京都、奈良等，這類採用條坊制的古都規劃，都是在明確的東西、南北向座標軸上劃分市街區塊，並且基於陰陽學的四神[2]相應概念來進行計劃。然而江戶的下町，除了後來才開發的江東地區之外，雖然同樣是採用網格狀的規劃，卻大幅偏離了東西—南北的方向。

其原因之一，可以從江戶城下町開發之前的原始自然地形來說明。昔日流經北邊神田山山麓的舊石神井川等中小型河川，都會流注東京灣的江戶港。而伊勢町（江戶在物流運輸上至關重要的地點之一）的東堀留與西堀留渠道，被認為是這些河川的遺跡。本町的市街區塊就是在與這些渠道流向一致的情況下，被分割為網格狀；由此推測，當時的規劃應是以順應原有地形為依據（鈴木理生，《江戶的河川・東京的河川》）。

不過若是這樣的規劃配置，還能夠同時形成以富士山為地標的象徵性街道結構，那麼對規劃所採用的依據來說無疑是錦上添花的一筆。但這恐怕只是在規劃市街區塊時早已決定了要順應原有地形的物理條件，結果卻剛好幸運地與市街規劃的象徵性意象重疊。

因此，江戶可說是在與都市周邊的地形、自然環境的關係中，構思了大尺度的都

圖66 潮見坂（《江戶名所圖會》）

市規劃，所以都市內的遠景也就被視為關鍵性的重要存在。現實中位在遠方的富士山、筑波山等要素會被以誇飾的手法拉近入畫，堂堂呈現於描繪都市的全景圖上。而且再從相反的視角來看，登上位於市區外緣的武藏野台地後，在各處的坡道上或林木環繞的寺院神社境內，又會有另一番開闊的景致，能夠讓視線橫越屋瓦交織猶如遼闊大海的下町，遠望彼端的東京灣海潮。自江戶時代以來，光是在東京就有八條名為潮見坂的坡道（橫關英一，《江戶的坡道　東京的坡道》）。

不過即使江戶市街擁有上述的壯闊規模感，但市民實際生活的都市內部空間，卻

2〔譯註〕四神：東方青龍、南方朱雀、西方白虎、北方玄武。

是依據截然不同的原則所構成的。江戶的都市空間被以各種方式區隔，分割為不同的層次，愈是與市民的日常生活相關，劃分空間的尺度也就更為細緻與人性化。而這樣的空間劃分也是江戶作為將軍的城下町，在打造出一座將防禦化為「制度」的都市時的必要作法。於是，江戶城周邊築有層層環繞的護城河，江戶市內也設立了多達三十六處的枡形來阻斷交通，在功能上、視覺上澈底地分割都市空間。再加上當時於都市內採行不同階層分區居住的制度，各地區遂發展出特色不一的生活型態。除了用於軍事防禦的護城河之外，下町的町人地也因為在三角洲上開挖人工渠道、劃分市街區塊，形成了許多水路環繞宛如小島的區域。而每每提及水光縈繞的島嶼，就不禁讓人想起有「水都」之稱的威尼斯，當中的每座小島不只擁有獨立空間，甚至在生活圈及人際互動方面也都自成單位（詳見拙著《都市的文藝復興》）。江戶的下町雖然無法媲美威尼斯，但也具有一定程度的相似性——雖然是以網格狀模式規劃而成的空間，卻不流於均質單調，環繞周邊的水路將空間切分為一座座的小島，使其擁有各不相同的地域特性。

而且，當時江戶各町的路口皆設有柵門作為區隔。如歌川廣重的畫作所示（圖65），即使街道筆直向前延伸，柵門也猶如分割空間的裝置，阻斷了行人的視線，更何況街上還有許多妨礙視線的立式招牌，以及占據街道一隅的髮結床[3]與番小屋[4]。在江戶，即使是筆直的主要道路，也無法如同羅馬的巴洛克街道或巴黎的香榭麗舍大街等，成為貫穿都市而擁有端景（vista）效果的宏偉大道。不過從另一種角度來看，這些入夜後隨即關閉、將町人納入制度管理下的柵門，卻也像是能夠確保治安無虞的防護措施。這類柵門在日本的城下町隨處可見，是幕藩體制下構築封建秩序的裝置，但也區隔出以町為單位的獨立空間，使各町產生了作為社會組織的凝聚力。

於是主要街道被柵門切割分段，街區內側又有巷弄延伸，形成無數後巷長屋並排的庶民生活空間，為都市劃下了一道道細褶刻痕。這些巷弄的深處往往會安置稻荷神，不只作為居民的精神寄託，同時也能避免巷弄空間因缺乏日照、通風不佳而引發衛生疑慮（大河直躬，《彩色版　日本的民家》）。因此即使是在街區之中，也能看見槇文彥所提出的「奧」之結構。這也是在石造建築物共用牆壁、臨街密集建造形成堅固街區的西歐都市所未見，木造文化下獨有的都市現象。

3〔譯註〕江戶時代提供男性梳整髮型的店家。江戶各町皆設有一間髮結床，通常位於道路交會的路口。

4〔譯註〕江戶時代各町的守衛亭。

巷弄內的長屋，在江戶是木匠、泥水匠、挑擔叫賣的魚販、菜販、醫者、占卜師與教導習字的師傅等人的住所；明治時代之後，便成為了工廠勞工與一般白領階級等都市新興階層的安身之處。巷弄入口設有柵門，明確區分公共道路（公共空間）與半公共巷弄（半公共空間）兩種不同性質的空間。柵門後方經營生意的店家在入口處掛起了各式招牌，營造熱鬧活潑的氛圍。而在巷弄中所謂的橫丁[5]，不僅出租店面的房東與租戶彼此信任，長屋居民之間也普遍發展出互動熱絡的鄰里關係。

由此可知，江戶雖然欠缺西歐都市裡作為自治中心統合全市的市民廣場，但有無數的小型廣場分布在都市社會末端的橫丁，而也正是這樣的微型都市空間，才能夠藉由鄰里的相互扶助達到自治的效果，構成穩定社會的基礎。兩相對比之下，就會發現西歐是由單一中心組成的「廣場社會」，江戶則是有著無數散布於基層、發揮穩定都市社會作用的「橫丁社會」。這兩種社會的結構也直接反映在各自的都市型態上。

在當前的東京還能看見幾處曾以巷弄為中心、生活空間洋溢著下町風情的區域。其中之一，正是台東區舊奧州裏街道[6]兩旁的下谷與根岸地區，從大街轉進一旁的道路後，就能看見自江戶傳承至明治時代的巷弄及長屋世界（陣內等人，《解讀東京的市街——下谷・根岸的歷史生活環境》）。

圖67 巷弄入口（《浮世床》，吉田幸一藏）

江戶中心地帶的町人地巷弄空間，雖然被認為是簡陋的長屋密集並排在寬度約莫三尺的巷弄內，抬頭難見日月的狹窄住家環境（玉井哲雄，〈長屋的居民〉，《ｉｓ》住居特輯，一九八四年三月），但是從位置相當於江戶近郊的下谷與根岸地區來看，當地所留存的昔時巷弄天地，如今看來卻完全不顯擠仄稠密。這處因町家、長屋林立而被稱為町屋敷的土地區塊，至今仍大抵承繼著江戶時代的景致，巷弄與長屋之間的關係也幾乎沒有顯著變化。

這裡的巷弄寬度大多為三公尺左右，兩側隨處可見花盆植栽。長屋的型態則與時俱進，日益舒適便利。為了增加居住空間，明治時代的平房長屋從大正中期開始增建為兩層樓；一九二三年發生關東大地震後，自來水與瓦斯的管線相繼被引入家戶之中，以往必須緊鄰巷道設立的廚房也隨之移入屋內後方，住戶便開始在面向巷道的長

5〔譯註〕從主要街道橫向進入的巷道。
6〔譯註〕即現今的金杉通。

屋正面設置雅致的木格門玄關空間，取代了昔日的廚房。如此一來，巷弄空間受到妥善維護，長屋的居住機能更加完善，即使是雜沓擁擠的下町地區也擁有了良好的居住品質。在這一區中，甚至還有被暱稱為「朗闊橫丁」的巷弄，以安置於巷道深處的稻荷神為中心，現今仍凝聚了強烈的社區意識。

這樣的巷弄空間確保了車輛無法進入、犯罪率低且舒適宜居的生活場所。在妝點著盆栽、乾淨整潔的巷弄內，可以感受到居民維持環境的用心、對每個角落的悉心照料。當地的主婦會穿過車輛無法通行、唯有居民才知道的後巷外出採買，而周遭巷弄串聯形成的複雜空間，就成了孩童能夠盡情嬉鬧穿梭的遊樂場。這對苦於治安問題的歐美都市來說，簡直是難以想像的安全居住環境。

李御寧在《日本人的「縮小」意識》[7]中指出，日本人習於將所有事物的尺寸縮小，從中發掘小巧凝縮的物件之美。也正是由於日本人的這一特性，才能夠在被細分切割的緻密空間中發展出舒適的生活型態。日本的都市，可說是在各方面皆被限縮至恰到好處的人性化尺度，打造出安適愜意的環境。

此外，西歐都市自巴洛克時代以來，就以馬車為代步工具，建設了筆直寬敞的街道結構；相對地，江戶的都市空間卻是基於船隻與步行的移動方式所設計而成。雖然偶有使用牛車運送物資的情形，但多半仍是依賴水運為主。在細分切割的空間以及行進相對慢速的低位視角影響下，江戶的街區設計也自然而然地趨向了細膩簡練的風格。基於這樣的理由，日本町家的外觀在某種程度上，甚至較國外住宅的室內裝潢更為高雅細緻。

在這種生活空間構造巧妙、造形設計精緻的都市中，「近景」的重要性自不待言。因此江戶的市街規劃，便存在著以壯闊的尺度構思，而又同時重視日常細小尺度的雙重結構。換言之，從都市設計的層面來看，江戶的「遠景」與「近景」無不是經過深思熟慮的結果。

只是時至今日，遠景已被淹沒在紛然聳立的高樓與空氣污染之中。富士山與東京灣的海潮早已從都市風景中消失，就連屈指可數的現代地標東京鐵塔，也只有在都市內的少數地點才能看見。另一方面，汽車成為都市生活的主要交通工具，忙碌的現代人少有機會能悠閒地在街頭散步，建築物因而不若以往講究細節裝飾，只有從遠處就

7〔譯註〕李御寧（一九三四～），韓國文藝評論家，韓國第一任文化部長。著作等身，包含小說、劇本、散文、文學研究、比較文化評論等。《日本人的「縮小」意識》台灣版由遠足文化出版。

能看見的醒目外觀。於是，在這樣遠景、近景盡失的都市內，只剩下中景的都市風景遂顯得單調乏味，而這也是日本的市街變得索然無趣的主要原因之一。

那麼本來既已具備獨特規模感的東京，到了明治時代以後，隨著西歐建築與都市概念的引進，都市的風貌又將如何改變呢？

前田愛[8]以森鷗外《舞姬》[9]中，描寫主角太田豐太郎抵達柏林後佇立於菩提樹下大道時的段落為例，精闢地分析了日本人初次走入巴洛克式端景時所經歷的都市空間文化衝擊（《都市空間中的文學》）。當時在日本尚未出現這種營造出端景的紀念性街道空間。在明治初期的東京，雖然已有仿效倫敦攝政街修築而成的銀座煉瓦街，也有許多錦繪以遠近法的構圖呈現這條列柱綿延、象徵文明開化的主要街道，意味著一種認識都市空間的嶄新方法；不過，街道本身終究未能真正呈現出巴洛克式端景的效果。雖然銀座煉瓦街在車道與人行道之間植有櫻木及松樹，但其枝葉輪廓反而削弱了正統西歐風格的端景效果，再加上建築物本身的外觀也因為居住者的恣意改造而風格不一，打亂了街區原本井然有序的形象。

儘管如此，東京仍持續進行著現代都市的改造計畫。首先是以改造近世的城下町，使其具備現代首都的功能為目的，打破了重層環繞的城牆，拆毀枡形與曲手，建設新的道路體系讓裡外能夠暢行無阻，並且撤除街道上區隔各町的柵門。而後明治中期的東京也曾參考奧斯曼的巴黎改造計畫，展開名為「市區重劃」的都市計畫，主要道路歷經拓寬整頓後，街道的規模感已不可同日而語，市街風貌也煥然一新。

然而，永井荷風[10]有感於市區重劃對都市造成的破壞，漫步東京尋找殘存的都市情調後，提筆寫下了《日和下駄》，以其獨到的文化批評視角記錄東京的風情景致。他對於市區重劃下破壞與建設並行的騷亂大街感到嫌惡不悅，大街之外幽暗隱密的「巷弄」光景卻反而深深吸引著他。他筆下的「巷弄」是「今昔如一的庶民安身之處」，當中「有閑靜生活的無常，也有與世隔絕的平靜」。而且他認為巷弄是「與都市的面貌、體裁、風格全然無關的另一天地」，是「猶如小說般的世界，在難以言喻的生活悲哀中，自然而然地融入了深刻滑稽的情趣」，強調這種微型世界中的緻密生活空間魅力。

8〔譯註〕前田愛（一九三一～一九八七），文學研究者、文藝評論家，代表著作《都市空間中的文學》。

9〔譯註〕森鷗外（一八六二～一九二二），小說家、評論家、翻譯家及陸軍軍醫。早年曾赴德國留學，回國後創作小說《舞姬》，敘述主角太田豐太郎前往柏林留學，與舞者艾莉絲苦戀無果而後返回日本的故事。

10〔譯註〕永井荷風（一八七九～一九五九），小說家、散文家。代表作品有《濹東綺譚》、《日和下駄》及日記《斷腸亭日乘》等。

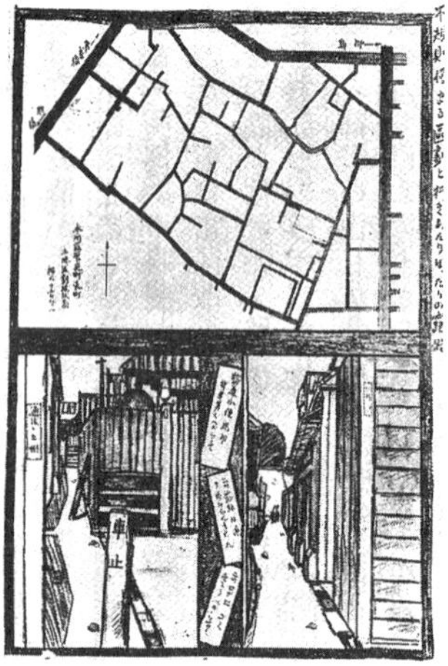

圖68　內務省訴求區劃重整之必要性的海報

最後則將這裡歸結為「和世俗的感情與生活，以及構成這一天地的格子門、水溝蓋、晾晒架、木柵門、圍牆防盜刺等道具相符一致。從這點來看，巷弄無疑是渾然調和的藝術世界」。

永井荷風所極力讚揚的「巷弄」，在關東大地震發生之前的東京下町，是極其常見的庶民生活空間。透過進行區劃重整前的地圖可知，當時的街區內側依舊維持著江戶以來巷弄交錯的樣貌。

但是對執政者來說，這些沉鬱昏暗、不利火災消防的巷弄，卻是應予革新的前近代[11]象徵。於是關東大地震之後所推動的區劃重整，旨在拓寬舊有的狹窄街道、廣闢新道路，並拆除街區內的巷弄與後巷長屋。然而，最初內務省復興局[12]未能說服強烈反對這項計畫的居民，後來才著手製作了海報，訴求舊巷弄如繞行迷宮般只有單一出口的衛生疑慮及危險性，以此宣傳區劃重整的必要性（圖68）。而也就是這樣的舉動，反倒彰顯出巷弄空間與下町庶民日常生活密不可分的關係。

最後，一連串的行政措施奏效，受災地區陸續展開了大範圍的區劃重整，街道變得明亮寬敞，巷弄數量也大幅減少，街區以層次井然的面貌嶄新亮相。不過始料未及的是，失去隱蔽的後巷空間後，以往僅限於巷弄之中的生活氣息，竟勢不可當地湧入了拓寬後的主要街道。居民開始在寬敞的街上晾晒衣物、擺放盆栽，再度形成獨特的下町風情。這猶如大街巷弄化，又或者是私有化的趣味光景，顯然是下町洋溢生活氣息的最佳寫照。

作為新巷弄的地下街

實行市區重劃與區劃重整後，雖然出現了許多寬敞的直線道路，但這些以西歐都市計畫為範本、筆直開闊的宏偉街道，似乎並未在本質上成為近代日本人內心嚮往的空間。在西歐都市中，不只辦公大樓，就連公寓、商店、餐廳等提供市民從事各類活動的場所，也都是面對著主要街道與廣場匯集林立，創造出繁榮熱鬧的都市空間。有

11〔譯註〕指現代化之前的時代，通常帶有相對於近代較為落後的負面意義。
12〔譯註〕內務省相當於內政部；復興局為關東大地震發生後，專司災後重建的單位。

別於此，在以東京為首的日本各地都市，這類主要街道普遍因為地價高昂而轉變為高樓林立的商務空間，使人們失去了休閒放鬆的去處。然而更不可思議的是，這些大樓的背後卻往往存在著雜沓稠密、喧騰熱鬧的都市空間。

以大阪的情形為例。令大阪引以為傲的御堂筋[13]，就是時任市長關一[14]推動近代都市計畫所實現的亮眼成果。御堂筋兩側賞心悅目的行道樹與代表性的辦公大樓交映形成清朗街景，漫步其間便彷彿置身西歐都市一般。但是在現實世界，徒有進步的建設仍不足以撐起一座都市。御堂筋這條時髦大街上所缺乏的都市熱鬧氛圍，就集中在大街東側後方狹小的心齋橋筋拱廊商店街內，也就是大阪自近世以來的繁盛鬧市所在。這種由兩條性質殊異的重要街道（西歐風格的寬敞大街與近世活躍發展的小尺度商店街）表裡並行，共同構成都市樞紐機能的模式，正是近代日本都市空間的一大特徵。

在都市活動急速增加的近代社會，僅憑藉江戶所劃分的小尺度空間已無法因應都市的發展。只是市民從事的都市活動，也終究難以全數皆在面向街道的堂皇壯麗空間進行。都市空間的配置可說是與人的身體感覺密切相關。而這或許也是近年來銀座巷弄蔚為輿論話題的原因所在。

雖然現在東京已進入了經濟低成長的時代，但仍持續推動著都市的改造計畫，讓以往紛然雜亂的空間漸次消失在都市的表層部分。不過與世人深層慾望、隱私相關的都市臟腑空間，著實難以被輕易地除去，於是便轉而在大樓的間隙覓得一席之地，靜待夜幕低垂之後展開活動。以銀座的繁華街區為例，在昭和通以西的銀座八丁就存在著五十五條這樣的「巷弄」(〈銀座巷弄學〉，《朝日新聞》日刊，一九八一年九月十五日)。即使面向道路的街區正面全部都是高樓大廈，但大樓之間卻有許多向內延伸的巷弄，而巷弄深處則是挨擠林立的酒吧與酒館。這類不受車輛干擾的所在，就像是一種都市內面的安息地。

近來，在年輕人喜愛的原宿表參道、澀谷公園通一帶，從主要街道轉進通往街區內部的竹下通、西班牙坂等狹窄封閉的道路後，也明顯可見特色精品店、咖啡酒吧、餐廳等匯集其間的發展趨勢(圖69)。

另一方面，現代都市的發展銳不可當，冷酷無情的改造從未停止。龐然高聳的建

13〔譯註〕位於大阪府大阪市內的南北向主要街道，北通梅田，南至難波。街道上廣植銀杏作為行道樹，為大阪市代表性的商業大街。

14〔譯註〕關一(一八七三~一九三五)，政治家、都市政策研究的先驅者。於一九二三年就任大阪市長，一九三五年卸任。

圖69 竹下通

圖70 阿佐谷的拱廊商店街

築物往往不留空隙或後巷地覆蓋了整個街區。原本的市街林立著店鋪結合住居的複合式町家，是一種渾然融合的環境，但在都市改造的過程中，這樣的空間紛紛被商業大廈及辦公大樓所取代。如此一來，都市內紛然多元的空間不得不從地面遁隱，失去了立足之地的商店、餐飲店與風化場所，最終只能潛入地下暗處。於是，都市的地面與地下空間被明確賦予了不同的機能，日本獨特的「地下街」也由是而生。

這就是以車行交通為優先，過度追求機能與效率，所導致都市文明扭曲的一面，更是人們屈服於都市發展的象徵。然而換個角度來看，在現代化的都市中心地帶存在著這類隱蔽於地下的臟腑空間，總是從混沌的深層世界向上輸送生命能量到地面井然有序的業務空間，就像是在人類群體的理性與感性之間取得了絕妙的平衡。此外，姑且不論災害發生時的危險性，這樣的地下街日益增加且廣受民眾喜愛的原因，或許就在於其是車輛無法進入而可安心步行的空間，這種如巷弄「迷宮」般紛紜雜沓的小尺度空間本身，正是日本人再熟悉不過的環境。

而現今的我們也必須從這類身體感覺的層次，重新思考都市計畫的邏輯。回顧近代日本的歷史，只是直接將西歐式的廣場與壯麗的林蔭大道移植到日本都市，顯然無法營造出充滿活力的有趣空間。反而是雜沓喧擾的「市街」空間，能夠讓複雜的人性情感流瀉於適度阻隔的有限視野內，這似乎才是日本都市唯一洋溢著生命力的所在。因此在進行近代都市改造時，打造魅力都市的最佳策略，無疑是為逐漸被拆除或塵封於地下，但卻是人性化尺度下市民所熟悉的熱鬧空間，於地面保留一席之地。

天際線與塔狀建築

在比較日本及西歐的都市時，往往會從都市與大自然的關係切入，指出二者的不同之處。尤其在探究江戶是如何發展成為明治時代的東京時，都市與自然環境的關係更是我們關注的重點。

在歐洲，人為力量是建構一座都市的關鍵。各地都市無不修築城牆作為與周遭農村、自然景觀的明確界線，在劃定的範圍內將大自然摒除在外，以石板與紅磚建置出人造的環境。尤其是街道與廣場等公共空間，幾乎全部都以人為鋪設的石板來取代草地與泥土地。羅馬的西班牙階梯[15]就是具代表性的一例。從描繪該處風景的古老版畫可知，其原本為土坡，是都市中自然恬靜的一隅，直到巴洛克都市建設幾近完成的十八世紀初，才建置了造形壯麗的人工階梯。這充分展現出歐洲都市內習慣以人為設計的空間全面取代原生自然綠地的思維。而也正是這樣的思維模式孕育了歐洲獨特的都市之美。不同於日本的庭園設計，講求與周邊自然環境相互呼應，歐洲貴族宅邸的後方則通常會運用邏輯簡明的幾何學式空間結構，建造出氣勢宏偉的庭園，從中顯現征服自然的強烈人為意志。

正因如此，現在前往歐洲都市觀光時，套裝行程安排的名勝巡禮，不外乎是大教堂、美術館與廣場等人為建築。都市，可說是孕育其文化的母體。在這種文化下成長的歐洲市民，尤其是擁有超過兩千年都市歷史的義大利人，更是不折不扣的都市人，即使前往海邊或山中別墅體驗置身大自然的解放感，過不了多久就會覺得有所不足，而又心生返回喧囂塵世的念頭。

在這類西歐都市的中心，往往設有統合市民生活的「廣場」，並且象徵性地聳立

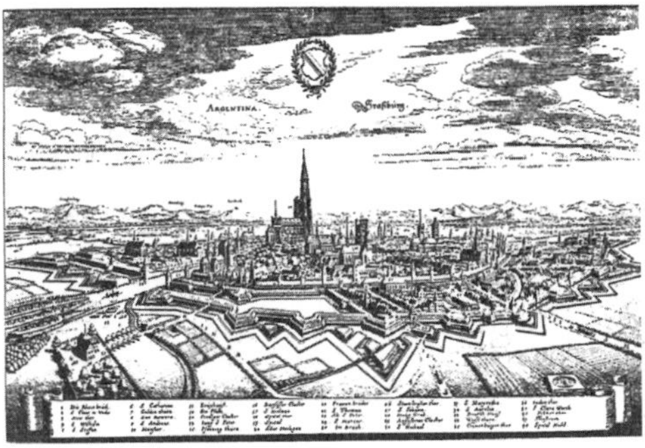
圖 71 典型的西歐都市
法國斯特拉斯堡（1653 年）

著市政廳與教堂的「塔」或「圓頂」，整體形成一種向心式的都市結構。而這樣錯落有致的空間層次也勾勒出了一道簡潔明快的「天際線」。都市本身就像是一種當地獨有的造形。對於行走在周遭農村道路的旅人來說，每當抬頭望見前方的塔樓高聳於城牆內的民宅之間，形成一道優美的天際線時，就彷彿是在宣告即將抵達都市一般。天際線因而成為都市的辨識性指標。西歐人的空間感無疑就是在這樣的環境下培養而成的，即使是在現代的都市設計領域，天際線也仍然扮演著相當重要的角色。此外，他們不流於情緒化而就事論事的思維模式，或許也與其打造建築物與市街的原理互為表裡。

於此必須聲明的是，儘管在由石板、紅磚構成的歐洲都市內較缺乏盎然綠意，但

15〔譯註〕位於義大利首都羅馬的一座戶外階梯，於一七二三年至一七二五年間建造完成，是羅馬的重要地標。階梯頂端為山上天主聖三教堂，下方則連接著西班牙廣場。

還是能夠在市街之外享受到大自然的美好。由於其都市本身的規模較小，城牆外即有都市內少見的自然風景，因此市民仍可從心所欲地親近綠地林蔭。

另一方面，日本的都市則是在各種層面皆力求與大自然和諧共存。日本的聚落與都市大多位於具有地理優勢的山邊或盆地，是在依憑地形又或是群山環繞的條件下形成、發展。換言之，都市是根據自然地形建立其基本架構，都市景觀自然也與周遭的山巒、丘陵、河川等大尺度的地形密切相關。

而且就算是在都市內隨處可見的水岸、崖邊或綠地之間，也不會被任意地以人為力量改造，或是以人造裝置特意修飾。這些大自然的景點反而是常見的繪畫題材，若是透過畫作來追溯東京景觀的演變史，便會發現當中幾乎不存在捨棄了自然元素而只以人造物營造都市之美的情形。

其實，日本都市內極其少見象徵性的巨大人造建築。在西歐，塔樓結合了宗教性的世界觀與天國思想，其高聳入雲的外觀往往蘊含著象徵性的精神價值。馬格達・雷維茲・亞歷山大（Magda Révész-Alexander）在名著《塔的思想》[16]中，就是從《聖經》的「巴比倫塔」故事著手解說人類對於建設高塔的熱情。

有別於此，日本的眾神則存在於地面的巷弄深處、住宅之內，或是各地的深山茂林，因此以往在都市內幾乎未有直入天際的高大建築物。屬於宗教建築的寺院鐘樓，一般也都位於林木掩映的山邊或丘陵之上，上野的寬永寺與芝的增上寺即是相當典型的例子。至於聳立在城下町內的天守閣，雖然對町人來說的確別具象徵意義，但其多半巧妙利用了丘陵或略高的地勢，並以渠道、綠地環繞四周，因此又與歐洲廣場上矗立的塔略有不同。以江戶的城郭為例，雖然對市民而言是一種精神上的象徵，在都市景觀上也具有顯著的辨識性，但壯麗的天守閣在明曆大火中燒毀之後，就因為軍事需求不若以往而決定不再重建。城下町也於江戶時代中期獨立發展成為散發庶民活力的巨大都市，不再是依附城郭而成立的市街。

在幕末的江戶地圖中，幾乎無法尋見可作為地標的醒目人造建築。市街內唯有消防望樓算得上是垂直高聳的建築物，在町人地或大名屋敷都能看見它的存在。關於明治一〇年代初期的東京景觀，摩爾斯（Edward Sylvester Morse）[17]就曾在其著作描述「從

16〔譯註〕馬格達．雷維茲．亞歷山大（一八八五～一九七二）。於一九五三年出版著作《塔的思想》（*DER TURM, als Symbol und Erlebnis*）。

17〔譯註〕愛德華．摩爾斯（一八三八～一九二五），美國動物學家。為了採集標本而於一八七七年前往日本，發掘大森貝塚奠定日本考古學與人類學基礎。此外，亦撰書記錄對日本生活的觀察。

高處眺望的東京景觀，猶如屋瓦交織而成的廣闊海洋」(《日本的住居・內與外》)[18]，指出當時望眼所見仍是一整片江戶時代以來頂多兩層樓高的町家屋頂，在低平的家屋之中缺乏垂直聳立的視覺元素。

下町布滿了挨擠相連的町家與長屋，低矮的屋頂形成一片平面式的風景。而且如前所述，這種以細緻尺度區隔出的空間，正符合了日本人的空間意識。都市內如果不存在歐洲那種高聳的公共「紀念建築物」，自然也難以創造出屬於都市自身的西歐式「天際線」。總歸來說，江戶市街的魅力，就在於漫步其中時以蟲瞻圖[19]式視角所感受到的第一印象。

江戶或許是在視覺上缺乏醒目中心點的都市，但武藏野台地低調隱於市街背後的起伏地勢與蒼鬱森林，對市民而言，就是定位地點時最顯眼的指標。坐落其間的寺院與神社，自古即位於丘陵邊緣「眺望」視野絕佳的要地，別具魅力的空間往往成為吸引民眾前往欣賞四季風光的「名勝」。這類家喻戶曉的高地名勝，諸如寬永寺、湯島天神、愛宕山、增上寺等，環繞在市街的外圍，明確地勾勒出江戶的市街結構。因此在市街之中，要想知道自己的所在位置或確認方向，簡直易如反掌。這樣的江戶絕非複雜難懂的都市。而且有別於西歐人習慣透過直線道路或高塔來組織所有的空間秩序，日本的都市則是由未必需要眼見為憑的意義系統穩健構築而成。「名所雙六」[20]即是最佳的佐證。這種流行於江戶到明治時代的紙上遊戲，以不同的意義串聯各地名勝，將整座都市視為一個完整的宇宙（cosmos）。

江戶雖然缺乏營造西歐式天際線的意識，但是藉由地形起伏、植被及與之巧妙結合的土地利用，創造了市街輪廓渾然一體的和諧之美。換言之，當時的市街規劃已具備結合地景概念的思維。遠在都市之外的富士山與筑波山，都如同前述地被賦予了象徵性的意義，成為在構圖上收束都市風景的「地標」。因而在描繪江戶「全景圖」的畫作中，頻頻可見富士山的英姿，並且呈現出與西歐都市大相逕庭的風景。也就是說，江戶的市街缺少了廣場這個使西歐都市形成「向心式結構」的空間中心，卻擁有與周邊地標達成張力平衡的「離心式結構」。

18〔譯註〕台灣版為《明治初期日本住屋文化：建築結構風格、空間配置擺設、庭園造景布局及周邊環境》，易博士出版。

19〔譯註〕從地表仰視高處的影像，與由高處俯視地表的「鳥瞰圖」相反。

20〔譯註〕一種以旅行為主題的紙上遊戲。在紙上繪製由名勝景點串聯而成的路線圖，以當中某一景點為起始站，由玩家輪流擲骰子，依擲出的點數決定前進的步數，率先抵達最後一站的玩家勝出。「名所」為名勝之意。

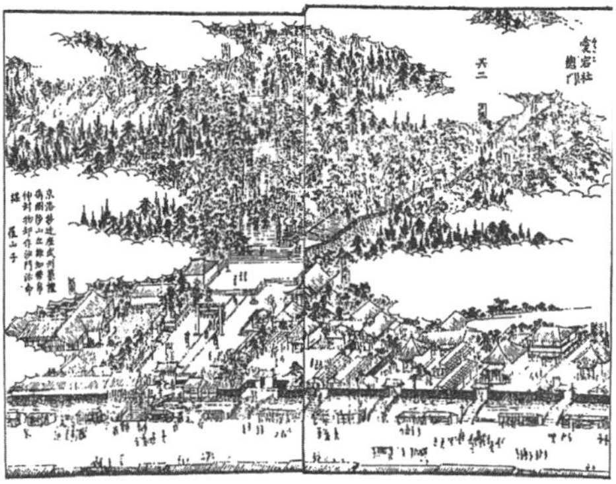

圖72　江戶後期的愛宕山（《江戶名所圖會》）

因此，上述二者的空間體驗有著本質性的差異。在西歐都市，從狹窄巷道走進市街中心的「廣場」，便會心生豁然開朗的解放感。那裡聳立著市政廳或大教堂的象徵性高塔，以相連環繞的建築物壁面營造出集中感，使該處成為市民共有的聚會場所（salon），時常匯聚大批人潮而熱鬧非凡。

相形之下，江戶的空間則有著截然不同的結構。永井荷風在《日和下駄》以〈富士眺望〉作為最終章，敘述從江戶市內望見的富士山遠景之美。他列出了葛飾北齋在《富嶽三十六景》中所繪的十多處眺望富士山景色的地點，包括佃島、深川萬年橋、本所竪川、千住、目黑、神田駿河台、日本橋上、駿河町越後屋店前、淺草本願寺、品川御殿山等，範圍涵蓋了江東與下町的主要市區，甚至是整個山手區域。在江戶，只要走出擁擠稠密的街道，佇立於河渠的橋上或岸邊等視野開闊之地，又或者是沿著高地坡道向上徐行時，包含遠處富士山在內的壯闊「全景圖」便會映入眼簾，呈現出都市中的另一種解放感。

若是要理解東京在文明開化時期的都市建設，就不能忽略其是以近世的都市脈絡與當時人們對於市街的認知為基礎所展開的。東京景觀在明治時代的最大特徵，正是前田愛所指出的「塔」的出現（《都市空間中的文學》）。塔的建造翻轉了昔日屋瓦綿延的扁平市街風景，甚至衍生出高塔濫立的都市景觀。不論是在政府機關、大學及其他學校建築、勸工場（展示及販售文明開化商品的設施），或是在遊廓與一般的土造町家，都能看見塔的存在。從近世建築限制中解禁，建造直上雲霄的塔樓，就像是充滿未知驚喜的新體驗，一種文明開化的象徵。

日本人在明治時代甫接觸西歐建築與都市時，必然承受了不少的文化衝擊，不難想像其中之一，就是聳立在西歐都市中心的象徵性高塔與圓頂。勾勒出「天際線」的「塔」與「圓頂」，肯定以其優美的剪影擄獲了明治人的心，讓他們將文明開化的意象寄託於塔與圓頂之上。

東京在以西歐都市為範本、接納外來文化的現代化都市發展過程中，有其應該前進的道路。模仿與學習，自然也是先從簡單易懂的「局部」著手。之後隨著對西歐建築與都市的造形原理日益深入理解，再加上市民意識的變化、成熟，以及經濟能力的提升，以西歐市容為目標的轉換過程，才開始從「局部」進展至「整體」。換言之，這一過程是始於容易模仿的建築細節特色，從而擴大至建築整體的型態，甚至是建地內的建築物配置、建築物彼此的關係等，最後則延伸到了都市空間本身，隨著學習與模仿的層次逐漸加深、拓寬，一步步地改造了都市的空間結構與景觀。

東京於明治時代所呈現的這種內發性緩慢變化，與其他亞洲或阿拉伯都市因殖民體制而被迫推動現代化、西歐化的情形截然不同。在這些被殖民國家中，原有洋溢傳統風情、民族色彩的街區與西歐人所在的現代化地區，往往是涇渭分明、非「黑」即「白」的對比態勢，而東京卻是在兼容外來文化體系的積極態度下，創造出多元繽紛的中間色調。

無論如何，要將都市內大範圍的空間整體一口氣改造為西歐風格，絕非易事。最終在明治時代的東京，只有英國建築師瓦特斯（Thomas James Waters）[21]所規劃的銀座煉瓦街，是一開始就由外國人以西歐風格來構思整體的都市空間（不過仍是依據日本在地需求適度調整後，才得以實現），除此之外，都還是基於江戶的都市骨架或脈絡，就單一建築物的層次採用洋風外觀，著手建設文明開化的市街。若從完形心理學的角度來詮釋，即是「底」維持不變，只針對可依個人意志自由發揮的「圖」盡情展開設計。在這層意義上，塔是再適合不過的文明開化象徵。其在綿延不止的江戶都市脈絡中問

圖73 設有高塔的勸工場
（《新撰東京名所圖會》）

世，因而成為了突兀醒目的異質地標。

尤其是為了提供外國人住宿而於幕末動工、明治元年（一八六八）落成的築地飯店館，以及位在海運橋橋頭、前身為三井組重要建築的第一國立銀行，聳立著宏偉塔樓的這兩大建築物，可謂當時東京的代表性地標。而也正因為是在明治初期的東京這般特殊的時空下，才會出現這兩棟外觀如此殊異的建築物。

值得注意的是，這類作為地標且獲得廣大迴響的文明開化著名建築，多半是在江戶時代既已確立以水為中心的都市發展脈絡上登場。因為近代初期採用洋風外觀的大型建築物，其所在之地不外乎是隅田川河口或渠道畔，以及東京灣沿岸風光明媚的大名屋敷舊屬地。在人口密集的下町，水岸是僅有的開闊空間，對於設計新穎的建築物

21〔譯註〕湯瑪士·瓦特斯（一八四二～一八九八），英國土木工程師、建築師。於明治期間設計了大阪的造幣寮迎賓所（今泉布觀），以及東京的竹橋軍營、銀座煉瓦街。

而言，這正是吸引人群視線的最佳場所。而且江戶的水岸空間，也隨著都市經濟的繁榮呈現風貌多元的盛景，不只商業、物流相關的設施林立，更運用了水色秀麗的地理條件，發展出以茶屋、料亭為主的遊興空間。臨海而建、景色如畫的築地飯店館，就是在兩層樓建築的底層部分設置了面海的陽台，將傳統的茶屋建築改以西歐風格的殖民地式樣亮相。

而三井組的建築物已如前述，是位在緊鄰著物流動脈日本橋川的海運橋橋頭。這塊橋邊水畔的三角建地，在江戶初期曾是御舟手奉行向井將監的宅邸，也用於監督往來日本橋川的船隻。橋頭這一位置，自江戶以來就是都市內最重要的人潮匯集之處，無疑是當時建設塔樓的不二地點。

這些建築物的設計正如初田亨[22]所分析的，皆有著堪稱破格的獨創造形（《都市的明治》）。原本應該是西洋建築象徵的高聳塔樓，卻反倒更強烈地展現出傳統城郭建築的意象，而成為了和洋折衷的建築。這顯然是對於迎來新時代的西洋建築的嚮往，但又無法割捨城郭建築所代表的穩定社會地位，因此便順應當時的需求，在價值觀新舊並存的時代中創造出這樣的傑作。

於是，這類外觀殊異、代表文明開化時代的建築物陸續登場，不僅成為東京的新名勝，也連帶改變了人們觀看市街的方式。

江戶時代的名勝圖會與浮世繪，無不洋溢著日本人巧妙拿捏「景」的不凡才情。其呈現建築物的方式，通常不會特意強調單一的象徵性建築，而是會一併描繪建築物周遭的街區及自然的元素，例如都會地帶的渠道、大海等的水域，近郊的山巒、土丘、雜樹林等，同時掌握了周邊的複合環境與建築物。在構圖上精妙配置整體景觀中的各種元素，描畫出和諧有序的世界。當時並不存在具現代性意義的建築師，建築物只是構成和諧環境的元素之一。相對之下，明治時代的名勝指南，卻大多是在描繪代表文明開化的偉岸建築物本身。公共建築、學校建築及各式各樣的民間建築，喚起了人們對於文明開化的好奇心，躍升成為都市的著名景點。以往寺院、神社及水岸鬧區的名勝地位，遂一舉被近代建築所取代。這些深受市民喜愛的建築物本身，也逐漸成為了繪畫的主題。

讓建築物融入景觀之中的傳統建築意識因而日漸淡薄。宏觀而論，現代東京雖不乏設計精湛的個別建築，但都市整體卻顯現出不協調的失衡狀態。事實上，這在明治

22〔譯註〕初田亨（一九四七～），建築師、建築史家。

初期的發展趨勢中就已初見端倪。

另一方面，回顧作為近代日本參考對象的歐洲都市之歷史，會發現其價值觀也隨著時代有所變化。舉例來說，中世紀的社會是由商人與工匠攜手建設城鎮，展現了顯著的市民共同體特質。當時尚未出現具現代性意義的建築師，高聳於市街的，唯有市民生活中不可或缺的市政廳或大教堂等公共建築，周邊的住家則以此為中心形成層次井然的世界。不過進入文藝復興時代後，建築師及作為其經濟後盾的贊助者開始出現，於是在講求人文主義的文化中誕生了無數優秀的建築作品，營造出與中世紀截然不同的都市魅力。然而，這與現代日本建築師對於周邊環境缺乏關懷的情形不同，歐洲當時已將建築物與周遭的張力關係納入設計考量的範疇，出自米開朗基羅之手的卡比托利歐廣場即是代表性的例證。換言之，都市中的建築作品是建築師在確切掌握了周圍市街環境與都市空間脈絡後，著眼於其間的關係所設計而成的。長久以來，這種讓都市與建築和諧共存，在張力與協調性之間取得平衡的概念，在歐洲已然被視為建設的一大前提，並且充分反映於近代之後的都市發展。

但對明治時代的人來說，要理解這種源自歐洲悠長歷史的都市機制並不容易。他們會最先被個別的都市象徵建築要素所吸引，也是理所當然的事。無論如何，作為都市的「地標」而登場的建築物，是以往江戶都市所未有的嶄新概念。只是換個角度來看，這一時期也可說是僅由幾處特殊建築彰顯了「文明開化」的色彩，都市本身仍是立基在近世以來未曾中斷的脈絡上。而最終，當時的人們還未能、也不必將關注焦點延伸到由建築物相連形成的街區或都市空間。如何於單一建築、單一建地中展現文明開化的精神，才是其時的課題所在。

因此，這類出現在水岸或橋頭，並且以塔樓象徵文明開化的「紀念建築物」，其性質與矗立於西歐廣場和街道（也就是由堅固建築物環繞形成具備實體的都市空間）的塔或圓頂迥然不同。換句話說，在明治初期的東京，「塔」完全脫離了歐洲都市的脈絡，成為了可被自由想像的獨立元素，扮演著截然不同的象徵性角色。

圖74 新名勝之一　大藏省（明治5年竣工。堀越三郎，《明治初期的洋風建築》）

而緊接在這些城郭風塔樓傑作之後，許多裝設西歐進口時鐘的「鐘塔」也開始於明治時代的東京登場。初田亨指出，相對於前述設置了城郭風塔樓的建築物所具有的居高瞭望特性，這些鐘塔則富含將視線「向上牽引」的高升性，其吸引人抬頭仰望的、西歐式的塔之屬性更為明確。但是從塔與建築物整體的關係，或是在都市中的配置來看，這顯然是外來文化的元素被移植至不同脈絡後，衍生出自成一格的設計與空間結構。

當時的鐘塔可以從用途與所在位置等區分為二大類別。首先是設置於許多軍事設施、官廳、大學與其他學校等公共建築的鐘塔。前田愛認為其設置的原因，在於軍營、學校與官廳是明治時代最早採用二十四小時制的社會組織。西歐都市自中世紀以來，就是將向市民報時的鐘樓或鐘塔設置在這類公共建設上，因此鐘塔在明治時代的東京率先出現於這類建築物之上，一點也不令人意外。

這些大型公共建設，幾無例外地都是運用了被政府接收的大名屋敷舊屬地改建而成的。明治時代的東京，始終未曾經歷如同奧斯曼規劃的巴黎大改造或是維也納的環城大道，這類西歐都市於十九世紀推動的大規模都市改造。

因此，改建之後的近代官廳建築與公共建築，仍然深受昔日「屋敷結構」所影響，也就是設置了大門，以圍牆環繞配置了長長通道的開闊建地，正面深處則是樣式左右對稱的建築物，並於其中央設置高塔的建築型態。東京最早設立鐘塔的竹橋軍營與工部大學是由外國建築師操刀設計，因而在性質上較接近歐洲的塔；相對之下，東京醫學校等出自日本匠人之手的建築物，卻有著和風元素顯著且近似傳統瞭望台的外觀，二者的風格可謂天差地別。不過，二者卻也不約而同地顯現出「屋敷結構」的特徵——在建地上設置了大門與通道，能夠從正面一眼望見深處高塔聳立的殊異景觀構造。如果說西歐的公共建築是面向廣場或寬敞街道，與其他建築物相連形成都市空間，那麼明治時代的公共建築，則具有在個別建地內凜然自立的非都市性特質。雖然都是打造出高塔聳立的建築物，但西歐與日本卻存在著如此歧異的都市文化體系。

另一方面，鐘塔也在明治時代被引進至町人地的市區，出現於民間的建築物上。在幕末至明治時代的期間，主要市區的町家已普遍改建為土造的耐火建築，而且也不乏有設立了鐘塔的町家。它們大多是以高塔作為宣傳招牌的鐘錶店。在土造建築的瓦片屋頂上矗立著全然異質的塔樓，這樣的景象可說是充分展現了文明開化時代商人開創求新的好奇心與野心。作為建築本體的町家與上層的塔樓，在型態上、樣式上各異其趣，彷彿只是將鐘塔嫁接植入町家。而鐘塔從和風造形的屋脊中央驟然高起、略顯唐突的模樣，在一片土造建築的町家之間，更是顯得奇異突出。這種逕自樹立象徵文明開化的塔樓，無視都市整體脈絡、建築物整體平衡的民間作法，正是近代日本摸索著進入新時代的最佳寫照。

一直到明治二十年（一八八七）左右，考量了建築物整體型態、更強調垂直性且

圖75　設有高塔的建築　東京醫學校（明治9年竣工，堀越三郎，《明治初期的洋風建築》）

圖76　設有高塔的建築　小島鐘錶店（《東京商工博覽繪》）

接近歐洲風格的高塔方才問世。民間建設終於也對西洋建築有了更深的理解，從原本的局部模仿擴展至整體造形的學習。與此同時，關於「塔」與「圓頂」的設立地點，也出現了值得矚目的明確趨勢。塔的設立若是毫無章法可言，便會一一失去其象徵性，不但無法勾勒出優美的天際輪廓，還可能讓景觀變得雜亂無章。西歐都市的塔往往是經過妥善規劃後，樹立在整個都市空間中最合適的所在。以高塔延伸出和諧有序的天際線，儼然是西歐市民共有的基本認知。在以西歐為範本進行文明開化建設的過程中，明治時代的東京也總算開始思考都市內設立高塔的最佳地點。於是，主要市區內由道路交會形成的角地，便成為了這類建築物爭相登場的不二選擇，顯見當時已漸漸領會了西歐在整合建築物與都市空間時的作法。

這一作法的先驅，正是位於江戶橋南端的驛遞寮（明治二十五年）與銀座四丁目交叉口的服部鐘錶店（明治二十七年）。而且也因為這類建築物的出現，確立了所謂「交叉口廣場」的日本式廣場意象。

交叉口與角地型建築

目前已有許多論述指出了日本都市並無廣場的事實。確然如此，在日本都市的歷史上，從未如同西歐都市般，出現作為人際交流的自治象徵、一旁還聳立著市政廳與大教堂的廣場。這種以宏偉建築環繞形成優美都市空間的廣場，不只令明治時代的日本人大感驚豔，至今也仍為建築師與都市計畫家所憧憬。

然而，回顧明治時代以降的近代都市形成軌跡，不難發現東京也曾創造出代表市街風貌，且逐漸深受市民喜愛的廣場。其中之一，即為之前在第二章大略提及的「橋頭廣場」。橋頭，作為漂泊流民與一般人交會的場所，自江戶時代以來就林立著茶屋與見世物小屋，是熱鬧氛圍媲美廣場的特殊地帶。而這樣的歷史記憶也彷彿代代傳承般，在明治到昭和初期的東京處處可見設計傑出的近代橋頭廣場，日本橋、江戶橋與數寄屋橋就是當中的代表。東京可說是承繼了江戶以來的空間結構，藉由水岸廣場的形式實現了對西歐廣場的嚮往。不過與此相關的內容，暫且留待下一章詳述。

另一方面，東京在明治末期至大正時期，正經歷著由「水都」蛻變成為「陸都」的過程。此時於陸地面世的「交叉口廣場」，不僅是新的市街風貌，更衍生出所謂「街角」的新詞彙，成為市民所熟悉的都市空間。這令近代東京引以為傲的獨特都市空間，也是將作為範本的西歐都市元素置於東京的都市傳統脈絡中，經過日本的自我詮釋後所創造出的傑作。

無論是「橋頭」或「交叉口」，都是江戶以來的交通節點，是都市結構中不可或缺的場所。在這樣的前提下，東京的廣場是順應都市內人流移動所成立的特殊之地，因此具有隨交通體系變化而遷移他處的機動特性。從這一方面來看，其特性和西歐廣場穩固占據都市中心的「廣場先決」型態有著些許不同。

順帶一提，若從明治二年（一八六九）銀座地區的地契（東京都公文書館館藏）著手，調查地價分布狀態與都市結構的關係，會發現面向「橋頭」與「交叉口」的土地明顯較其他地段高價。在這個尚未施行銀座煉瓦街計畫的時間點，都市發展無疑仍延續著江戶時代的情形。因此，這些自江戶時代以來人潮川流不息的高經濟價值地點，到了明治時代以後，便在重金投資之下形成了具有若干西歐廣場特質的嶄新都市空間。

接下來，我們將著眼於東京道路交叉口的角地，探究其在明治時代以後發展成為廣場式街角空間的變化過程。

自古以來，十字路口即是日本都市的交通要地，也是在景觀上引人注目的所在。如江戶初期的〈江戶圖屛風〉（日本國立歷史民俗博物館館藏）所示，在位置顯眼的大街角地，幾乎都坐落著在三樓設有望樓的城郭風町家（圖77）。玉井哲雄[23]指出，在町人階層中，與建設江戶有關且實際上支配著町內事務的上層有力人士，都會選擇這類地點興建氣勢恢宏的城郭風町家，藉此彰顯其優越的家世門第（〈近世都市與町家〉，《講座．日本技術的社會史　建築》）。

但是明曆大火之後，幕府開始禁止奢侈鋪張，並且考量火災時的危險性而限制了建築物的高度，這些位在角地的顯眼建築也因此不復存在。不過，角地所代表的特殊意義並未就此畫下句點。進入十七世紀後半葉，隨著日本全國性商品流通網絡的擴展，有利於商業發展的角地再度成為了富商設置氣派店面之處。就地契上所標示的地段買

23〔譯註〕玉井哲雄（一九四七～），建築史家。

圖77 江戶初期的角地型建築（〈江戶圖屏風〉，日本國立歷史民俗博物館館藏）

賣價格而言，也以角地的金額特別高昂（玉井哲雄，前述論文）。

只是從都市景觀的角度來看，相較於江戶初期的角地已有許多三層樓的城郭風町家，面向交叉口的位置卻尚未出現醒目的視覺焦點。而且近世都市的交叉口往往等同於町界，並且設有柵門，這一特徵也使其在功能上、視覺上被定位為一種特殊地點。

與此同時，江戶的下町是以網格狀劃分市街區塊，在明治時代之前並不存在將街區轉角斜切退縮的截角作法。這種斜切的構造，本來就有違於日本建築以木頭梁柱為骨架的軸組結構。再加上近世時期是依據面向道路的建地面寬來課徵稅金，因此在道路交會的路口空間（也就是交叉口）將建地斜切一角的作法，也不合乎當時的稅制。

然而，上述情形卻在進入明治時期後為之一變。町界的柵門陸續被拆毀，並從幹道開始逐一拓寬道路。以往只有行人徒步的街道上，也出現了人力車、鐵道馬車，甚至是市內電車，其行進速度與尺度已不可同日而語。土地稅金也改以面積課稅，不再依據昔日採用的建地面寬，角地因此能更加自由地被運用。這一連串的變化讓交叉口在都市空間中的意義與角色變得更為重要。

另一方面，隨著文明開化時代的到來，人們對於西洋建築的嚮往，以及各種在設計上積極模仿、取用的行為，也使得大批和洋折衷的獨創建築物紛然林立。當時人們的視線其實已不再局限於建築物的設計，而開始慢慢擴展至建築物周邊的都市空間。交叉口便是在此契機中一躍成為關注焦點。

於是在明治時代的東京都市中心，相繼出現了引進洋風建築而又同時仿效西歐都市將街區轉角斜切退縮的例子。其中率先登場的，是位於江戶以來的水陸交通節點，也就是江戶橋南邊的驛遞寮（圖62）。這裡在江戶時代是有生鯛屋敷之稱的漁會所倉庫，新的郵務制度於明治四年（一八七一）上路後，便運用此處的閒置空間作為最早的郵務所，後來則成為了由時任大藏省土木寮[24]技手的林忠恕所設計、於明治七年竣工的驛遞寮。其他明治初期的官廳、公共建築大多是改建自大名屋敷的舊屬地，保留了以大門與圍牆莊嚴環繞的「屋敷結構」，但驛遞寮卻是直接迎向都市街道、形成街區，可說是東京最早的正宗都市型建築。其所在的江戶橋橋頭是江戶時代的交通要地，發展出熱鬧興盛的河岸；鄰接的銀座煉瓦街則是甫誕生於文明開化時代的繁華街區。這棟洋風建築無疑是往來行人注目的焦點，因而成為了東京的新名勝，頻繁出現於錦繪之中，妝點著江戶橋一帶的風景。

驛遞寮的立面朝向日本橋川，在兩層樓高的懸山式建築中央設置了玄關，並將靠近橋梁的建地轉角斜切退縮，打造成為拱形門廊的入口。這嶄新的截角作法運用了角地及橋頭的優勢地理條件，雖然僅限於整體建築物的附屬部分，但已是前所未有的大膽嘗試。

此外，在交叉口更為系統化地採用截角設計的先驅，則是銀座通上的銀座四丁目交叉口（圖78），其幾乎就位在銀座煉瓦街這條串起都市中心與東京門戶新橋車站的文明開化大街的中間點。而與銀座通垂直相交的道路，從數寄屋御門一路延伸至外國人所居住的築地及築地飯店館，在明治時期的重要性亦是與日俱增。

銀座煉瓦街堪稱

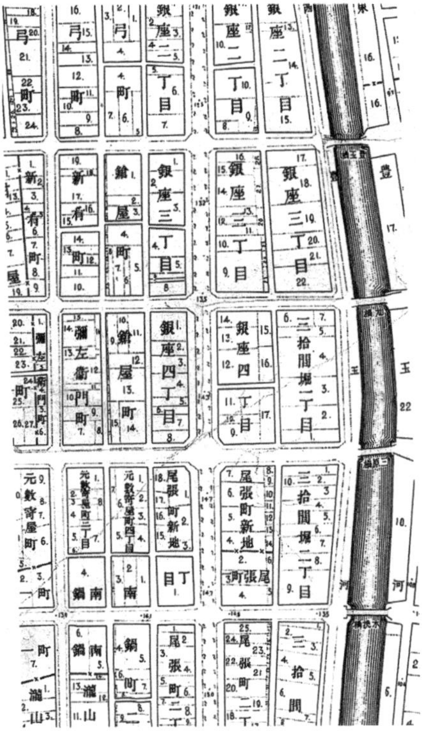

圖78 銀座通（〈內務省地理局東京五千分之一地圖〉明治19年）

24〔譯註〕大藏省相當於財政部，土木寮則是與土木營造相關的單位。

圖79 銀座四丁目交叉口（石版畫〈銀座通〉，明治24年，柏崎黑船館館藏）

東京最大的新名勝，以此為主題的錦繪與照片多不勝數，因此我們能夠從中了解矗立於銀座四丁目交叉口的建築物設計詳情。煉瓦街上有著外觀獨特的成排磚造店鋪，一樓正面是列柱綿延的門廊，上方則為配置了扶手欄杆的陽台。整條街只有在這處重要的交叉口，是採用了將四邊角地予以截角，並從其斜切面進入建築物的形式。

交叉口的西北角，在明治維新前後曾是布袋屋和服店，後來則隨著煉瓦街的建設於明治七年（一八七四）搖身變為朝野新聞社。這裡不僅設有門廊與陽台欄杆，更將轉角的建築物牆面斜切退縮，於該處打造了面向交叉口中心的立面與玄關。二樓上方的三角形破風[25]，則是設計上的另一重點。不過，這棟建築並未樹立高塔或圓頂等引人注目的視覺焦點，只在街邊採用斜切轉角的作法，與周邊環境連貫形成和諧街景。而從明治十五年（一八八二）出自三代歌川廣重的錦繪，以及二十四年（一八九一）的石版畫可知，東北角是同樣採用了截角設計的中央新聞社（圖79）。此外，目前已知東南角在明治十九

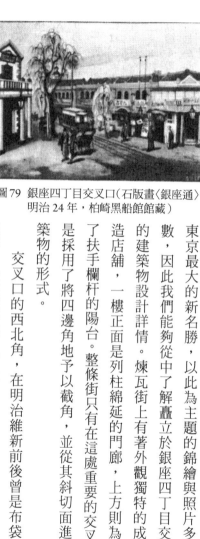

年（一八八六）之後為每日新聞社，西南角則在明治二十九年（一八九六）之後為京橋銀行，但是在此之前，這兩處街角就已佇立著採用截角設計的相同建築物。

這樣的截角設計在明治時代的東京都市景觀中，可說是令人驚嘆的嶄新元素之一。如前所述，從江戶到明治初期的東京，塔的登場是都市景觀變化過程中的另一關鍵因素。有別於西歐在思考塔或圓頂的配置與造形時，會從如何在整體都市空間中發揮象徵性效果的角度著手；東京在甫迎來文明開化風景的明治初期，卻只是單純地模仿塔或圓頂的珍奇外形，將其作為吸引人群視線的設計主題，未能兼顧都市整體的脈絡，就在各自的建地上樹立起這些高聳的建築物。而也因為這種高塔紛然聳立的亂象，導致其一一喪失了象徵意義，不只無法勾畫出層次井然的天際輪廓，還打亂了原有的都市景觀。

然而，到了明治中期之後，塔與圓頂的登場地點呈現出明確的傾向。也就是說，這些建築物更集中地出現在市區中心道路交會處的角地。再加上前述明治初期開始採用的截角設計，使得在該位置設立塔或圓頂，成為了風靡一時的象徵性造形手法。不

25〔譯註〕針對建築物屋頂的設計形式，除了美觀之外，也有防止雨水滲入的功用。

過這或許也是因為當時已漸漸掌握了西歐在整合建築物與都市空間時的思維邏輯。

帶起這一風潮開端的，當屬前述的江戶橋南邊與銀座四丁目交叉口。江戶橋橋頭以不遜於銀座煉瓦街之姿，發展成為文明開化時代下的商辦區，原本的驛遞寮建築物在明治二十一年（一八八八）的一場大火中燒毀後，明治二十五年（一八九二）便由片山東熊[26]所設計的中央郵便電信局在原址登場。這棟宏偉的三層樓磚造建築有著正統的洋風造形，並將角地截角作為建築物的立面，於上方設置凜然莊重的鐘塔。自江戶時代起就沿著日本橋川繁榮發展的四日市河岸，當時仍是整排低矮的倉庫，所以聳立於河岸後方T字路口角地的這棟建築物，在視野開闊的江戶橋邊水畔空間中，顯然醒目得令人無法忽視（圖80）。

另一方面，在路口對角線的四個角落都採用截角設計的銀座四丁目交叉口，則出現了同時設有高塔與圓頂的奇異建築物——服部鐘錶店。其先是在明治二十年（一八八七）從木挽町遷至銀座四丁目，後來又於明治二十七年（一八九四）買下了原為朝野新聞社的建築物，並在擴建時設置鐘塔（圖81）。此後，這座鐘塔就成為了明治時代的銀座象徵，而服部鐘錶店也躍升為鐘錶業的老字號店家。

然而，不同於前述的中央郵便電信局是由官方舉足輕重的建築師所設計，服部鐘錶店的建築物，則是出自民間人士之手的獨特和洋折衷樣式。其設計者伊藤為吉[27]曾擔任設計參謀本部的義大利建築師卡佩萊蒂（Giovanni Vincenzo Cappelletti）[28]的助手，之後赴美學習耐震建築相關知識，於學成後歸國。他廣為人知的設計作品，即是在新橋車站前著名的和洋折衷樣式勸工場——博品館（明治三十一年〔一八九八〕）。而服部鐘錶店這棟佇立在尾張町十字路口的高大建築物，則是改造了其前身朝野新聞社的磚造辦公處，並在上方新增第三層樓的木造塗漆圓頂，而後再設置珠寶型的鐘塔。

緊接在後的則是販售高級西服的山崎商店，於明治三十九年（一九〇六）在從前

26〔譯註〕片山東熊（一八五四～一九一七），建築師。師承英國建築師喬賽亞・康德，並與曾禰達藏、辰野金吾同為工部大學造家學科（今東京大學工學部建築學科）第一屆畢業生。曾於負責國家社會基礎設施的工部省與負責皇室事務的宮內省任職，經手眾多皇室相關建築，代表作品之一為皇太子居住的東宮御所（今迎賓館赤坂離宮）。

27〔譯註〕伊藤為吉（一八六四～一九四三），建築師。除了著名作品服部鐘錶店之外，也因為信仰基督教而設計了許多教會建築。

28〔譯註〕喬瓦尼・卡佩萊蒂（一八四三～一八八七），義大利建築師。一八七六年赴日本工部美術學校（現已不存）講授畫法幾何學。後於工部省營繕課任職，曾設計文藝復興樣式的陸軍參謀本部建築。一八八五年離開日本。

圖80　中央郵便電信局（《新撰東京名所圖會》）

圖81　大正初期的銀座四丁目
服部鐘錶店（左）與山崎商店（右）
（《街　明治大正昭和》）

中央新聞社所占據的東北角，以設有高塔的三層樓洋風白堊建築亮相（圖81）。

這類特意選擇角地設立「塔」或「圓頂」的建築，成為了街區中高聳的「新地標」。近世時期在視覺上不那麼醒目的交叉口，到了近代卻轉變為景觀上別具價值的場所，帶動企業大舉進駐角地。

蘊藏於這一轉變背後的，正是當時日本人在接觸西歐都市空間後，對其心生嚮往的強烈意識。回顧西歐都市的發展歷史可知，十八、十九世紀的巴黎、柏林、維也納等地，也曾紛紛以更早之前羅馬在巴洛克都市計畫所打造的人民廣場放射狀道路及雙子教堂的圓頂造形為範本，在角地興建面向廣場的建築物，並於其上設置象徵性的塔或圓頂（圖82）。而在近代的東京，似乎也能感受到這股積極仿效西歐都市造形的熱情。

只是東京顯然無法實現類似巴黎或維也納的都市景觀。西歐都市的塔狀建築往往是大規模都市改造下的產物，出現在面向廣場的角地。而廣場則是放射狀道路的輻輳點，既是一種交通廣場，同時也是充分展現紀念性的都市造形。但是東京並未對江戶以來的網格狀道路系統進行改造，因此這類廣場只能以相對內斂的形式坐落於既有道路垂直交會的交叉口。不過，後來也延伸出了所謂「街角」的詞彙，逐漸成為市民喜愛的都市空間。

圖82 巴黎的歌劇院前廣場（19世紀後半葉）

這些建築物的設計不再聚焦於單一建築本身的造形，也開始與周邊街道或都市空間融合形成連貫的風景。換言之，在都市脈絡中盡可能發揮建地優勢條件的設計思維已成為明確的趨勢。運用角地位置來樹立作為市街象徵的塔或圓頂，這樣的作法也開始受到重視。道路交叉口顯然是被視為與廣場意象相符的空間之一。雖然「廣場」的概念一直到了大正年間才被正式引進日本，但人們對於西歐都市空間的美學意識，可說是在更早之前的明治後期就已悄然萌芽。

在這種以街區轉角的象徵性建築孕生出獨特都市空間的趨勢下，有一處場所特別值得一提，那就是丸之內的馬場先通（圖83）。背對皇居時，左手邊是屬於一丁倫敦街區域的三菱二號館（明治二十八年），由曾禰達藏[29]與康德聯手構思規劃，將最能展現景觀特色的轉角處設計為圓筒狀，在其一樓的部分設置了玄關，頂部則打造成優美的圓頂。三菱二號館的對面，也就是背對皇居時的右側，則有妻木賴黃設計的東京商業會議所（明治三十二年），是一棟在轉角處採用了俐落截角設計的磚造建築。其強調斜切線條的新穎作法，迥異於東京以往的都市結構。這二棟建築物雖然在樣式上各異其趣，但與街道、外部空間的連結方式卻存在著共通之處，由此顯見當時打造嶄新都市空間的旺盛企圖心。

圖83　明治末期的丸之內馬場先通
（《街　明治大正昭和》）

角地型建築以上述之例為開端而逐漸普及，尤其在明治末期出現了許多以塔為設計重點的建築物。其中最不容忽視的，莫過於下述兩棟高聳著洋風鐘塔的建築物。其一，是收購了銀座煉瓦街上的建築物後，於京橋旁的角地登場的讀賣新聞社（明治四十一年）（圖84）。不僅在三樓增建了柱廊，更將正門玄關移至靠近京橋的角地，在該位置的三樓屋頂上建設高大的洋風鐘塔。這壯觀的建築物，正是妝點著明治末期京橋一帶風景的重要存在。

圖84 讀賣新聞社（平野光雄，《明治・東京鐘塔記》）

其二，則是於本銀町二丁目的今川橋邊亮相的西浦陶器店。坐落河岸角地的該店舖是地下一層、地上三層的木造洋樓，由匠心獨具的店主操刀設計，再交由傑出的木工伊藤半三大顯身手，打

29〔譯註〕曾禰達藏（一八五三～一九三七），建築師。與辰野金吾同為工部大學造家學科（今東京大學工學部建築學科）第一屆畢業生。在恩師喬賽亞・康德的引薦下，進入三菱財閥的設計部門，設計了許多公司建築，三菱二號館即為其中之一。

造出凝聚眾人目光的嶄新華麗建築。

這兩棟建築皆位於橋頭的事實，適足以說明前此詳述的東京水岸空間的重要性。

另一方面，明治中期以來設立的勸工場（用於展示、販售文明開化商品的商業設施）深受市民喜愛，其和洋折衷的殊異樣式遂成了都市景觀上的象徵性新元素。緊追其後的百貨店也開始於明治末期出現在有悠久傳統的市區中心，而且大多就位在道路交會處的角地，成為市街中的新地標。這些角地型建築中讓人印象深刻的，當屬日本橋的白木屋和服店。這棟明治三十六年（一九〇三）竣工的三層樓大型店舖，到了明治四十四年（一九一一），在伊藤吉太郎的規劃下，除了增建和洋折衷樣式的高塔等，亦開和服店之先例設置了電梯。其刻意強調和風元素的種種設計，諸如日本橋交叉口旁高聳於圓頂上方的塔、玄關上的唐破風，以及面向街道並列的入母屋破風[30]等，彷彿是在表達對於和服店老字號形象的尊重，從而形成了特殊的和洋折衷樣式（圖85）。

大正七年（一九一八），於同一地點維持既有角地型建築的白木屋和服店，再度以格調高雅的正統文藝復興樣式呈現於世人眼前。這次的外觀雖然是風格不變的近代樣貌，但不論是建築本身與街道的連結方式，或是在都市景觀的結構方面，顯然都延續著以往角地型的設計思維。

而明治末年於上野廣小路開業的松坂屋和服店，在大正初期展開增建工程後，也不例外地在氣勢宏偉的角地型建築上樹立起圓筒狀的高塔。

圖85 大正初期的白木屋和服店（《街 明治大正昭和》）

於街道角地興建在都市景觀上凝聚眾人視線的建築，將交叉口對角線上的斜切面作為入口，這在明治末期已是不足為奇的街景，就連傳統的土造町家也開始沿著街區的截角線建置，將建築物的正面設於轉角處。這種運用都市內街區角地的意識革新，甚至促成了寺院角地型結構入口的問世。

不過這些誕生於明治時代的角地型建築並不一定伴隨著截角設計，也有不少建築物依然會將塔狀部分或是圓弧形門廊延伸至轉角處，前述的西浦陶器店與麻布區公所（明治四十二年〔一九〇九〕）就是如此。角地的運用未必會將新交通體系的都市計畫

30〔譯註〕唐破風與入母屋破風皆為日本傳統建築中的屋頂樣式。唐破風常見於建築物的正門入口上方，是在屋簷中央凸出形成類似弓形曲線的樣式。入母屋破風則是在屋頂的斜面上方尚有高起的人字形屋頂的樣式。

需求一併納入考量，只能算是個別建築物盡可能發揮其位置優勢，積極展現設計巧思的舞台，所以多數仍缺乏都市空間的整體性與協調性。但換個角度來看，當時各種匠心獨具的建築造形卻也創造出了西歐都市不曾有過的風景。

雖說明治時代除了銀座煉瓦街的建設之外，還推動了市區重劃，以及由恩德（Hermann Gustav Louis Ende）[31]與柏克曼（Wilhelm Böckmann）[32]聯手策劃大規模的日比谷官廳街計畫（僅實現了一小部分），但日本卻是直到大正年間才正式引進西歐都市計畫的模式與都市造形的手法，真正理解了其中的內涵。明治時代的計畫是由官方主導設計來改造文明開化風潮下的首都，只在東京的中樞地帶打造嶄新的都市景觀；相對之下，因現代化、西歐化而邁入新階段的大正與昭和初期，則特別強調以市民為重的市街規劃。在這樣的前提下，「廣場」無疑是都市內備受矚目的象徵性空間。而如前所述，也是到了震災復興時期[33]，道路交叉口才被與廣場劃上等號，明確地作為一種都市造形的手法。

「屋敷結構」的公共建築

江戶／東京的都市結構實難以透過西歐的理性主義予以理解。行走其中，極少見到能將整體收束於「遠近法」構圖中，協調一致的文藝復興式都市空間；也幾乎找不到能以「軸線」貫穿眼前景物，於視線盡處運用「紀念建築物」營造出「端景」效果的巴洛克式都市空間。而就算化身為飛鳥從東京的上空俯視整座都市，也無法以幾何學的角度歸結出明確的中心點。

換句話說，有別於西歐都市能夠將整體空間歸納成為邏輯簡明的系統，江戶的市街則存在著其他有機的、靈活的體系，所以這些各異其趣的部分並不適用全體一致的邏輯。這整座都市更像是匯集了與地形和歷史記憶連動的各種場所特性，形成宛如拼貼馬賽克磚般的豐富意象，或者說是煥發如萬花筒般的繽紛光彩。

這座儼然是由各具意義的馬賽克磚一片片貼集而成的都市，即使到了近代，在本質上也幾無變異。東京，從來不曾無視主要地形與既有都市結構，大刀闊斧地進行改

31〔譯註〕赫爾曼・恩德（一八二九～一九〇七），德國建築師。一八六〇年與柏克曼聯手成立建築設計事務所；一八八七年，建築事務所與日本政府針對集中建設西式官廳建築的計畫簽訂合約。恩德與柏克曼雖然一度率領建築團隊前往日本展開計畫，但最終礙於種種因素而無以為繼，並與日本政府解除合約。

32〔譯註〕威廉・柏克曼（一八三二～一九〇二），德國建築師。詳見前註。

33〔譯註〕震災復興時期是指一九二三年關東大地震發生後的重建時期。震災復興即為災後重建之意。

造。因此，東京作為首善之都而邁向現代化的過程，可說是迥異於在奧斯曼策劃下經歷了都市大改造的巴黎。東京更像是由各別的場所或建地，在自己的小天地中搬演著現代化的種種劇目，積累無數個人與群體的活動後才造就了都市的成立。

舉例來說，「軸線」與「對稱性」的結構是歐洲現代都市造形的準則，但這樣的結構並未出現在東京都市的整體層次，而是被頻繁地運用於個別的建地上，所以大學校園或明治時代的官廳建築幾乎都存在著一條明確的中軸線。東京都市的近代風景，正是由這些在個別建地內反映出新價值觀的建築造形匯總形成的。而當中的每一塊「建地」，當然也是依循著其各自既有的條件來發展，結合了場所本身蘊含的記憶與意義。因此都市的形成軌跡，就像是各具「場所性」的馬賽克磚不斷積累增加的過程。

在此，我們將特別聚焦於如馬賽克磚般呈現濃厚近代色彩、不斷凝聚新意義的大名屋敷舊屬地，關注在都市中心將大名屋敷改建為獨特屋敷結構的官廳及公共建築。

自從明治前期引進了在近世江戶的都市構造上興建新穎洋風建築的作法後，東京的中心地帶也開始出現了近代的市街與官廳街。不過這一時期打造出的都市景觀，卻是有別於歐洲的獨特風景。這不只是因為如過往論述所指出的，當時的建築為和洋風格兼具的折衷樣式，更重要的原因在於都市發展的基礎包括建地型態、土地利用方式，甚至是對於都市空間的意識結構等，都仍延續著江戶以來的模式。尤其在都市中心居然能夠看見坐落著獨棟大宅的開闊建地，這無疑是江戶舉世獨有的建築與都市文化，對近代東京的景觀造成了決定性的影響。

以下就是從這樣的觀點切入，針對建築與都市空間的關係，比較近代初期的東京中心地帶與當時被視為範本的歐洲之間有何不同。

在歐洲，無論是都市內的豪華宅邸（palazzo）或是都市外圍的別墅，其建築物的立面大多直接面向公共道路或廣場。即使是路易十四打造的知名凡爾賽宮殿，也不例外地是以宏壯的立面迎向公共廣場。於是，西歐都市內一整排壯麗的建築物立面，便成為了形成都市公共空間的重要元素。又如維也納於十九世紀展開的環城大道（ringstrasse）計畫，也是在配置了大片空地與綠蔭的同時，讓公共建築或是集合住宅等大規模的建築群，毫無阻礙地直接面對著公共空間。這顯然是在設計之初就已將建築視為都市整體的一部分。而在建築物立面的前方以柵欄圈繞私人庭園、設置大門，這樣的型態通常僅限於非都市內的建築，例如田園之中的別墅與宮殿，或是近代建於郊外的上層中產階級住宅區等。

相對地，明治時代的東京則傳承了日本都市過往的居住型態，也就是同時存在著前述町人的「店鋪結構」意識，以及武士階層的「屋敷結構」意識。

這種居住型態受到傳承的最佳例證，當屬明治初期出現於日本橋附近的代表性建築，而其中又以之前已提及位在海運橋邊的第一國立銀行最值得注目。這棟和洋折衷的建築在二樓以下為殖民地風格，三樓以上則為城郭造形，是象徵文明開化的東京新地標，只是建築物的底部實際上仍不屬於開放的都市空間。這棟擁有象徵性高塔的建築物雖然運用了明治時代獨有的新穎作法，將圍牆的上半部改為具穿透性的柵欄，讓人們能夠從旁一睹其風采，不過環繞建地的圍牆、凜重樹立的大門，以及建築物周邊的庭園等，大抵仍是承繼了傳統的屋敷結構意識。而這也是該建築物改建自大名屋敷舊屬地所無可避免的空間結構。同樣顯現出這種特殊格局的，還有蠣殼町的米商會所與第五國立銀行。

然而，在整排建築物都以立面朝向街道的町人地，也能看見這種屋敷結構的近代建築突兀地挨擠其間。位於駿河町的三井組建築物（明治七年）即是如此。這是三井組不得不把海運橋邊的建築物讓渡給政府作為第一國立銀行後，另行建造的替代建築（圖86）。其外觀不若海運橋邊的建築物呈現出強烈的和洋折衷風格，而是更接近線條俐落的西洋建築，只剩下屋脊上的鯱獸裝飾仍殘存著城郭建築的意象（初田亨，《明治的都市》）。除了樣式上的獨創性之外，這棟三層樓的和洋折衷建築兀自高聳在町人地的街區，也與一整排厚重莊嚴的町家形成鮮明的奇異對比。其無視周圍的景觀結構，逕自設立了大門，以圍牆圈繞周邊的空地，藉以彰顯自身的不凡地位。由此可知，這類在屋敷結構中建置洋風建築的特殊格局，未必是因為承接了江戶的大名屋敷建地，其能夠作為一種明確的「原型」而被持續沿用到近代，終究是源自悠久歷史所蘊蓄的文化價值觀。

圖86 三井組的建築物（三代歌川廣重，〈駿河町三井銀行〉，東京都立中央圖書館館藏）

接下來，讓我們將目光移向江戶城周邊的上屋敷，它們有如容器般裝載著東京作為首都不可或缺的現代機能。進入明治時代後，被新政府收歸國有的上屋敷通常

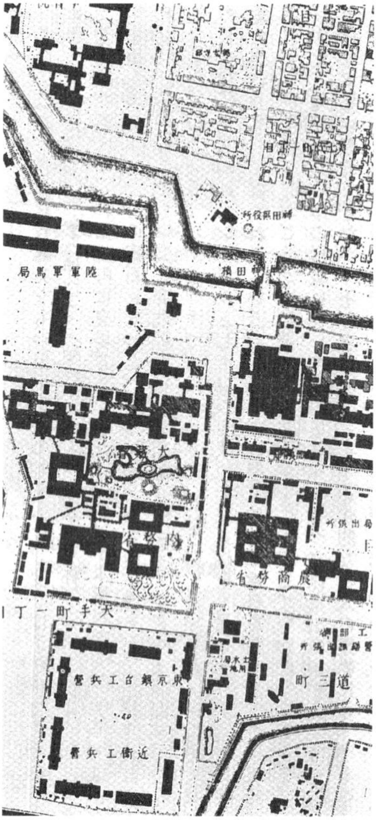

圖87　明治時期公共建築配置（《參謀本部測量局五千分之一東京地圖》）

會在維持原有建地規模與型態的情形下，轉換成為官廳、大學、大使館等現代國家所需的各種設施。

於是，在上述都市脈絡中登場的近代建築，無不呈現出獨特的風貌。雖然因為建設時期以及日本建築師、外國建築師的設計差異，使建築外觀出現了從趨近和風的折衷樣式到純粹洋風的豐富變化，但是在建築物的基本配置、建地利用、大門與圍牆的設置等方面，卻不約而同地流露出了「屋敷結構」的意識。也就是說，從街道、建地、建築之間的關係及景觀構造的層面來看，所有建築物都存在著一種明確的共通原型——樹立「大門」，以「圍牆」環繞開闊的私有建地，並在大門向內延伸的「軸線」上建置「左右對稱」的建築物（圖87）。

由於明治初期還無法在短時間內建造大量的現代設施，大名屋敷等的長屋門與宅邸大多被直接轉用作為政府機關（圖88）。之後雖然陸續進行改建工程，但建地的使用方式在本質上卻沒有太大的變化。最主要的改變在於少數顯而易見的西洋化、現代化特徵，例如拆除了使建地產生封閉性的街邊長屋門，以開放性的柵欄式圍牆取而代之，以及在貫穿大門與玄關的筆直軸線盡處，打造左右完全對稱的建築物。

明治初期出自日本建築師之手的大藏省（圖74）與東京證券交易所等建築物，儘管並非依據軸線設計而成，玄關上方也還保有傳統樣式的唐破風，但是當時已能夠從外部透過開放性的柵欄式圍牆直視建地內部。這些特質也正是其過渡性的展現。

然而，這些初期以屋敷結構建成的公共建築，若從歐洲的角度來看，則幾乎皆是不存於都市中心地帶的非都市型建築。唯有在曾為武士之都的東京，才能孕生這般饒富深趣的折衷型都市景觀。這不只是在建築樣式的層次上採用折衷的表現型態，更是在源自近世武家屋敷的脈絡中引進洋風設計的建築，創造出殊異的「建築—建地」空間格

圖88　直接沿用大名屋敷的文部省（明治5年左右　堀越三郎，《明治初期的洋風建築》）

局，成就了獨一無二的都市景觀，讓東京從昔日壯大的城下町走出一條與眾不同的現代化道路。

屋敷結構的近代公共建築模式，不只出現在政府機關，也適用於大學校園。這一目了然的象徵性結構（在「大門」向內延伸的軸線上建置「左右對稱」的建築物），以神田錦町的學習院（圖89）與本鄉的東京大學醫學部為首，開始成為了大學建築的設計準則。再加上意味著青雲之志而被廣泛設立於校園的鐘塔也莊嚴地聳立在中央，更強化了其紀念性結構的效果。不過正如前述，有別於西歐的鐘樓是作為面向公共空間的象徵，在這一情境下登場的「鐘塔」，往往被獨立設置在各別建地的深處，具有顯著的封閉性，所以更加散發出孤高凜然的氛圍。

此外，裝飾著唐破風的氣派玄關，向來是日本宅邸用以彰顯社會地位的重要所在，而這樣的思維顯然也持續體現在近代樣式的建築物上。因而將玄關的一樓部分外推作為門廊，於上方設置陽台，這種突顯玄關的形式會受大眾喜愛且廣泛普及，或許也是其來有自。

上述的紀念性空間結構（在「大門」向內延伸的明確「軸線」上建置「對稱性」的建築）除了出現在官廳、大學等大型設施之外，也同樣被應用於地方性的小規模公共建設，例如町的警察署、區公所等（圖90）。不論其建築設計為洋風造形、折衷樣式或者是傳統外觀，整體空間的本質結構幾乎都採用了相同的模式。這樣的建築物在東京雖然已不若以往常見，但在地方都市至今仍是所在多有。

這種具有軸線的對稱性結構，明顯是參考了西方基於遠近法的空間格局，但又以日本獨有的應用方式呈現。也就是說，軸線只存在於建地內的大門到玄關之間，不會如同歐洲的宮殿或公共建築般將軸線延伸至建築物的背後。許多大名屋敷舊屬地的後方，就像是從軸線形成的幾何學張力中獲得釋放一樣，仍保留著昔日設有水池的和風庭園。而想當然的，這類以大門為界、僅限於建地內側的「軸線」，也不會向外延伸至都市的街道或廣場。

奧斯曼於巴黎的都市計畫中劃下一道貫穿都市的

圖89　學習院（明治10年竣工　堀越三郎，《明治初期的洋風建築》）

圖90　地方公共建築　本所警察署（《新撰東京名所圖會》）

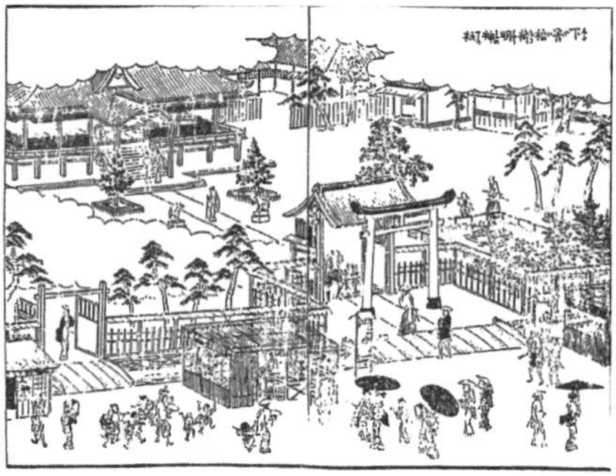
圖91　典型的神社配置（《江戸名所圖會》）

「軸線」，在該空間軸線的盡處建置了作為「地標」的壯觀建築，然而這種紀念性的都市設計卻幾乎未曾在東京獲得實現。儘管後來在東京車站、國會議事堂與聖德紀念繪畫館等少數地點的前方，勉強算是實踐了這一設計概念，但是這些地點終究並非市民樂於前往且洋溢活力的都市空間。

西方都市空間中的「軸線」與「對稱性」特徵，在東京大抵脫離了都市的公共空間，被恣意地應用在個別獨立的建地。而也正因如此，才能夠不拘泥周圍環境的條件，更自由地發揮此設計手法，使其成為了公共建築常見的空間模式。

不過，如果這種包含「軸線」及「對稱性」的空間結構純粹源自西方國家，性質迴異於日本傳統的建築與都市，那又怎麼會在短時間內迅速普及呢？或許是日本人的空間體驗中，原本就存在著某些能與之相互銜接的基礎，從這樣的角度來思考似乎較為自然合理。

若我們仔細觀察描繪江戸各種都市空間的《江戸名所圖會》，便會從大量俯視神社與寺院境內的畫作中，看見反覆出現的相同空間配置（圖91）。也就是一種自古傳承的象徵性結構，從神社的鳥居、寺院的山門向內延伸出一條筆直的「軸線」，並在正面坐落著「對稱性」的大殿。就整體構造而言，這條軸線不會貫穿至大殿的後方，即使向外延伸到神社或寺院的前方，也絕不會更往前至一般市區的道路。這樣的空間結構顯然是被確立在所謂境內的個別建地上。而且從明治時代各町代表性建築物的照片可知，無論是寺院或公共建築，從大門、入內通道的軸線到玄關的結構幾乎都呈現了令人驚訝的一致性。雖然愈是宏偉壯觀的公共建築，其本體設計的洋風色彩就愈顯濃重，但僅就正面的空間結構來看，其基本概念則始終如一。

換言之，江戶時代的神社與寺院等宗教空間，就已具備了「軸線」及「左右對稱」的象徵性構造，人們對此並不陌生。而或許就是出於這樣的原因，當概念相同的紀念性結構，以西洋風格出現在近代官廳與大學建築的前方時，不僅不令人感到突兀，甚至還日漸普及。

日本以住宅為主的一般建築是以自由配置的平面形式為特徵，與「軸線」或「左右對稱」等的西洋幾何學式結構可說是大相逕庭。就連重視門第形式的大名屋敷，也不偏好以軸線筆直貫穿長屋門到玄關台階之間，過於一目了然的空間結構。唯有宗教建築特別例外，即使規模不大，也必然有作為軸線的入內通道以及左右對稱的建築。而這種象徵性的空間結構，正是為了與周邊的世俗街道及住宅區有所區隔，形塑出「晴」[34]的場所。

對明治初期的東京來說，公共建築是近代都市運作所需的嶄新社會設施，同時也是與人們日常生活場所相距甚遠的新時代象徵。因此，在打造這類晴的空間時，以神社與寺院的象徵性結構作為潛在的參考對象，似乎也不無道理。事實上，在文明開化時代下的東京，公共建築已是市民眼中的新名勝景點，稱其為新時代的「神殿」一點也不為過。

總括來說，明治時代在因應新需求而於都市內建設官廳與大學建築時，除了承繼源自大名屋敷的「屋敷結構」之外，重視「軸線」及「對稱性」的西洋式構造，也因為與宗教建築常見的象徵性空間結構有著共通的配置邏輯，而被運用在大門到玄關這段具有象徵性需求的表層空間。

此外，為了方便人力車與馬車於建地內出入，在大門到玄關之間也闢置了車輛迴轉道，雖然削弱了以軸線營造的視覺效果，但種植於該處的樹木使後方的建築物立面忽隱忽現，這樣的配置反而更貼近日本人所熟悉的空間感。因此，栽種枝葉不規則開展的松樹等植物，刻意與「軸線」及「對稱性」的幾何學式結構形成絕妙對比的例子也不在少數。

無論如何，這些以「軸線」與「對稱性」為基本架構，在中央設置了「塔」的象徵性建築，紛然林立於東京的中心地帶。只不過它們都不是以正面朝向廣場，也不是矗立在街道盡處的都市地標，而是將上述的架構完整地呈現在個別的建地內。這一塊塊將西洋式空間結構凝縮於前端的「建地」，宛如馬賽克般點點散布在江戶以來的都市脈絡上，連綴成為都市中心地帶的文明開化獨特景觀。不僅在本質上沒有脫離以往的都市構造或屋敷結構意識，還積極融入了新穎風貌，創造出折衷的都市景觀。十九世紀的歐洲都市，是透過都市空間與建築設計的融合共存，打造出全方位的都市之美；而明治時代的東京，則是讓建築的設計完全逸脫都市計畫之外，以截然不同的型態各自獨立於不同的建地。

不過，在外國技師所設計的建築之中也並非沒有例外。英國建築師湯瑪士・瓦特斯就是在歷經火劫的町人地上重新建構了銀座煉瓦街，讓正面設有門廊的建築沿街並

34〔譯註〕參考第二章註18「晴」。

列，造就了華麗的街道空間。而且當時也曾針對建地幾乎皆為昔日大名屋敷的區域，規劃了澈底推翻既有結構的都市改造，也就是以德國巴洛克都市計畫為範本，於明治二十年（一八八七）左右制定的霞之關官廳集中計畫。那時的政界無不嚮往在鐵血宰相俾斯麥（Otto von Bismarck）領導下新興強盛的德國，明治政府因而從德國技師中延攬優秀人才，將計畫重任交託建築師恩德與柏克曼。但是德國技師所提出的顛覆性計畫，實難以在承繼了江戶都市構造的東京付諸實行。受限於財政困難、地質脆弱，甚至是修改不平等條約的交涉挫敗所帶來的政治情勢變化等種種因素，最終這項計畫只實現了包括司法省（今法務省）、法院、海軍省及臨時議事堂在內的一部分（藤森照信，《明治的東京計畫》）。而正如至今猶在的法務省，這些建築物都是以大門與圍牆環繞四周，絲毫未展現出巴洛克都市計畫的開放性精神。

於是，明治時代的東京大量建設了這類不存於歐洲都市中心，以圍牆環繞綠蔭庭園的官廳與大學等公共建築。雖然這對於東京環境的綠化保護發揮了一定程度的正面功效，但從另一個角度來看，各種都市設施以圍牆環繞自己建地上的周邊空間，確實也妨礙了街道與廣場的公共空間發展，不利於市民生活的多元開展。甚至因此阻斷了公共空間與建築之間的連結，導致難以形成如同歐洲般優美和諧的街景。不過值得稱許的是，東京也因為在推動現代化改革的同時，承襲了這種明治時代以來的「建築—建地」傳統思維，而能夠於都市中心保留引以自豪的豐饒綠意，發展出獨特的都市景觀。綜觀以明治時代為主的近代東京，儘管野心勃勃地嘗試從不同層面打造出近似歐美的都市，但最終實際於東京登場的，卻是舉世獨有、風貌殊異的都市空間。這正是因為自江戶承繼而來的歷史性、文化性都市脈絡，或者說是市民群體共有的都市規模感與空間感等，始終在東京的深層之處牽引著都市空間的發展方向。

4 現代主義的都市造形

序——都市的時代

若從歷史觀點著手探究東京都市的成立，便會漸漸了解到這裡顯然具備了打造絕佳都市環境與景觀的優越條件。山手以地勢高低富於變化而自豪，是綠意豐饒的城鎮；下町則是在渠道交錯的三角洲地形上發展而成的水都。東京，正是這樣一座坡道與橋梁的數量之多，可謂舉世無雙的都市。

然而綜觀近代東京的發展軌跡，卻只是一味地消耗昔日積累豐厚的歷史與文化財產，為了提升機能與經濟而不惜破壞都市。東京急速轉變為發展產業與業務的場所，不再是適合市民生活的空間，都市的中心地帶也因而淪於空洞化。

幸而近年來，東京已針對至今為止的都市發展方向進行修正，嘗試從各方面重拾市中心生活空間的魅力。值此都市備受關注之際，都市設計與環境設計蔚為話題，各地也開始踴躍投入市街營造。當中最主要的議題，莫過於反省經濟高度成長期盲目追求機能與效率、無視周遭環境，理所當然地進行大規模開發的作法，轉而從市民的角度出發，打造舒適宜居、別具特色的魅力市街。

不過，這看似終於成為各方共識的概念，實際上並非肇始於現代。回顧日本的近代史可知，這樣的都市思想其實早在大正時代（尤其是大正後期到昭和初期之間）就已萌芽，而且擁有更勝今日的優異成果。但是時代的巨輪以近乎異常的速度在日本急遽前進，不光是明治時代，就連大正時代或戰前時期也都給人距今久遠之感，當時所建造的知名建築、市街景觀正逐漸消失，更是不容否認的實情。只是如今當我們深感於都市設計的重要性時，是否也應該重新回顧堪為都市設計先驅的大正後期與昭和初期之作法，以及當時所打造的都市環境之遺產呢？

在此，我們將基於上述的問題意識，探討東京在彼時所展開以市民利益為優先、饒富革新意義的市街規劃概況。而事實上，這也就等同於是「解讀東京的近代市街」。

其實，大正與昭和初期可說是探究日本都市歷史的關鍵時期。在此之前的明治時代，雖然已在文明開化的背景下規劃並實現了絢麗多姿的都市改造，但那些都是出自所謂的「國家設計」，也就是由執政者構思籌劃，主要針對都市內的重要街道與中心地帶進行的改造。儘管當時的庶民也對於象徵文明開化的新建設投以好奇的目光，但他們所安身立命、經商營生的下町區域，卻始終縈繞著江戶傳統的餘韻。

相對地，大正與昭和初期所展開的都市計畫，則是以提升市民生活品質為重心，使現代化得以滲透至日常生活的層面。不只是一般的市民，就連專家學者與行政部門也都對於都市或地區發展抱持高度關心，重視都市的機能性、實用性，同時展現出追求美感、舒適性（當時或許已有類似現今所謂環境舒適度的概念）及社會生活的意識。近年來，各領域紛紛掀起重新評價一九二〇年代的熱潮，甚至出現了「現代不過是模仿一九二〇年代」的說法（《光芒的一九二〇年代》）。這樣的現象並不限於所謂的歐美先進國家，日本亦然。誠如海野弘所述，即使是在日本，也同樣能將二〇年代（也就是大正後期至昭和初期）視為現代都市生活正式成立的年代（《摩登都市東京》）。

當時的都市生活涵蓋了時裝、化妝、汽車、電影、宣傳海報、大眾媒體，乃至文學、美術、音樂，就連建築與都市的設計都包含在內。即使是市區極為常見的商店外觀，也都開始有樣學樣地積極採用圓拱或柱式等洋風意象的設計，甚至發展出了名為看板建築的獨特立面表現形式，奠定了爾後日本店鋪建築的基礎。而大正八年（一九一九）頒布的都市計畫法與市街地建築物法，則為都市計畫的領域確立了都市發展所需的法源依據。現今都市計畫領域的技術相關專門術語，事實上也大多是在該時代就已存在。

現在的東京都市景觀之原型，大抵亦是於當時所形成的。

這一「都市的時代」翩然到訪的背後，其實有著各式各樣的原因。首先，是第一次世界大戰所帶來的工業化發展導致人口向都市集中、勞動階級與大眾階層的形成，以及在此背景下民主思維的新思潮崛起等。其次，是經濟成長帶動了消費熱潮，造成「文化」一詞蔚為流行，各種事物皆被貼上文化的標籤，與今日的都市狀況有著不可思議的共通之處。這些在在皆是日本社會首次經歷的嶄新元素。

不過，還有另一項不能忘卻的原因，那就是江戶以來都市歷史的豐厚底蘊與都市生活的傳統。這座都市可說是在時間的長河中綿延不絕地發展至今。

只是都市化的急速進展也的確引發了家屋密集化、不良住宅區域的形成、市民階層的生活困境與居住問題，甚至是伴隨著地價高漲的土地炒作等不同形式的都市病態，就這些事實而論，過度讚揚當時的都市社會狀況或許會招致評價失當的批判。然而，當時的專家學者與行政部門無不致力解決上述難題，打造以市民為主體的卓越都市環境。至少其所抱持的崇高理想與熱忱，以及據此所實現至今猶為東京市街基礎的都市設施與都市空間，對於現代的我們來說，仍有許多值得效法學習之處。

水都・東京

誠如我之前屢屢強調的，東京的下町曾在隅田川與為數眾多的渠道環繞下，發展成為舉世聞名的水都。在歌川廣重與明治時代的小林清親等畫家的浮世繪及錦繪中，也時常可見當時魅人的水岸景致。但隨著現代主義時代的到來，東京的水岸都市空間又面臨了什麼樣的變化呢？

大正與昭和初期正值東京在都市結構與交通體系方面的轉型期。當中較為顯著的變化，莫過於因鐵道建設的發達使交通從「水上」轉移至「陸地」，而在街道上則由汽車與公共巴士取代了人力車，所以都市空間的樣貌也深受影響。

水岸地帶原本具備了與人們生活相關的一切機能，不只滿布從事貨物運輸與經濟活動的傳統倉庫及河岸碼頭，更因自然環境優越而成為了江戶大名的下屋敷所在地，林立著許多以町人為客群的茶屋、料亭，形成風光明媚的遊興空間。但是到了近代之後，大名屋敷的舊屬地等地紛紛被公共建築、工廠及大型倉庫所占據，水質也持續遭受污染，導致大正時期的水岸地帶頓失作為遊興空間的魅力。尤其以對下町造成毀滅性災害的關東大地震（大正十二年）為界，此後東京水岸的江戶風情幾乎是蕩然無存。

然而，水之於都市的重要性在當時並未稍減，能夠以低價大量運輸的水運依舊受到廣泛運用。雖然此際也開始填埋河床平淺而不適合運輸的渠道，但普遍來說，更常見的卻是拓寬整頓渠道，在神田川等進行新的河岸建設。水上巴士的航線也遍布下町，成為市民重要的代步工具。

儘管這一時期水岸的江戶風情已不復見，但水在都市環境中仍發揮了莫大作用。實際從關東大地震後所展開的復興事業來看，會發現水岸空間在不同層面上皆備受重視。

當時的一大特徵，是專家學者紛紛在東京的水岸空間融入西歐都市優美的水濱風情。舉例來說，景觀設計師折下吉延[1]視察倫敦與巴黎的林蔭大道系統後，便以此經驗為基礎，提出了運用東京原有雅致水岸空間的必要性，在關東大地震發生之前，就主張於四谷見附周邊等的外護城河一帶建設「林蔭大道」。他對法國隆河河畔與義大利拿坡里海岸的水濱空間讚譽有加；相反地，隅田川沿岸盡是貨運碼頭、工廠、餐館與別墅，排放污水、棄置污物的景象則令他感慨良深（《都市計畫講習錄全集》，大正十一年）。這樣的想法正符合了大正時期的啟蒙時代精神，以西歐都市為模範，相對地將日本的現況定位為前近代的落後狀態。

此處應予關注的是，這個時代的知識分子所認知的「水」的意義，與以往有著天壤之別。對江戶時代的人來說，「水」本來是如同表演場所般能夠乘船體驗遊興空間的所在，又或者是總括人類生存的一切而與宇宙觀密不可分之物。不過，水岸空間在經由西歐都市逆向傳入日本、重新獲得評價之後，除了運輸物資的功用外，更被視為形塑都市之美的重要視覺焦點。

在這樣的思維背景下，對於正值震災復興時期的東京而言，水岸空間遂成為了最能突顯現代主義都市造形的地點。因此，若要探究在東京所展開的都市現代化之本質，聚焦於水岸空間的變化將是最為有效的方法。

首先是作為震災復興事業的一環，以摩登水岸步道沿著隅田川河岸華麗登場的濱町公園與隅田公園。這兩座公園與錦糸公園並列為震災復興的三大公園建設，為近代都市的市民生活提供了不可或缺的保健、衛生、休憩與娛樂功能，同時也具備能夠因

1 〔譯註〕折下吉延（一八八一～一九六六），景觀設計師、都市計畫師。自東京帝國大學農科大學（今東京大學農學部）農學科畢業後，隨即進入掌管皇室事務的宮內省任職。曾參與規劃新宿御苑的園藝整頓、奈良橿原神宮境內的擴建工程，主導明治神宮內外苑的林木景觀設計等。一九一九至一九二〇年前往歐美考察都市計畫與公園綠地的規劃，並於關東大地震發生後負責統籌公園綠化的整頓事業。

應緊急狀況的防火、避難機能。值得矚目的是，在震災復興的三大公園之中，就有兩處是設置在這樣的水岸空間。

當中的濱町公園，雖然土地的所有權原本僅歸屬於以細川侯爵為首的三人，在收購上應相對較為容易，但其主要部分已沿著濱町河岸發展成為著名的花街歡場，所以在進行該處土地的收購、移轉時遭遇了重重困難。最終是在土地徵用審查會的裁決下，拆除了充滿江戶風情的區域，以美輪美奐的公園建設取而代之，運用摩登設計手法展現今日所謂的「親水思想」。

隅田公園則是沿著隅田川兩岸設置了綿延一．三公里的水岸步道，以西歐風格的設計嶄新亮相，讓往昔情懷洋溢的隅田川風景煥然一新（圖92）。而為了營造視野開闊的現代性眺望景觀，曾出現在明治時代的錦繪、佇立於枕橋旁的知名料亭「八百松」也難逃被拆除的命運。經過一番整頓後，隅田公園成為了明治時代以來便在隅田川舉辦的近代運動划艇賽事的主要據點，是廣受民眾喜愛之處。

另一方面，位於隅田川另一岸的向島一帶，則以植有成排櫻木的堤防著稱，不僅沿著摩登步道復育了在關東大地震後幾無倖免的櫻花樹，維持其自江戶以來作為名勝景點的地域特色，更將堤防後方建有潮汐庭園的德川家宅邸，以及牛島神社、三圍神社、長命寺等傳統宗教空間納入公園腹地，為容易顯得單調的現代公園增添不同風采。當地的傳統點心言問糰子與櫻餅，也獲准於公園內開店販售。

但更進一步探索這處近代都市的水岸空間，會發現在其光鮮亮麗的表層背後，其實潛隱著屬於地下世界的玉之井花街所形成的濃密空間，而這也是在探究一座都市的光與影時不容忽視的現象（海野弘，前揭書）。

圖92 昭和初期的隅田公園

無論如何，這般積極地以摩登都市造形妝點代表都市形象的表層空間，讓東京的景觀漸漸不同於以往。這一時期的東京水岸地帶，還有許多設計新穎的現代橋梁陸續登場，取代了因地震毀損的老舊橋梁。由於日本的土木工程技術已臻成熟，以歐美之例為設計範本卻又別出心裁的著名橋梁可說是不在少數。事實上，在有「水都」之稱的東京，橋梁自江戶以來就是下町景觀的重點，其存在正如坡道之於山手地帶般必不可少。而參加者包含建築師在內的震災復興橋梁建設委員會，不只重視橋梁的交通機能與構造等方面，在設計上也強調與地域環境的結合（《帝都復興事業誌》）。其中甚至不乏以戶外照明營造水上風情的巧思設計。因此，即使竣工已逾五十年，這些橋梁至今仍深刻影響著下町都市景觀的形成。

近年來，只要搭乘熱門的隅田川水上遊覽巴士，從下游逆行向上就能盡覽所謂復興六橋梁（依序為相生橋、永代橋、清洲橋〔圖93〕、藏前橋、駒形橋、言問橋）的橋梁之美。進一步乘坐小船悠然轉入神田川時，纖細的鋼拱橋便相繼迎面而來；而當小船駛入日本橋川後，又可見許多厚實穩重的鋼筋混凝土拱橋。有別於此，位在江東的隅田地區則少有拱橋，以水平的懸臂橋居多。這些橋梁樣貌多變，匠心獨具，對當前

圖93　清洲橋

圖94　聖橋

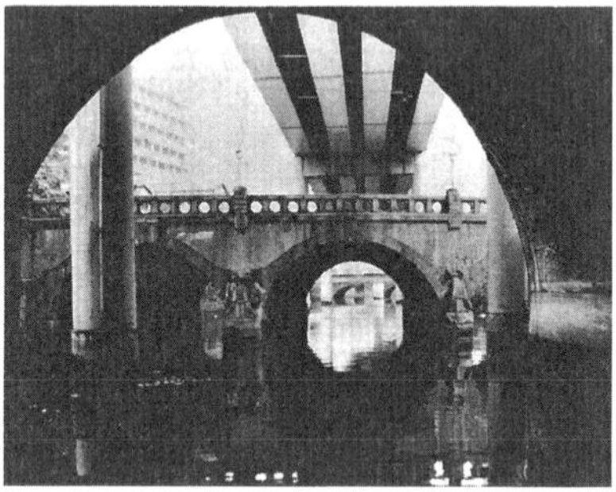

圖95　高速公路下的新常盤橋

東京的地域環境設計而言，已是不可或缺的（東京之橋研究會，連載〈橋與地域環境設計的思想〉，《日刊建設工業新聞》，一九八三年十一月一日）。

當中堪稱經典之作的聖橋（昭和四年），是出自新銳建築師山田守[2]之手、以創新設計著稱的鋼筋混凝土橋。宏偉的單跨拱橋橫越水色深青的御茶水低谷，留下了優美動人的景致（圖94）。聖橋之名則是透過公開徵選的方式，因其連接著兩座著名的宗教聖殿（北側的湯島聖堂與南側的東京復活大聖堂）而得名。

東京至今保有的橋梁，數量之多令人驚嘆。然而美中不足的是，原本的橋梁設計是基於渠道上的船內乘客視角，並未將橋上的行人列入考量，但現今已少有船隻運行，而且橋梁大多被局限在高速公路下方的暗鬱空間（圖95），導致世人關注其精湛設計的可能性更是微乎其微。

幸而，橋梁的機能向來不只是單純地連結分處兩岸的世人。在作為交通節點的橋梁旁邊，往往也是人群聚集、繁華鬧市的所在。再加上兩國橋、筋違橋等重要橋梁旁，

2〔譯註〕山田守（一八九四～一九六六），建築師，擅長現代主義建築。一九二〇年自東京帝國大學（今東京大學）建築學科畢業後，任職於掌管郵務、電信等業務的遞信省營繕課。一九二四年起，轉換工作單位至負責關東大地震災後重建的復興局土木部，永代橋與聖橋皆為此時期的代表作品。

自江戶時代就闢有防止火勢蔓延的火除地，因而也具備了匯集茶屋或見世物小屋的廣場機能。在日本，這類河畔位置自古即是戲子、遊民的棲身處，是都市內少數未被納入體制管理的空間，為街頭表演的興起與廣場的成立提供了基本條件。

上述的都市空間意義甚難在一夕之間有所改變。事實上，東京於震災復興時期啟用的廣場式都市空間，也的確大多位於橋梁旁邊（橋頭）。儘管水岸空間在收歸官方管理後風貌丕變，失去了原本風情洋溢且混雜著各種活動而略顯鄙俗凌亂的多義性特質，但對於力求構築全新美學的都市設計而言，這樣的橋頭地點正是能夠大顯身手的舞台。

「廣場」的概念是在大正年間經由德國等地的事例被介紹進入日本，並於震災復興時期具體落實。只是所謂的西歐式廣場終究沒能在日本實現；真正於東京問世的，唯有屬於「交通廣場」範疇的橋頭廣場。

而都市內的綠化植樹，則是另一個在震災復興事業中擁有亮眼成果的項目。街邊的行道樹在此時期正式登場，散布在下町各處的橋頭廣場，也自然成為了植樹的重點地段。

因此，橋頭廣場不僅具備於橋梁建造及日後修築之際裝卸或存放物料的實用性，還能夠如同江戶用於防止火勢蔓延的火除地般發揮防災功能，同時更被視為是都市環境與景觀上最為重要的空間。以永代橋為例，橋頭就是綠木環繞、舒心適意的廣場。

在此背景下誕生的廣場，即使經歷了程度不一的改造卻大多仍留存至今，但這一事實卻意外地鮮為人知。舉例來說，從柳橋沿著神田川步行至萬世橋，途中所經的橋梁在四個橋頭地帶都設置了廣場，現在大多是受到妥善運用的兒童公園。其中也不乏有江戶的遺跡，或是植有楊柳的水畔景點。值得一提的是，無論橋梁及橋頭廣場的行

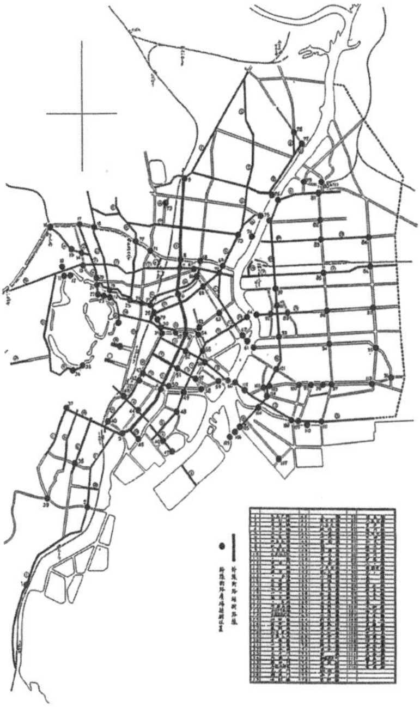

圖96　昭和初期的植樹網絡
（《帝都復興事業誌》）

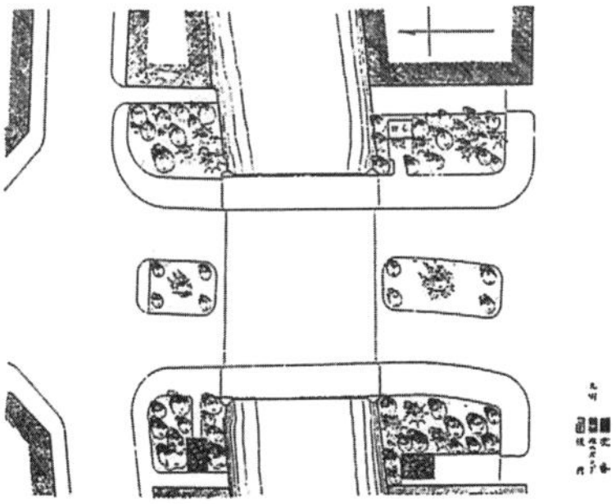

圖97　江戶橋的橋頭廣場
（《帝都復興事業誌》）

政管轄單位如何異動更迭，橋上扶手與廣場欄杆的設計風格始終維持一致，打破了垂直分化的行政框架，堪稱現今都市設計的絕佳範例。

橋梁與橋頭廣場的建設在震災復興時期的近代都市計畫中備受重視，這樣的事實說明了水岸場所的「意義」已超越了都市的機能面，而與江戶以來歷史的「記憶」密不可分。

水岸是決定市街風貌的地點，意義重大。尤其日本人對於水，可說是有著獨特細膩的感知。再現都市內部風景的浮世繪就是最佳的例證，當中常見以各種形式描畫水岸風情，並與周邊景致巧妙融合。往昔如此，近代亦然。水岸，正是那些近代初期令人驚嘆的建築傑作問世的所在。水所蘊含的能量默默驅動著建築師，激發其創作意念。而且市街的景觀愈是受到世人熱切關注，所展現的美感也將愈發凝鍊出色；反之，若是市民與建築師對其置之不理，則景觀也必然趨於蕭瑟清冷。

從這一點來看，東京的水岸地帶原本就是市民眼中最為常見的風景。無論是乘坐船隻或是佇立橋上，水畔建築時常都是人群視線逗留的所在。再加上東京缺乏西歐式的廣場，水岸的橋頭位置無疑是市街之中最寬闊的空間，能夠保有足夠的距離來欣賞建築物整體。也因此，該位置可說是充分具備了激發建築師創作熱情的條件。

接下來，就讓我們針對這一時期誕生於水岸的優秀建築及其周邊廣場展開巡禮。首先是一棟坐落日本橋畔的磚造建築，雖然竣工的時代較早，但迷人的圓頂造形至今猶是許多人心底的珍貴回憶。那就是由辰野金吾設計、於大正元年（一九一二）落成的大榮大樓（前身為帝國製麻公司，圖98），整體建築與周圍的水岸環境互為呼應。其鄰近橋梁側的塔式樓梯間，不僅是外觀上的視覺亮點，內部空間更是令人讚嘆連

圖98 大榮大樓的外觀與樓梯間

連。從螺旋階梯旁的窗戶向外望去，日本橋的雄姿便率先映入眼簾，繼續沿著階梯向下，則又有日本橋川的水面悠悠浮現眼前。拾級而下的過程就如同被捲入水中漩渦般，營造出不可思議的空間感；又或者佇立於窗邊，也彷彿能聽見威尼斯的船歌在耳邊繚繞。這都是因為出自妻木賴黃之手的日本橋於明治四十三年（一九一〇）[3]完工，辰野金吾才能繼之於這座名橋旁邊打造出既與橋梁交相輝映，又與水岸景致渾然融合的大榮大樓。

日本橋的橋頭在一連串建築傑作陸續問世之後，水岸廣場也隨之形成。當中最早登場的，是上述出自妻木賴黃的絕妙設計、於明治四十三年建成經久耐用的石造日本橋。其拱形橋身流暢明麗，搭配橋上雕刻精美的瓦斯燈，在水都東京的中心散發著熠熠動人之美。而彷彿是為了呼應此一盛舉般，包括村井銀行（之後為東海銀行，明治四十三年）、帝國製麻公司（今大榮大樓，大正元年〔一九一二〕）、國分商店（大正四年）及野村大樓（昭和四年〔一九二九〕）在內，許多樣式華美的知名建築也相繼在此面世。

這些聳立在日本橋邊的建築物，無不展現出迥異於日本傳統市街的高度與氣勢。擁有恆久傳世意象的石造與磚造建築圍繞在橋頭周邊，讓在此誕生的廣場成為了東京最早具備實體的外部空間。至今為止在橋頭所形成洋溢著日本傳統情調的空間，也搖身變為融合西歐風格的近代都市廣場。

繼續沿著日本橋川下行（可惜的是，趕在一九六四年東京奧運舉行前夕啟用的高速公路就壟罩於水面上方），不久便能在江戶橋邊看見外觀別具特色的三菱倉庫建築物（昭和五年，圖99）。江戶橋的橋頭自江戶時代起就是人聲鼎沸之處，近代之後則形成了氣勢堂皇的廣場。相當於日本郵務事業發祥地的日本橋郵局也佇立在橋頭一隅。

現今的江戶橋曾為了配合震災復興事業之一的昭和通建設工程，將橋梁位置向上游移動九十公尺，並於昭和二年竣工。在震災復興時期建成的各式橋梁中，以其出色的摩登設計著稱。而坐落橋畔的三菱倉庫與日本橋郵局等近代建築傑作也彷彿是圍繞著橋頭建造，再妝點著伴隨昭和通啟用所栽種的綠樹，一處青翠蒼鬱的廣場就此誕生。

矗立在江戶橋橋頭的三菱倉庫有著兩種不同的風貌。其一是與陸地廣場相鄰的一面，採用了當時流行的摩登形式，在轉角處打造圓弧曲面作為建築物的入口；其二是臨水的一面，善用了位於渠道轉彎處的地理優勢，為建築物打造出流麗的曲面外觀。

3〔譯註〕此處年代依原作所撰，不過許多文獻與本書第二章則記寫日本橋建於一九一一年。

圖99　三菱倉庫　臨街面與臨水面（上圖為現況；下圖為昭和初期，畫面前方建築為東京證券交易所）

再加上聳立於屋頂的桅杆狀塔樓，這整棟建築便猶如一艘航行水上的船隻。而且為了因應倉儲需求，一樓的臨水面還設有可供船隻直接停泊的區域，發揮了媲美河岸碼頭的效用。這顯然是將江戶以來日本橋川卸載貨物的河岸機能巧妙融入建築之中，完美演示了昭和初期的近代建築設計巧思。

這一帶早在江戶時代就享有日本橋川沿岸最美風景之譽，到了明治時期，亦有以威尼斯哥德式建築聞名的澀澤榮一宅邸在水岸綻放華麗風采。在環境如此優異的地點，華美的建築物競相建成，正如錦上添花般共同創造了美不勝收的都市景觀。而東京的水岸地帶（尤其是橋頭空間）正是其中的代表。

繼續朝著日本橋川的下游前進，接下來則會在鎧橋橋頭看見由橫河民輔[4]於昭和

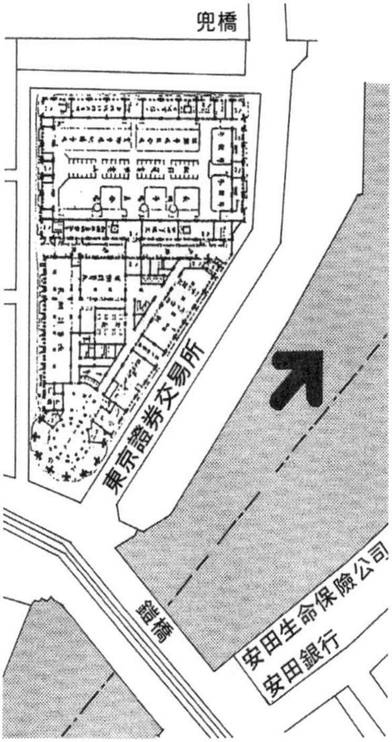

圖100 東京證券交易所平面圖

二年（一九二七）打造的象徵型態建築——東京證券交易所。儘管交易所已為了改建而拆除，但是合成交易所與橋梁的平面圖後，仍可重現當時巧妙運用橋邊不規則銳角地的卓越設計（圖100）。這棟古典樣式的建築，在面向橋頭的前端採用了氣勢宏偉的圓筒形結構，使其成為了這處水岸廣場的象徵性地標。而且橋邊く字形彎曲的道路，也為建築造形的視覺效果增色不少。特別是水上行舟之際，很難不在望見這棟建築物時，懾服於其堂皇壯麗之姿。此

4 〔譯註〕橫河民輔（一八六四～一九四五），建築師、企業家。其為三井財閥設計的三井總營業本店（即第一代三井本館）於一九〇二年竣工，是日本率先採用鋼骨構造的建築。明治至大正期間，則陸續創立了橫河工務所（今橫河建築設計事務所）、橫河橋梁製作所（今株式會社橫河橋梁）、電氣計器研究所（今橫河電機株式會社）、東亞鐵工所（今橫河東亞工業株式會社）等。

處可說是集結了水岸、橋梁、橋頭廣場及其周邊建築，共同創出渾然合一的景致，造就了近代東京獨有的魅力都市空間。

像這樣沿著渠道乘船周遊東京的市中心，必然能有許多新奇的發現，而且還能以意想不到的視角飽覽市街風景，更是大快人心。在平日隱蔽於高速道路下方的水面行船，尋索水渠與陸地之間鮮為人知的關係，有著如同展開探險之旅般的妙趣。只要試著將頭頂上方的高速道路與河岸兩側的水泥堤防從視線中抹去，在心中描繪原初的水岸風景，發掘散布各地、優美雅致的近代初期建築物與橋頭廣場，肯定能從中感受到值得珍視的東京之美。

大正後期至昭和初期的大正民主思潮帶動了現代主義的興起，若對這一獨特時空下出現的都市造形展開類似前述的調查，將不難發現在明治初期以來持續模仿、學習西洋建築後，日本建築師與木工匠人的技術已臻成熟，並且將以往對於個別建築物的關心，擴展至建築物所在的街區與都市空間。這一時期可說是奠定了現今所稱之都市設計的思維模式。

對從事現代建築設計的人而言，甚至還能透過當時的都市造形看見在方法論上不容錯過的重要概念。也就是從近代建築的設計理論來看，相對於以往將不受周邊環境限制、自由運用的郊外建地視為理想環境，現今反而是「脈絡主義」當道，在設計上注重能與既有的都市脈絡（context）緊密連結、適合當地環境的造形。然而，大正後期到昭和初期的許多優秀建築早已超前具備了此一思維，在設計上巧妙結合周邊環境，造就了美輪美奐的都市空間。

有別於明治時代的洋風建築，是在傳統的土造家屋之間兀自展現著與周邊毫無共通點的特殊造形，到了這一時期，在作為都市脈絡的街區本身邁入現代化之後，建築的設計也開始主動融入街道或廣場等都市的外部空間。再加上都市活動的需求大增，人們對都市的關注也顯著提升，各地遂紛紛誕生了足以代表市街形象且貼近市民需求的都市空間。

尤其江戶以來曾是「水都」的東京下町，在昭和時代之後也順著這樣的脈絡，於橋梁邊匯集諸多建築傑作，形成所謂的「橋頭廣場」。這樣的橋頭空間除了有渠道隨著地形變化蜿蜒環繞，還有來自四面八方的道路在此交會，所以存在許多打亂網格狀都市結構、在設計上令人煞費苦心的不規則建地，但當時卻能夠善加應用都市脈絡，於水岸建造了不少擁有獨創型態的象徵性建築。

若就這一點而論，東京最優異的建築傑作，則非數寄屋橋周邊的都市空間莫屬。

在關東大地震發生後的約莫十年間，以創新樣式自豪的壯麗建築接二連三地於渠畔登場，呈現出從分離派[5]到略微趨近國際式樣[6]的風格。包括面向橋頭廣場的朝日新聞社、日本劇場及後方的邦樂座，還有位在橋梁另一側、毗鄰小公園的泰明小學（現今仍存）在內，共同打造了無與倫比的都市空間。這些歷經現代主義洗禮的建築物，不刻意強調各自的紀念性，而是追求街區整體的綜合效果，使這處都市空間更加具備廣場的特質。

率先在此現身的邦樂座（大正末年），是當時正值電影產業蓬勃發展的知名首輪戲院。其隨著外護城河和緩彎曲的牆面上，並列著錯落有致的柱形與圓拱設計，是最適合水岸的建築造形。繼之問世的朝日新聞社（昭和二年）則於面向橋頭的一側設置了入口，並且如同前述的東京證券交易所，將水岸地帶無可避免的不規則建地予以反轉善用，展現出獨特的建築型態，外觀設計就如一艘行駛水上的商船。坐落數寄屋橋南側的泰明小學（昭和四年），也以優美的流線造形面向廣場及水岸。這所小學是依循震災復興事業的一貫方針（整合對都市中心的市民來說不可或缺的設施）興建而成，因此與鄰接的數寄屋橋公園在設計上互為一組，靈活運用了橋邊窄仄的三角形建地。而後續登場的「日本劇場」（昭和八年）就位於廣場的北側，在數寄屋橋橋頭廣場的設計中扮演相當重要的角色。這棟馬蹄形結構的建築物於立面貼覆著純白色的磁磚，是整個銀座地區象徵性的耀眼所在。

數寄屋橋周邊的都市空間結合了足以撼動人心的水色風景，無疑是掌握都市的脈絡、依據「脈絡主義」所創造出的產物。二戰之後，菊田一夫以數寄屋橋為舞台創作了當時家喻戶曉的《請問芳名》[7]，由此可知，橋頭的都市空間已是市民心中的東京風情代表。

數寄屋橋的橋頭廣場之所以擄獲民心、成為東京風貌的代表，其原因也與日本國

5〔譯註〕分離派（Secession），十九世紀末歐洲新藝術運動在維也納的一支，旨在脫離學院派藝術風格，主張抑制建築的裝飾性，以表面光滑的外觀取而代之。

6〔譯註〕國際式樣（International Style），一九二〇至三〇年代間的現代主義建築風格，重視建築物的實用性，強調幾何造形的簡潔外觀，極力避免額外的裝飾。因其表現手法已不具有地方與國家特色而得名。

7〔譯註〕菊田一夫（一九〇八～一九七三），劇作家、作詞家，代表作品為一九五二～五四年間由NHK所播放的廣播劇《請問芳名》，後來亦數度被改編為電影與電視劇。故事描述女主角真知子與男主角春樹於二戰期間的東京大空襲之夜相遇，兩人在戰火中相互扶助，安然抵達銀座數寄屋橋後約定時隔半年於橋上再會，接著就在未詢問對方姓名的情形下匆匆道別。然而造化弄人，真知子與春樹頻頻錯過彼此，兩人曲折迂迴的愛情故事深深牽動著聽眾的心，《請問芳名》因而成為當時大受歡迎的廣播劇。

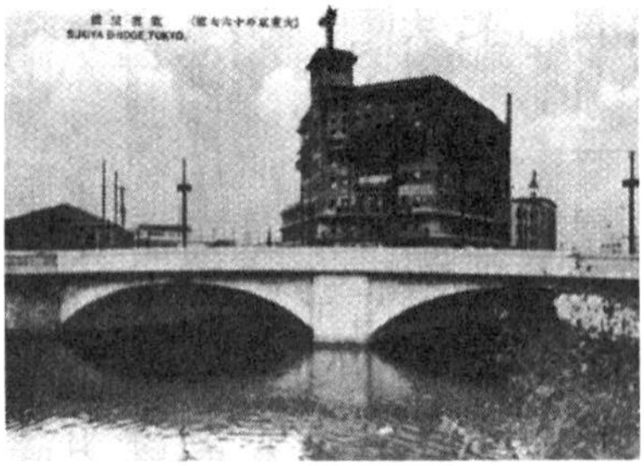

圖 101　昭和初期的數寄屋橋與朝日新聞社

圖 102　昭和初期的數寄屋橋周邊都市空間（《街　明治大正昭和》）

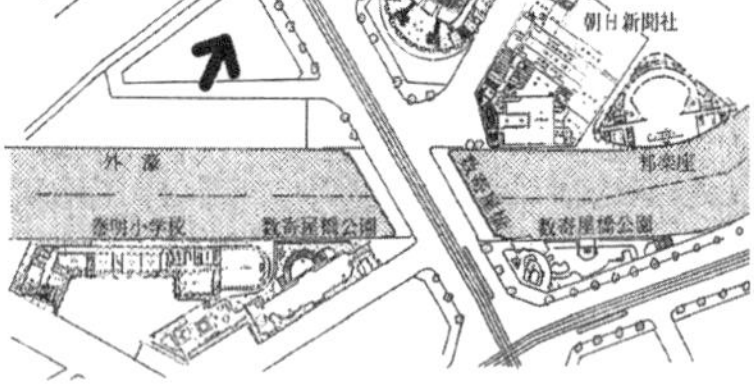

圖 103　圖102 之連續平面圖

有鐵道電車行經這一區域，以及有樂町站的設立有關。這處廣場不僅坐落水岸，更受惠於近代鐵道交通之便，在位置條件上占盡優勢。雖然因增建了高速道路與購物中心，導致渠道風貌丕變，昔日的水上風情已從這座現代主義風格的廣場上黯然褪去，不過就如同赤尾敏[8]在此處演說所留下的象徵意義，這處廣場的重要性不曾稍減，至今仍是東京都內屈指可數的廣場之一。

如今，戰後曾被短暫遺忘的都市水岸空間再次獲得世人的青睞，藉由回顧大正末期至昭和初期猶如曇花短暫盛開的水岸都市設計與近代建築設計之盛景，必定能讓我們從中獲得至為珍貴的啟發。

街角的廣場

從明治時期由國家主導都市設計，到大正與昭和初期以市民需求為主的市街規劃，「廣場」在這一連串的變遷之中，正是都市內備受關注的象徵性空間。如前所述，與西歐廣場相關的概念是在大正年間被介紹到日本，訴求廣場於日本都市內的必要性。

實際上，直到展開震災復興事業後，廣場才成為了不可或缺的都市建設。只是西歐都市的象徵性廣場最終並未在日本問世，於東京登場的都是屬於「交通廣場」的範疇。橋頭廣場即是其中之一。

對東京來說，大正與昭和初期正值都市結構與交通體系的轉型期。市內電車、汽車、公共巴士以及鐵道的發達，使交通運輸逐漸從「水上」轉移至「陸地」，都市空間的樣貌也因此大受影響。於是，不只水岸出現了橋頭廣場，面向陸地的都市空間也迎

8〔譯註〕赤尾敏（一八九九～一九九〇），政治家。一九四二年當選眾議院議員，於一九五一年創立親美反共的大日本愛國黨。其不論晴雨在銀座數寄屋橋展開街頭政治演說，慷慨激昂的身影為當地留下了難忘的風景。

來了嶄新的市街風貌，也就是「交叉口廣場」。

正如前一章提及的，隨著明治時代鐵道馬車與路面電車的啟用，東京的交叉口被賦予了作為交通節點的新意義，並且因為當時角地型建築的截角設計以及塔、圓頂等造形而增色不少，開始成為都市景觀上的重點。這樣的交叉口顯然具備了西歐的廣場意象，卻又在根本上維持著東京既有以網格狀街道形成的都市結構，孕生出氣象一新的「模擬廣場」。而這也是在江戶以來綿延不絕的傳統都市脈絡中，融入了西歐的造形手法，所打造出專屬於日本的獨特廣場式空間。

與橋頭廣場一樣，這樣的廣場式空間不僅具備交通運輸上的功能，更展現了對於西歐廣場（既是市民生活的中心，亦是孕生都市之美的空間）的憧憬。也因此，除了作為交通節點的機能性空間之外，這類廣場更是市民再熟悉不過、足以代表市街風貌的所在。

如今在日常生活上極其常見的「街角」一詞，亦是生成於這樣的脈絡之中。由於這一時期行駛於市區的路面電車與汽車等已不在少數，為了獲得良好視線以確保行車安全，實有必要將位在道路交叉口的「街角」進行截切。而且德國文獻也已指出，截切街角的作法將使交叉口具備廣場的效用。

雖然之前亦偶爾可見將街角予以截切的情形，但截角的面積大多是憑藉著設計者的直覺。直到大正八年（一九一九）三月，警視廳在陸軍士官學校的校園以消防車進行實測後，才根據實驗結果推導出截切街角時的合理定量數值，確立了各種規模下的標準設計法。

這類街道與建築界線的規劃法，被系統化地應用於震災復興期間的都市內區劃重整事業。在拓寬後的道路交會處計畫性地切除交叉口的四個角地，使其形成類似小型廣場的空間。而後視野良好的街角，便無一例外地成為了外觀出色的建築物登場之處。尤其是時髦商業建築所採用的裝飾藝術等摩登樣式，在當時更是蔚為流行。

此外，交叉口基於轉乘便利性的考量，也必然地設有市內電車的停靠站，所以人潮總是絡繹不絕。前美國駐日大使賴肖爾（Edwin Oldfather Reischauer）[9]就曾在某個電視節目中回顧戰前東京的景況，說道：「交叉口正是東京各區盡顯其風情的所在」。

而今行走在未被戰爭殃及的下町地區時，仍處處可見洋溢著昔日時髦街角氛圍的

9〔譯註〕艾德溫・賴肖爾（一九一〇～一九九〇），美國歷史學家、外交家。於一九六一至一九六六年出任美國駐日本大使。

圖 104 現今的人形町交叉口

圖 105 現今的十思小學

交叉口。人形町的交叉口即為具代表性的一例（圖104）。在缺乏西歐式廣場的東京，這類街角空間恰巧替代了廣場，成為別具日本獨特意義而又融入市民生活的重要場所。

這種街角設計手法並不限於店舖或辦公大樓林立的繁華商業區，也常出現在都市內的各種場所。尤其是在推動震災復興事業期間所打造的校園與公園，普遍都運用了這樣的設計。在學校建築方面，舊制高等學校[10]的校門就是設置於建地的轉角處，並以建地的對角線為軸線設計出形式對稱的校園，這樣的作法可說是十分常見，而與此類似的結構，也可見於由東京市營繕課在震災復興時期經手重建的小學。

至今仍位於下町中心地帶的十思小學（大正十四年左右）（圖105）即是最佳的佐證。這所小學坐落於小傳馬町的監獄舊址，在震災復興時期與周邊的小公園互為一組，以嶄新的建築設計進行重建。其設計概念超越了單純作為一所小學的層次，積極融入校地外圍的街道及都市空間，正符合了現今所謂的都市設計思維。當時一般的小學著眼於保健衛生的環境條件，在設計上普遍是以校地北面為校舍、南面為操場，但是十思小學考量到此處是下町人潮匯集的所在，反而將設計聚焦於如何在此打造出市街獨有的風貌。也就是說，十思小學大膽捨棄了以南面為操場的一貫作法，將校舍建於靠近熱鬧市街的南面校地，而且在最能夠與當地連結互動的東南角地，運用校舍牆壁勾勒出優美的流暢曲面，設置了堂皇壯麗的校門。再加上校門前方的小型街角廣場，便形成了造形雅致時髦的一隅。而從街角走進位於對角線上的校舍入口後，眼前所見便是市中心小學典型的、以ㄈ字形校舍環繞小巧中庭的結構。

上述將斜向對角線作為軸線的街角設計，在日本的都市空間（特徵在於網格狀的市街區塊以及運用梁柱的軸組結構建成的木造建築）可說是一種異質的存在。這正是因為巴洛克時代以來普遍存在西歐都市內的放射線與對角線造形手法，在當時日本人

10〔譯註〕明治時期到昭和前期的高等教育機關，提供進入舊制大學的預備教育。日本根據二戰之後新頒布的學校教育法，於一九五〇年廢止了戰前所設立、屬於高等教育的高等學校，並為了與被納入中等教育範疇的新制高等學校有所區別，而稱其為舊制高等學校。

的眼中是極為新穎的元素，被視為孕育都市之美的重要泉源。這一時期的日本，已領會了歐美都市計畫的系譜，包括伊始的羅馬人民廣場（十六世紀後半葉），而後的凡爾賽宮殿庭園（一六六五年）、倫敦計畫（一六六七年）、卡爾斯魯厄計畫（一七一二年）、柏林計畫（一七三八年）、華盛頓計畫（一七九一年），以至於由奧斯曼推動的巴黎改造計畫（一八六七年）。

然而現實中的東京，雖然以奧斯曼的巴黎改造計畫為範本，實施了市區重劃，拆除昔日作為城下町的防禦建設，進行既有道路的拓寬整頓等，但也只不過是因應新時代的需求而為之；而由恩德與柏克曼團隊所策劃的官廳街計畫，企圖展開大規模的巴洛克式都市改造，最終也並未付諸實現。甚至是在震災復興期間進行大範圍的區劃重整時，也未能效法西歐強權式的都市改造，實現放射狀或對角線狀的道路模式。因此，建築師與都市計畫相關專業人士，只能將其所習得西歐運用對角線或放射線的都市造形手法予以重新詮釋，在街角一隅凝縮展現這獨特的日本式都市設計。

另一方面，關於公園的設計，雖然能夠不拘泥周邊的都市結構，在有限的用地上自由發揮，但最受青睞的仍是以對角線為基本架構的造形。在當時的小公園內，占地過半的「自由廣場」無疑是令人矚目的存在。其常見以一目了然的軸線，延伸出左右

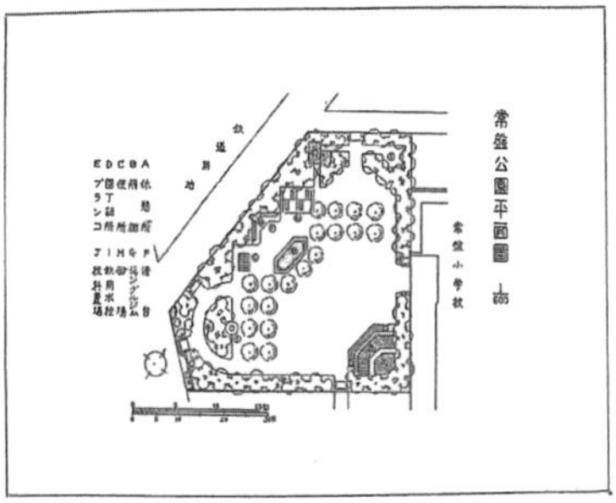

圖106 常盤公園平面圖(《公園案內》)

對稱的幾何學式摩登造形（圖106）。尤其當公園面積較小時，便會以用地的對角線為軸線，營造出日本傳統設計手法所未有的新穎視覺效果。而且不論公園的規模大小，其入口總是設於用地一隅，並且大多是從街角進入公園。

至於明治時期以來建於大學周邊的供膳宿舍，以及大正中期以後在東京登場的公寓住宅，到了昭和初期之後，也開始將入口設於轉角處，從而形成獨特街角景觀的事例更是不在少數。早稻田大學附近的日本館就是其中的一例。這棟表面為砂漿塗層的兩層樓木造供膳宿舍，不僅具備典型的中庭形式，還有意識地採用了摩登的角地型結構（圖107）。此外，關東大地震發生之後，在以提供市民公共住宅為目的同潤會[11]公寓中，以江東區的清砂通公寓為例，也可看見於交叉口的角地採用塔狀造形、設立正門玄關，於結構上善加利用街角位置的情形。

由上述可知，對角線的造形儼然被視為一種現代主義的象徵。在這一時代中，人

11〔譯註〕一九二三年發生關東大地震後，日本政府運用民間捐款所成立的財團法人，旨在於東京及橫濱地區計畫性地建設鋼筋混凝土公寓住宅，於一九四一年解散。

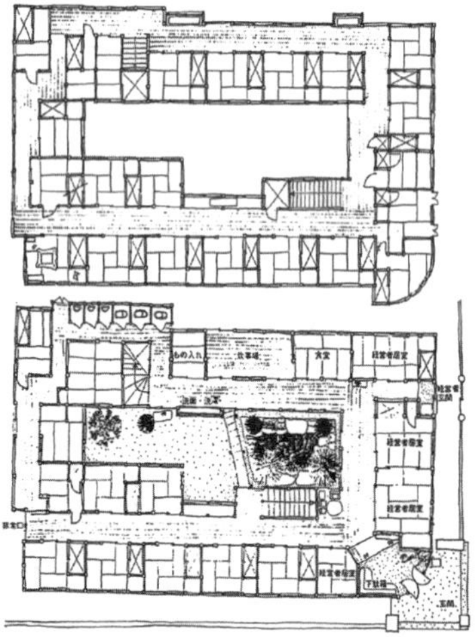

圖 107　日本館平面圖（重村力提供）

們對於西歐的建築與都市造形方法有了更深入的理解，能夠於日本既有的都市脈絡上，打造代表市街風貌的象徵性空間，市街發展可說是到達了更高的水準。

這類街角造形在震災復興時期獲得廣泛運用，造就了許多廣場式的空間，為都市帶來嶄新氣象。而這一時期所形成的都市空間結構，則成為了今日東京街區的重要原型。舉例來說，銀座的三愛大樓[12]與索尼大樓[13]各自所在的街角空間，現在也仍是眾所周知的見面地點，發揮著小型廣場的功能。近年來，隨著人們對都市空間與街區的關心日漸高升，這類善加利用街角效果的象徵性建築也持續於東京登場。

站前廣場的登場

昭和初期正逐漸轉型為「陸地」都市的東京，於震災復興期間推動了區劃整理事業，開始拓寬街道、增闢道路。幾處主要道路的交叉口紛紛形成大型的交通廣場，並透過公開徵選名稱的方式為這些廣場命名。包括上野廣場、駒形廣場（駒形橋西端）、和泉廣場（和泉橋南端）、柳廣場（淺草橋南端）、巽廣場（黑龜橋附近）、丸之內廣場，以及萬世十字路口（萬世橋附近）、江戶十字路口（千代田橋附近）、槙十字路口、歌舞伎座十字路口（三原橋附近）等，許多廣場或十字路口皆是在此時期登場。這些空間不只為了紓解日益增加的交通流量而精心規劃動線，在美觀方面更是蘊含了各種匠心巧思，甚至還會在安全地帶植樹，或是建置可供休憩而又賞心悅目的涼棚。這類交通廣場同時也是市內電車的停靠站，雖然有四面八方的電車在此交會而熱鬧非凡，但這終究是基於交通目的所打造的空間，整體過於開闊寬敞，難以成為市民樂於親近的街角。

12〔譯註〕由理研感光紙株式會社（今株式會社RICOH）暨三愛商事株式會社創辦人市村清，於一九四六年建設的商業大樓，位於銀座的中央通與晴海通交會處，也就是銀座四丁目交叉口。一九六三年擴建之際，更名為「三愛Dream Center」，一般仍稱三愛大樓。

13〔譯註〕一九六六年作為索尼公司的商品展示中心而開幕，位於外堀通和晴海通的交會處，也就是數寄屋橋交叉口，於二〇一七年停止營業並拆除。自二〇一八年起，於原址對外開放第一階段的「銀座索尼公園」，並於二〇二一年秋季再度關閉，預計在二〇二四年完成第二階段的建設後，以完整的形式重新面世。

圖 108　上野廣場完工藍圖

不過值得一提的是，這些堪稱新時代陸上交通象徵的廣場或十字路口，大多仍是出現在橋頭附近。舉例來說，和泉廣場、柳廣場、萬世十字路口等都市空間，都是因為開通了與昔日重要水路神田川平行的新道路，才在緊鄰著以往橋頭廣場的內（陸）側問世。而這也意味著，這些廣場正是東京都市結構的重心從「水」過渡至「陸」的轉型期產物。

此外，東京在交通方式上由水（船隻）轉移至陸（鐵道）的巨大改變，亦可從這些廣場中的兩座站前廣場（上野廣場與丸之內廣場（東京車站前））窺見端倪。儘管鐵道運輸開始蓬勃發展，但都市結構的重心絕不是在朝夕之間就從水上移轉至陸地，東京早期的重要車站幾乎仍是位在與水有關的河岸。尤其貨運車站必須與河川水運密切配合，包括秋葉原、飯田町、汐留、兩國與錦糸町等主要車站，無不坐落於自古以來的重要河岸（《帝都復興史》）。

東京首座正式的站前廣場，其實也是在江戶以來便極為重要的神田川河岸登場。其正是位於八小路這處水陸交通節點的萬世橋車站（明治四十四年）站前廣場。這座與水都的都市結構密切相關的廣場，不僅是交通上的據點，更因為在接近廣場中央的位置矗立著廣瀨中佐銅像，而成為了備受青睞的東京新名勝。

在這樣的背景下，上野站前廣場的誕生，則又讓人更強烈地意識到東京正逐漸轉變成為陸都的事實。擁有堪稱東洋第一近代建築之美的上野車站，是由鐵道省工務局建築課所設計，於昭和六年（一九三一）十二月竣工（圖108）。其站前廣場是路面電車、地下鐵與許多車輛的交會所在，交通流量龐大，因此十分重視人行道與車道等的動線規劃，甚至引進了可將進站車輛的動線分流為上下兩層的立體構造系統。而且這項機能性的解決方案，也同時被提升至形塑都市之美的造形層次。這可說是迥異於戰後在日本各地常見的站前廣場建設，當中著實蘊含了令人讚嘆的思維高度。

這一時期，東京在「陸」方面的發展正逐漸向西邊的郊區延伸。與此同時，匯合民營鐵道的運輸總站也分別在新宿、澀谷與池袋等地落成，並約莫自昭和十年起開始形成站前廣場。近代東京的都市結構，因而再度邁入了嶄新階段。

作為社會中心的小公園

在大正後期至昭和初期，重要性與「廣場」不相上下、甚至更勝一籌的，當屬都市的「公園」。而其中值得矚目的，正是在震災復興事業的規劃下，分別建於東京五十二處的小公園。它們皆被明確賦予了在災後重振下町的行政意義。

這些小公園最大的特徵就是都與小學相鄰，並在設計上將二者視為一組。如此一來，不僅能夠在建築物密集的市區內有效確保完整的空地，於緊急時刻充分發揮避難場所的機能，校園空間不足的小學也能將公園視為操場的延伸來使用。尤其平日的白天還能當作兒童體育活動的場地，週末假日、平日的晨昏時刻或夜間，也都能活用作為一般市民休憩散步的場所。在都市化顯著進展的今日，各地的行政部門紛紛將公共設施的整合化視為要務，而這一議題卻早在半世紀以前，就已獲得前人積極關注，而且成果豐碩。如今看來，當時的前瞻遠見仍是令人驚嘆不已。

當時的小公園與現今公園（特別是兒童公園）的明顯差異，就在於以廣場為設計主體的作法。雖然稱之為公園，但其實小公園在特性上更接近歐美都市的廣場。其整體約有三到四成為樹林或花圃，一成為兒童遊戲區，剩下的大半部分則為廣場。而這名為「自由廣場」的所在，是正如其名的多用途都市空間，除了涵蓋前述的日常使用範圍之外，還能用於舉辦集會、演講、音樂會等各類活動。

這類小公園的概念主要是從美國以芝加哥為主的地區所引進的。都市計畫家石原憲治[14]借鏡美國的鄰里中心，推廣「鄰里廣場」，認為這是一種「具備教育性、休憩性及都市社交性設施的建築物與土地之集合」。他指出，利用學校及社區中心來培養政治意識與都市精神的作法已成為一大趨勢（《現代都市的計畫》）。這不禁讓人聯想到大正民主思潮下典型的都市思想熱烈氛圍。

事實上，在設計時將小學與公園視為一組的想法，也是參考自芝加哥的實例。一九一七年（大正六年），西芝加哥公園委員會提出了希望將空間不敷使用的公園予以擴大的需求，而此時公園對面的小學恰好也面臨到相同的問題。於是乎就有了將二者整合為一體的提案，並付諸實現。據說即使是在美國，以往學校與公園也是由各市的教育課及公園課分別管理，但在這次首開先例之後，上述的作法便日漸普及。震災之前，這個芝加哥的實例已在景觀設計師折下吉延的介紹下被引進日本（《都市計畫講習錄全集》），甚至帶動了相關人士開始構思在東京打造這樣的小公園。而在震災發生後的復興計畫中，也將五十二座小公園的建設列為最重要的項目之一，於昭和五年（一九三〇）完成了這項浩大工程。

14〔譯註〕石原憲治（一八九五～一九八四），建築師、都市計畫師。曾任日本都市計畫學會第五任會長。

對於這類小公園的需求，是都市化進程中再自然不過的現象。隨著都市人口不斷增加，私人住宅內已難保有庭院空間，再加上汽車與自行車的出現，使得孩童無法於街上遊玩嬉鬧。因此，對都市居民來說，這相當於共用庭院的公園就成為了不可或缺的所在。

然而這一時期小公園的成立，其實與江戶以來的都市結構發生了變化有關。原本下町四通八達的巷弄，除了是孩童隨手可得的遊樂場外，也是鄰居之間交流互動的好所在。但是震災復興的區劃重整事業以防災為名義，否定了巷弄存在的必要性。此舉引發了居民的強烈反對，內務省則為了說服居民而苦思對策，製作了多款海報，訴求巷弄密布的傳統街區具有無法因應今後都市生活的前近代性，而且衛生欠佳又危險。於是，自江戶以來持續作為下町群聚空間的巷道遂不復存在，由運用了近代造形手法的鄰里小公園取而代之。

這樣的現代主義都市計畫，基本上是建立在對於過去的否定之上。透過當時所打造的小公園照片可知，這氣勢盛大的嶄新公園設計與衣著打扮一如既往的孩童之間，隱約呈現出一種失衡的對比趣味（圖109）。儘管如此，在市民已經能夠運用這類戶外都市空間的背景下，可以肯定的是，自江戶以來就「居於都市」的下町庶民，其生活意識與人際關係仍然在此濃密延續。從中亦可看出當時正積極接納歐美的新思想，市民對於都市社會生活的關心與參與度也更為提高。而也正是在大正末期、昭和初期獨有的新舊元素相互激盪下，才能有幸創造出這類在日本近代史上絕無僅有的優質都市公共空間。

不過，這些小公園的用途並未局限於原本的設計概念。公園內的公共廁所在當時可說是特別乾淨舒適，附近居民每天早上都會前來排隊盥洗，甚至在昭和五年（一九三〇）發生經濟恐慌之後，成為了失業者與流浪者聚集的所在。但據說對當時思想進步的公園課而言，這樣的現象代表的是小公園已被視為地域廣場來使用，所以對此欣然接受。

圖 109　當時的小公園風景（《帝都復興史》）

那麼，這些小公園又是運用了哪些新穎的造形手法呢？幸運的是，透過當時由東京市公所發行的《公園案內》，我們仍可一窺小公園的詳細構造。

小公園的基本設計方針相當值得讚許，其既不受限於以往的景觀設計樣式，亦不仿效外國的形式。有別於

圖 110 現今猶存的小公園（十思公園）

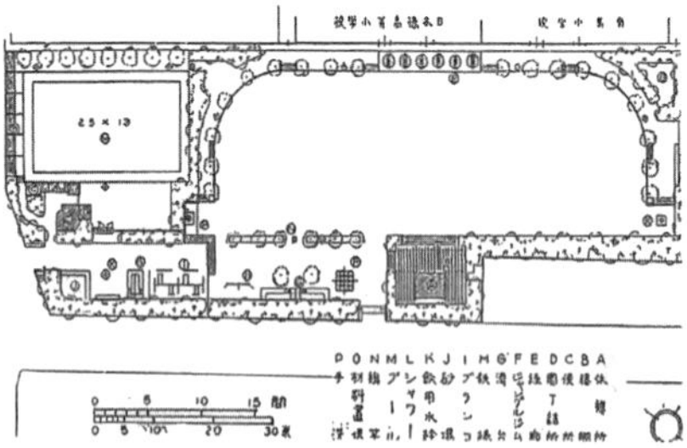

圖 111 蠣殼町公園平面圖（《公園案內》）

現代的都市設施大多是套用標準設計，設計者較難自由地規劃；當時雖然在構造元素及其所占面積的比例方面，也需要把握住大原則，但各地的小公園都是在因地制宜而又別具創意的設計下誕生的。也就是說，小公園是設計者在充分掌握了用地形狀、與道路的連結方式、甚至是位於山手地區時的地勢起伏等各種條件後，才發揮巧思規劃而成。這靈活應變的態度，也不禁讓人聯想到日本傳統的景觀設計意識。

而小公園內最為醒目之處，則非自由廣場莫屬。當中必然可見運用簡明軸線進行對稱性設計，所呈現的幾何學式摩登造形。甚至在公園較為狹小時，也常常將用地的對角線作為軸線，營造出日本傳統設計手法所未見、饒富趣意的造形效果。

自由廣場的正面中央，也必定會有設置在高台上的藤架涼棚（園亭），讓這裡成為公園風景的主角。每逢舉辦活動時，這裡也將搖身變為應景的舞台。

此外，公園一隅還有空間雖小卻設備齊全的兒童遊戲區。其實現今的各種遊戲設施及兒童公園的原型，也可說是確立於這一時期。尤其是與沙坑互為一組、呈現對稱造形的滑梯，更是絕妙設計。但和今日的公園不同的是，當時的兒童遊戲區只不過是小公園內的配角，是以樹木環繞的一處閑靜空間。

剩下的周邊部分大多是植有樹木的舒心綠地，四處皆設置了長椅，闢置散步小徑。在水泥叢林不斷擴大的現代東京，這些被保留下來的綠地重要性正與日俱增。漫步下町時，便會深刻感受到幾乎所有綠意盎然之處都集中於這些復興小公園。

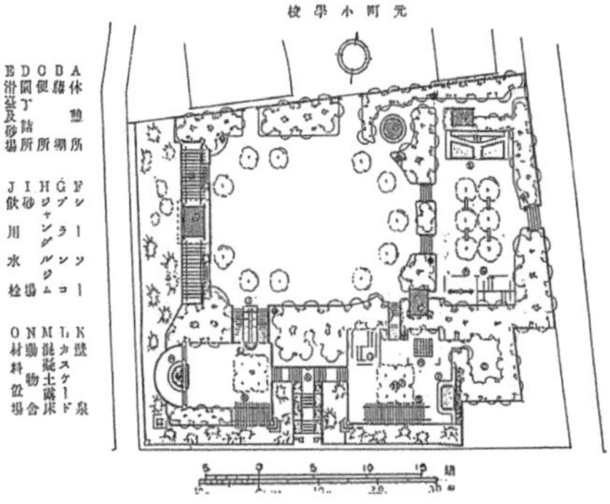

圖112　元町公園平面圖（《公園案內》）

然而復興小公園不只存在於下町，也廣泛分布在歷史悠久的山手一帶。沿著外護城河而建的文京區元町公園，就是山手地區特別值得矚目的作品（圖112）。這座公園的丘陵斜坡被巧妙打造為三種不同的層次，在綠木之間大膽運用階梯，醞釀出獨樹一幟的風格。其雖然是巴洛克式的設計，卻又隱約流露出日本特有的端正造形感，以及空間被適度區隔後的獨特規模感，因而別具深趣。首先是包含入口大門、階梯與立面壁龕在內的通道部分，沿途的空間感相當出色。拾級而上後，向右可通往兒童遊戲區，向左則會抵達小型的自由廣場。小型廣場上設有一座富含動感的造形階梯，讓人不禁想起建築師高第所設計的奎爾公園。順著這座階梯向上，便能來到空間更開闊的自由廣場。其西（左）側邊界的正面中央，也依慣例設置了帶有藤架涼棚的舞台；而從東（右）側順著低矮的階梯向下，還可步入另一處兒童遊戲區。北側則是一所學校，這等於是將元町公園的自由廣場配置在學校的南邊，是相當理想的結構。整體規劃面面俱到的元町公園，如今仍近乎完整地保留了原初的風貌，是能夠傳達昔時現代主義氛圍的珍貴作品。

這些設計優異的小公園得以在短時間內一一實現，正是由於東京市公園課課長井下清[15]的大力支持與推動。他在明治三十八年（一九〇五）畢業於東京高等農學校後，隨即投身東京市的公職，往後便在行政部門內培育年輕的景觀設計規劃師，並埋首投入公園建設的龐大業務（東京都造園建設業協同組合編，《綠的東京史》）。這一事實充分說明了，在打造宜人的都市環境時，行政部門內也必須存在活躍傑出的設計師與規劃師。

而且這些小公園並不只是被打造成為一種優秀之「物」。不能忽視的是，當時還同步形成了對公園來說，最重要的、能夠靈活營運公園的「主體」，而與現今一味強調硬體設施的公園迥然有別。

自大正時代初期，已有不少致力啟蒙都市社會問題意識的人士，開始從事兒童的遊戲指導。關東大地震之後，東京市公園課也以自美國學成歸來的末田ます[16]女士為中心，在民間有志之士的共襄盛舉下，展開兒童指導的業務。這一時期，各地居民紛紛以巡視、檢查、指導與營運這些復興小公園為目的，組成「公園愛護會」。公園內也更加頻繁地舉行兒童活動。於是，公園便被賦予了作為地域活動中心的機能。遺憾的是，隨著第二次世界大戰的爆發，兒童指導的業務也難逃被納入戰時國民總動員體制的宿命（造園家集團，〈公園的營運管理〉，《*ula*》第六號）。

另一方面，這類與小公園互為一組的小學，也在東京市營繕課的設計下，誕生了

15〔譯註〕井下清（一八八四～一九七三），景觀設計師。擔任東京市公園課課長期間，為東京市內打造無數公園綠地，奠定了東京的公園行政基礎。

16〔譯註〕末田ます（音MaSu），一八八六～一九五三，兒童教育家。一九二四年，在東京市公園課課長井下清的邀請下，擔任公園課的高級專員，致力推動兒童公園的兒童遊戲指導業務，至一九五〇年卸任。

許多造形出色的鋼筋混凝土校舍。甚至就都市設計的角度而言，還有不少是既與小公園巧妙連結，而又融入周邊都市環境的傑作。當中明顯可見跨部門之間的攜手合作，打破了垂直分化的行政框架，以及專業技師為了市街規劃而積極投入設計的努力痕跡。

尤其是位於山手地帶的新花公園與湯島小學（大正十四年〔一九二五〕左右，現今仍存）的組合，在設計上堪稱壓軸之作（圖113）。其配合不規則狀的校地，打造了建築造形流暢高雅的三層樓鋼筋混凝土校舍與講堂，令人不由得佇足欣賞。不僅上方緊貼著平坦屋頂的簷口具有收束整體建築的視覺效果，貫穿三層樓的柱式也為牆面增添了律動之美，就連設置在三樓的拱窗都散發著優雅氛圍。走進大型拱窗所在的三樓教室，便彷彿踏入了能夠為孩童帶來美好未來的童話世界。校舍東側的長形翼樓，則向南延伸至公園腹地，並在建築前端勾劃出流麗曲面。而更令人驚豔的是，位在翼樓延長線上的公園東南隅，也巧妙地利用三角形腹地的窄仄前端，設置了一座噴水池。公園入口就規劃於噴水池的兩側，形成宛若羅

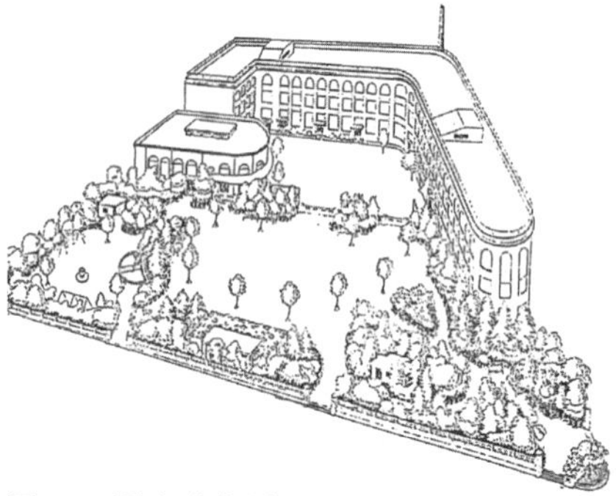
圖113　湯島小學透視圖（《公園案內》）

馬城鎮的巴洛克式都市造形。此處可說是實現了使街道空間、公園與小學渾然融合的卓越都市設計。可惜的是，現今已任由供膳廚房向外擴建，街角的入口也被關閉了；噴水池則因受損而僅餘下其中的一部分。就連曾經存在這一新穎都市造形的事實，恐怕也將慢慢從學校相關人士的回憶中褪去。

小學校舍的建築於戰後迅速朝向標準化發展，以致於現今在日本各地盡是了無新意的單調模樣。然而在震災復興期間的東京，卻誕生了許多這類與小公園互為一組、環境設計優異的小學。其為地震災情慘重的東京舊有市區帶來新氣象，在機能面、精神面都發揮了社區中心的效用。

至於因震災復興建設而登場的小公園，現今幾乎都轉型成為以幼兒為訴求對象的兒童公園。昔日為了兒童體育活動與地域活動所打造的「自由廣場」，已被兒童的遊戲設施所占據，當初新穎的造形設計也不復存在。這都是由於在都市化的進程中，兒童公園的必要性與日俱增，以及一味將兒童公園與遊戲器材劃上等號、過度強調硬體設施所導致的。而與此同時，這也和一般市民在晨昏時刻或週末假日前來使用公園的機會銳減有關。現在的都市居民顯然已失去了晚餐後到戶外散步、與鄰人閒話家常的生活餘裕。就這層意義而言，震災復興期間為數眾多的小公園，並非只是徒有摩登造形的建設，更教會了我們東京都市生活所應具備的豐富性。

都市型公寓

目前已有許多論述指出，相較於西歐的都市，日本都市的人們並不習慣居住在面向街道或廣場的市中心公寓。舉例來說，無論是在巴黎或羅馬，即使都市內建築物的一樓是辦公空間，樓上也通常會作為公寓來使用，透過這樣的配置為市街帶來洋溢生活氣息的風景；直至今日，依舊能夠保有中世紀以來由悠久歷史蘊積所成的都市生活樣貌。而也多虧了這樣的居住機制，西歐的市民才能夠盡情享受都市文化。

相對於此，東京卻因為都市的擴張導致人口陸續搬遷至郊外，加速了都市中心空洞化的形成。雖然當時都市中心林立著帶有私人庭院的獨棟住宅，作為集合住宅的公寓也十分普遍，但一般戰後所稱的公寓，通常是指位在郊外的團地型公寓[17]。這類公寓受惠於自然環境而綠意環繞，但也同時具有自成一區的非都市性特質。

因此，都市型居住的意識儼然不存於近代的東京。不過，在此我們還是有必要回顧大正後期至昭和初期的東京。

確實是在這一時期，「田園都市」的概念從英國傳入了日本，人們開始關注擁有豐饒自然的郊外環境。回顧當時的都市史，最引人注目的也正是「田園都市」、「文化村」、「學園都市」等的建設。然而，必須謹記的是，這一時期基本上仍是屬於「都市的時代」。那些歷史悠久的傳統市區也引進了歐美的居住概念，著手建設摩登的公寓，並逐漸確立嶄新的都市居住型態。

這一時期的建築設計手法展現了超乎想像的優秀都市意識，至今仍令人讚嘆不已。當時有非常多的建築物，既能巧妙地融入地域與街區的既有脈絡，又能以摩登設計營造出新時代的景觀，扮演了讓市街從關東大地震中重生的關鍵角色。從這點來看，在這類都市型居住一度被否定、遺忘之後，直到近年來才問世的華廈，卻有不少是在無視周遭環境、甚而是破壞了街區風貌的情形下建成的。不得不說，在環境設計方面，大正後期與昭和初期的公寓已達到了現代集合住宅難以企及的水準。

近年來，隨著都市成長的停滯不前，東京也開始提出號召人口回流都市中心的主張。其與歐美都市的作法如出一轍，都是推出「內城政策」[18]，企圖使都市中心再現生

17〔譯註〕於郊外廣闊的建地上建設多棟數、多樓層的鋼筋混凝土公寓，最多甚至可達上萬戶，形成大規模的集合住宅社區。通常採用相同規格的設計，以利於短時間內大量興建，快速滿足住宅需求。

活環境的魅力。下町水岸的工廠舊址等地，也因為建設華廈而日漸熱鬧。東京的都市發展似乎正迎來了嶄新階段。在思考如何讓當前的東京重獲新生時，號召人口向都市回流顯然是重點所在。因此，我會將焦點置於大正後期與昭和初期（也就是「都市的時代」）在都市中心地帶所萌芽、發展的公寓住宅文化。

與這類都市型公寓相關的歐美事例，約莫是在大正年間被介紹進入日本。建築師小野武雄[19]在大正七年（一九一八）的論文中，述及美國市中心地帶臨街而建的都市型公寓，強調這類公寓建設對於東京都市現代化的必要性（〈論公寓〉，《建築雜誌》三七九號）。

同一時期，建築師佐野利器[20]也提出了市民比鄰「繁榮地帶」集中居住的便利性，以及公寓建築的合理性（《都市計畫講習錄全集》）。

而影響公寓普及最為深遠的，莫過於因關東大地震而成立、旨在提供市民公營住宅的同潤會組織。其雖然也有提供郊外地區的獨棟住宅，但公寓顯然是更令人矚目的部分。

同潤會所提供的公寓不僅造形設計新穎，包括管理與營運的制度、從中培育的社區意識，以及長年歷經各式增建、改造卻還是舒適宜居的完善環境等特色在內，無一不是現代設計師所關心的議題（松本恭治編，〈生活史・同潤會公寓〉，《都市住宅》一九七二年七月號）。在此，我將嘗試從都市型居住的角度來探討同潤會公寓。

這些同潤會公寓儘管隨著時間流逝而有些許老朽，但幾乎都擁有至今依舊機能完善且融入當地的良好居住環境。即使同樣是出自同潤會的公寓，其設計方法與住戶結構等，仍會因為地處下町或山手地帶而有所不同。這也說明了，這些公寓的建設正是根植於既有的地域特性。而以下所探討的都市型居住，則將特別聚焦於下町的公寓。其最大的特徵，即是在設計上充分考量了建築本身與街區、地域之間的連結，不同於戰後自成一區的團地型公寓。

首先以位於江東的住利公寓為例（圖114），面向街道的公寓外觀就是下町活力洋溢

18〔譯註〕內城政策（inner city policy），針對出現衰敗或荒廢現象的市中心區域進行改善的政策，旨在重振市中心的活力。

19〔譯註〕小野武雄（生卒年不詳），建築師。一九〇二年自東京的工手學校（今東京的工學院大學）畢業後，曾赴美國留學。一九一八至一九二一年，任職南滿州鐵道株式會社建築課。

20〔譯註〕佐野利器（一八八〇～一九五六），建築師、建築結構學者。其所提出的耐震結構系統，對於日本住宅的改善貢獻良多。

圖 114　住利公寓　外觀（上）、中庭（右）、螺旋階梯（左）

的最佳寫照。其一樓為店舖，樓上則為住家。完工至今逾半世紀之久，在歷經多次改造、增建後已澈底融入當地市區。

然而，穿過設於公寓各處的隧道型入口後，卻又是截然不同的氛圍。在日本都市相當罕見的開闊中庭空間隨即映入眼簾，剎那間便彷彿置身在十七世紀的巴黎孚日廣場。中庭的中央部分以簡單的柵欄與植栽作為區隔，在周邊綠樹的環繞下形成舒適愜意的公園。陪伴小孩前來的少婦群聚在兒童遊戲區的周圍；老人家則是在較寬敞的地方進行近年來盛行的槌球運動；而打扮入時的年輕女子也會坐在樹蔭下小憩。在居民的充分利用之下，中庭成為了時髦的社區共有空間。這座中庭還曾上演過不同時代的下町居民生活樣貌。戰前時期，寬廣的中庭曾被轉用為榻榻米工廠，大批在此工作的匠人也順勢入住這裡的公寓；而據說到了戰後的昭和三〇年代，居民之間甚至形成了較今日更為強烈的凝聚力，不僅熱熱鬧鬧地舉辦運動會和盂蘭盆舞[21]活動，還在中庭一隅設置街頭電視，吸引居民一同在此圍觀。

住利公寓所在的猿江裏町，原本有著東京市內眾所皆知的惡劣環境，直到關東大地震後被納入不良住宅地區改良事業，才重新打造了質樸且經濟實惠的住宅。因此，不同於一般的同潤會公寓是採用一處樓梯間可分別通往左右兩戶人家的設計，也就是戰後團地公寓所沿用的模式；住利公寓減少了樓梯間的設置，改用面向中庭的環繞式開放走廊作為各住戶的通道。猶如拿坡里周邊或南美都市般，充滿獨特庶民風情的熱鬧氛圍遂應運而生。各戶人家面向中庭晾晒衣物、棉被的光景，甚是壯觀。而且這裡雖然是講求經濟效益的公寓，但設於轉角的螺旋造形階梯等，卻又令人眼睛為之一亮。這與戰後將住宅規格化，機械性地以房間填滿建築空間的貧乏思維不同，設計者對於這類共有空間投入了大量心力，打造高品質生活空間的企圖心可見一斑。

這裡也積極引進近代的進步設備。早期便已安裝抽水馬桶與瓦斯管線，並且依照

21〔譯註〕日本夏季盂蘭盆會（相當於中元節）所跳的傳統舞蹈。

一定的間隔距離計畫性地設置了貫穿上下樓層的垃圾投擲管道。這些管道圍繞著面向中庭的外牆而設，富韻律感的垂直造形亦是一大亮點。此外，當時利用屋頂作為共用晒衣場的作法也一直被沿用至今。

位在江東、緊鄰交叉口而建的清砂通公寓，也是都市設計的一大傑作。這棟面向街道的公寓建築於街區角地設置了壯麗的塔狀入口，營造出象徵性的結構，被認為是形塑都市空間的重要設計元素。公寓本身以用地的對角線為軸線，形成對稱式的平面構造。至於公寓背後的中庭，更是從一開始就視之如小公園予以精心設計。

值得一提的是，許多位在下町的同潤會公寓，都實現了這種適合作為都市集合住宅的規劃——也就是打造出面向街區，而又擁有寬闊中庭的優良居住環境。以往巷弄密布、長屋並列的下町，也由於這些配置了中庭的公寓而散發摩登氛圍。

不過，與前述的小公園如出一轍，能夠活用這類共有空間，維持於家戶外的社區生活，都是因為傳統下町的都市居住意識在此綿延不輟。這些為下町換上摩登新裝的建設，依然承繼了原本巷弄街道所具有的共有空間多義性。

同潤會公寓的確是以歐美公寓為範本所打造的創新生活空間，但絕非是盲目地仿效外國作法而已。當時雖然尚不習慣以鋼筋混凝土為建築材料，在梁柱的結構規劃與樓梯的設置方面也未臻成熟，又或是在外觀設計上的協調性亦有待加強，可是對於外部空間的運用與共有空間的配置，卻總是能不經意地在各處融入日本特有的細膩感知。而且在管理營運方面，顯然也考量了下町的人際關係模式，依據合適的住戶數量，將圍繞著偌大中庭的公寓分為不同號館。此外，一般認為這種環繞中庭的嶄新結構，可能是參考歐洲的集合住宅，而非借鏡美國，但其能夠被順利地接受並成為固定模式，應是由於這樣的中庭形式自明治末期以來，已常見於本鄉與早稻田等大學周邊的旅館或供膳宿舍。下町以鋼筋混凝土建造的同潤會公寓，大多不畏戰火、屹立至今。而絕大多數曾棲身於此的居民，現今也仍以這些令東京近代史增色不少的摩登公寓為榮。

探訪下町的同潤會公寓時，最引人入勝的，莫過於建築內部與中庭空間常常是以連設計者都意想不到的形式，被巧妙地運用並融入生活之中。在一樓住家的庭院或公寓屋頂上，總能看見盆景植栽緊密排列，宛如私人植物園般的風景。而且由住戶各自進行增建、改造後的公寓，儘管已難恢復竣工當時的原貌，卻也另有一番風味。當中還有不少是在統整各樓層住戶的意見後，一起增建、擴充內部空間的例子。在這裡，即使是以混凝土打造而成的建築物，也彷彿會隨著居民的生活不斷茁壯成長。近來，在這些下町的同潤會公寓周邊，出現了許多利用工廠舊址所興建的高樓層華廈。只是這些華廈大多採用相同的設計，不重視與周圍市街環境的連結。甚至有不少的華廈，就像是一棟想要盡可能塞滿更多住戶的巨大建築物。就這點而言，在探討集合住宅時，同潤會公寓無疑是帶領我們重返原點的重要所在。

在震災復興時期的東京，除了同潤會公寓之外，還誕生了許多不容錯過的公寓傑作。而當中的九段下大樓（前身為今川小路共同建築），正是值得一提的特殊市區建築（圖115）。其位於昔日町家林立的區域，是在復興建築助成株式會社的協助下，於昭和二年（一九二七）完工的再開發大樓。這一整排隨著街道綿長延展的三層樓鋼筋混凝土建築，是依據所有權人原本持有建地的面寬比例來進行所有權的垂直分割，所以每一戶的面寬都不相同。一樓前方為商店，後方及二樓則為店主的住家，並於內部建置可供上下一、二樓的傳統階梯。因此，其與以往町家的形式可說是大同小異。不過，三樓為出租給單身人士的一房公寓，必須利用臨街的共用樓梯才能上樓。三樓後側則有走道可通往各住戶，並於樓梯間設置了共用的洗手台與廁所。

於是，將樓上作為出租公寓的市區型商業建築，便在日本正式登場。這類單身公寓在此時期的市中心地帶相當普遍，見證了當時寄居摩登公寓而就業或求學的新都市生活者的出現。

這一時期也有許多由民間一手包辦建設的公寓，位於江戶橋邊的朝川大樓（昭和七年）即為其中之一。其一樓為大眾澡堂，地下室設有理髮店與咖啡廳，樓上則是單身公寓，整體結構格外有趣（圖116）。換個角度來看，會發現江戶以來在下町各町內，本就設有湯屋（大眾澡堂）、髮結床（理髮店）與茶屋（咖啡廳），這棟匯集了上述所

圖115 現今的九段下大樓

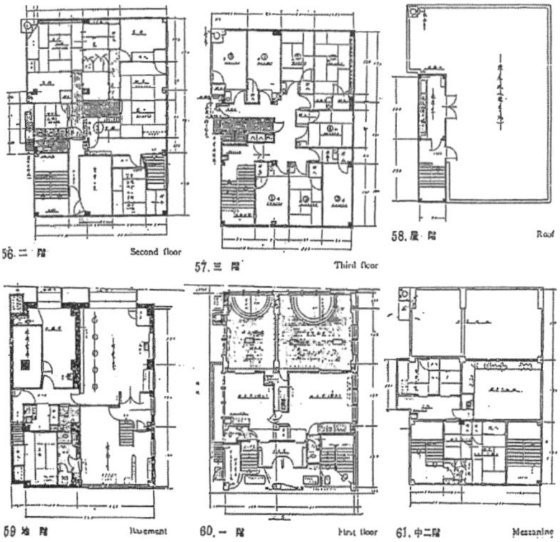

圖116 朝川大樓平面圖（《新建築》昭和七年九月號）

有店家的公寓，可說是下町的代表性建築物。而以往一間間沿著巷弄水平並列的長屋，在此顯然是被大樓中垂直疊加的一房公寓所取代。

當時出現了不少蘊含傳統風情，而又積極採用新穎形式的民間公寓。在第一章中所介紹的麻布飯倉片町的西班牙村，就是典型的一例。

這些公寓如實映現了都市時代的生活風格。當中洋溢著都市生活者在這個現代主義時代下特有的都會精神，也就是享受如繁花般盛開的新都市文化。而另一方面，雖說郊區的開發也日漸受到矚目，但這一時期依舊是都市備受高度關注的時代。

如果這類都市內的公寓形式就此普及並持續大量建設，那麼東京的居住結構將會大不相同，甚至還可能形成類似巴黎市街的氛圍。可以肯定的是，至少都市中心將不存在現今的空洞化問題。

不過實際上約莫是以昭和九年（一九三四）為界，此後這類都市型公寓便驟然銷聲匿跡。從昭和十五年（一九四〇）所舉行的「家庭公寓住宅甄選設計競賽」可知，所有入圍作品都近似於後來所謂的團地型公寓。而這也正是大正後期與昭和初期之間對都市的熱切關注以及自由主義所帶動的都市造形，隨著軍國主義的聲勢高漲而快速沒落的深刻寫照。尤其是在都市成為轟炸目標的戰時體制下，不難想像人們會將關注的焦點從都市轉移至田園、農村。

戰後，東京市民因經濟高度成長期的都市擴張，逐漸遷居至郊區。無可否認的是，都市在各種層面上都呈現出離心式的解體現象，而由無數日常生活交織而成的都市文化，也於東京的中心地帶急遽消散。

結語——再度邁向都市的時代

綜上所述，大正後期與昭和初期的東京市街規劃，可說是於各領域皆有卓越進展。這一時期，正是市民、行政部門和專家學者都對都市與建築懷抱莫大憧憬的時代。而如今漫步東京時，也總是能在轉角處巧遇演繹了當時設計思維的雅致空間。

儘管日本近代有著如此熠熠生輝的都市歷史，但現在的我們已然遺落了這種享受都市生活、打造豐富社會環境的意識。這都是因為昭和時代的戰爭直至戰後的經濟高度成長期猶如一道漫長的空白，抹滅了我們對於都市造形的渴望，也為東京留下了脫離脈絡、單調索然的都市景觀。

然而，歷史是一種周而復始的過程。近年來在市民之間，對於豐富的都市生活及優美都市景觀的需求愈發強烈。而意識到這些市民需求，在充分理解都市、地域的脈絡後，因地制宜進行建築設計的趨勢也隨之興起。若要再造都市的輝煌時代，那麼不可或缺的，就是關注此刻對我們來說依然唾手可得的大正後期與昭和初期之都市思想，從珍貴的歷史經驗中積極學習。

只是當我們以現今的觀點回顧深獲好評的現代主義都市造形時，仍有一點必須納入考量。也就是，現代主義的都市發展是在懷抱崇高理想的大正後期與昭和初期所展開的，當時正值追求社會進步發展的現代化巔峰時期，所以在接納新的歐美價值觀與計劃手法時，未必沒有操之過急的一面。雖然說之前提及的小公園與同潤會公寓，確實並非單純地仿效外國建設，在規劃空間時都融入了日本獨有的細膩感知，但是宏觀而論，這一時期多數的行政部門與專家學者，在從啟蒙的立場致力提升市民的生活與文化水準時，總是認為以往的都市歷史與傳統（至少在理念的層次上）是前近代的產物，而抱持著否定的態度。因此，隅田川沿岸的料亭街與巷弄交錯的下町庶民生活空間，大多不見容於都市之中。

當然，江戶以來綿密盤踞的都市脈絡仍在深處蔓生不絕，人們對於都市抱持著高度關注，再加上繼承了居於都市的都會意識，最終遂形成新舊元素交織的魅力都市氛圍。當時甚至可能是在無意識之間巧妙地運用了既有的都市脈絡，造就出橋頭廣場與街角廣場這類日本現代主義特有的都市空間。可惜的是，即使當時的行政部門與學者專家都具有將都市視為一種有機體的概念（石原憲治，前揭書），但是在評價都市既存的歷史性、文化性價值時，其觀念仍是相對淺薄。

這種對於昔日都市蘊積的歷史性、文化性價值漠不關心的情形，到了戰後一味崇尚技術、欠缺思想內涵的經濟高度成長期，更是愈發不可收拾，而這也已是無須贅述的事實。在日本各地的都市，歷史悠久的街區與地域傳統文化紛紛遭到破壞，都市空間被澈底地均質化。將都市視為「生活空間」的觀點，已被長久封存於為了大規模開發而積極展開都市計畫的社會之中。

但如今，我們又再度迎來了都市的時代，只是都市的生活空間意識顯然與昔日現代主義時期大不相同。都市的現代化發展與產業開發讓我們付出了巨大的代價，各地開始反省對於都市及自然環境的破壞、市街特色的喪失等現象，轉而將市民生活的品質視為都市政策的核心。而實際上也可在各自治體的宣傳標語中，看見「文化」、「自然」以及「歷史」、「傳統」等用詞，顯示各地已從這些主題著手，摸索著如何展開別具特色的市街規劃。

在展現市街特色的元素方面，也出現了有別以往的反轉現象。自明治時代推動西歐化、現代化以降，就被屏除在都市計畫之外的場所與都市空間，現在卻成為了備受關注的元素，它們具有人類學結構的堅實底蘊，至今仍在地方（vernacular）層次生生不息，實際賦予這座都市無窮的魅力。也就是說，人們開始關心那些以前在都市計畫中未受重視的對象，例如守護地方的森林、山明水秀的景點、渠道、河畔、土堤等與自然元素有關的場所，或者是街區、巷弄之類的生活場所，甚而是鬧區及周邊地帶等，為都市帶來多元風貌與活力的日本特有空間。

而且，若從更高的層次俯視我們置身的境況，會發現在經濟與技術方面都領先世界各國的日本，已難一如既往地從海外輕易找到學習的範本。事實上，在我們現今身處的時代，歐美國家正開始積極地探尋能夠超越西歐理性主義思維的可能性，甚至逆向將其熱切渴求的眼神投注於日本的文化、建築與都市的空間模式。

由此可知，重新發現在江戶到近代東京的歷史長河中，由日常生活及地域文化交織形成的既有都市空間與都市景觀的價值，將之視為今後建設環境的重要依據，這樣的思維模式將是在營造東京成為獨特國際都市時備受青睞的發想。此外，從東京的市民角度來看，這種重新評價周遭都市空間與景觀的思維轉換，也將有助於我們從日常的生活感覺層次來思考都市與環境的問題，激勵人們一同參與市街規劃。問題在於，今後我們應該如何將這類價值觀的轉換與發展特色市街的理論、手法相互結合。如果我們能以此為目標持續努力下去，那麼在當前人們再次對都市抱持熱切關注的背景下，要讓二十一世紀的東京超越現代主義的時期，實現價值觀更多元豐富的成熟都市時代，亦絕非毫無可能。

後記

東京，是一座巨大而複雜的都市。要將其視為「文本」予以解讀絕不是容易的事，但是若從煞費苦心思索各章，而後暢然通曉如飲醍醐的滋味來看，這肯定是放眼世界無與倫比的都市。總括來說，這座都市正是在「下町」與「山手」，或者說是「水岸」與「山邊」的雙重空間系譜，以及包括「前江戶」、「江戶」、「文明開化」、「現代主義」、「戰後經濟高度成長」與「後現代主義」在內紛然開展的時間系譜中，由重層交疊的時空孕育出獨樹一幟的風景韻致。如果能夠解讀東京，那麼面對日本其他都市、甚至是世界各地的都市，也都將游刃有餘。

我最初是在八年前開始將「文本＝東京」作為研究對象。當時剛從義大利留學歸國、初任法政大學兼任講師的我，毫不遲疑地選擇了東京作為我與學生進行田野調查的對象。名為「東京市街研究會」的自主研討會由是誕生。

即使如此，我們卻從未有過想要隨心所欲地解讀東京整體的狂妄念頭，而是打算先從漫步東京市街這種輕鬆自在的作法著手進行調查。

不久之後，我們發現東京還存在著下谷與根岸（台東區），這類未受震災戰禍影響、仍保有傳統街區與下町特有人際關係的區域，令人不禁心懷感激而又忘我地投入調查。至於調查的方法，我們除了以類型學分析「都市」脈絡中的「住居」，也幾乎毫無遺漏地運用了我在威尼斯留學期間所用的方法，也就是解讀地域生活空間的構造（《解讀東京的市街》）。

不過這樣一味埋首調查濃厚「傳統」、「風情」意象的「下町」區域，顯然無法深入了解現實的東京都市。於是，我們毅然決然地轉換視角，將目光移向撐起近代東京發展的「山手」，盡可能將山手線內側的所有區域列為調查對象。

然而調查範圍之大，簡直匪夷所思。此後，手拿江戶的古地圖及復原地圖，與學生一同漫步東京街頭，就成為了我每週日的例行活動。我們感受著腳下武藏野台地的起伏，同時也啟動全身的感官來體驗歷史中人們的生活空間。那些在各地聽到的、情感豐沛的古老故事，觸發了我們對於蘊藏綿密意義的各處「場所」（topos）的想像。我們屢屢驚豔於以東京為田野調查對象所帶來的意想不到的樂趣。

不過在這項東京研究中，我最在意的並不是對過去的史實進行縝密的調查，而是希望從歷史的觀點來了解東京這座都市是如何演進至今日獨一無二的樣貌。因此，從文明開化時期以來，東京這片土地上的人是如何與西歐的外來文化接軌，進而在接納外來文化的同時進行市街規劃，這些部分也理所當然地成為了關注的焦點。

隨著關照範圍逐漸從明治時期擴展至大正與昭和初期，我也不禁著迷於在東京雖如曇花一現卻饒富深趣的「現代主義」都市造形。因而將其與再度迎來都市時代的現代兩相對照，探析這一時期的都市空間。

另一方面，在這樣因走訪山手地區而慢慢陷入現代主義魅力的過程中，我也有感於疏離了以往依憑直覺所領略到的日本都市之根本結構，而逐漸心生不安。這讓我開始反思，應該以全新的視角重新認識由江戶／東京孕育出的「下町」空間。

對於過去以「水都」威尼斯作為研究母題，試圖在其與東京之間尋求關聯性的我來說，江戶的下町也是世界首屈一指的水都，這一事實給了我求之不得的切入點。多虧了下町出身的友人邀請我從佃島搭船，巡覽東京的水岸空間，這難得的動態體驗帶領我邁入新的階段，為我開啟了閱讀東京的另一種可能。

而我也在此時才初次體悟到樋口忠彥針對日本景觀所提出的獨特論述，也就是「山邊」與「水岸」觀點當中蘊含的深趣。漸漸地，我開始了解到，在建構都市的根本層次上，水之於江戶／東京的重要性可說是更勝於威尼斯。而且，為了深化這樣的論點，重要的是，我不能將都市的生活空間限縮於「日常世界」或「世俗空間」，也必須將其釋放到「非日常世界」或「神聖空間」，從「宇宙論」的視角重新理解都市。

不僅如此，我也打算透過這樣的觀點重新關照至今已藉由重重調查予以理解的山手。槇文彥的「奧之思想」在這方面也給了我莫大的啟發。

還記得幾年前，友人曾問：「用你的方法能夠了解都市到什麼程度？」這句話在我的腦海長久盤旋，而今，我也終於掌握了能夠更趨近東京深層結構與意義的線索。

在這樣不斷嘗試與修正後，我漸漸確立了自己對於東京的研究取徑，而且在許多層面上，大大超脫了一直以來作為我專業領域的建築史與都市形成史的一般方法。我以往用於解析義大利都市的方法已不敷使用。有別於歐洲都市在建築或都市的組成原則上較為清晰明快，在探究日本都市的本質時，必然不能忽視已與大自然或宇宙結成有機關係的空間根本結構。

基於上述的考量，本書書名大膽採用了「空間人類學」這個對多數人來說較為陌生的詞彙。現今的東京匯集了種種由人類行為堆疊而成的意義與記憶，我們在這樣的都市空間進行「田野調查」，從「比較」的視點來解讀這座都市獨具風格的「結構」，這個方法本身就是一種人類學的取徑。在「東京空間人類學」這一書名之中，正蘊含了我嘗試以新的視點關照東京的意念。

本書的付梓實有賴諸多人士的襄助。首先，感謝法政大學「東京市街研究會」的好夥伴。東京的田野調查是一項費時耗力的大工程，絕非僅憑一人之力可以完成，如果沒有他們相伴作業，調查工作將無以為繼。在此由衷感謝板倉文雄、稻葉佳子與宗田好史。

此外，我也有幸參加了多個跨學科研究會。感謝來自不同領域的專家學者不吝賜教，讓我得以擴展並深化自己的研究架構，這些都是至為寶貴的經驗。尤其是以「作為東京文化的都市景觀」為號召的共同研究會（一九九七年至今），成員包括活躍於各文化領域最前線的小木新造、芳賀徹、高階秀爾、樋口忠彥等，大家每每圍繞著不同領域的講師，展開猶如腦力激盪的熱烈討論，讓我從中收穫許多有助於解讀江戶／東京的豐富發想。而以我所師承的東京大學建築史研究室之稻垣榮三教授為中心的「居住史研究會」，也持續以近年來在日本備受關注的都市史與社會史方法為討論主題，讓我獲益良深。這一年間，我也參與了由日本國立歷史民俗博物館的塚本學教授所帶領的共同研究「近世都市江戶市街之研究」，以及「道之會」這個以藏持不三也與關一敏為中心、匯集了活躍於文化人類學與民俗學等領域的同世代夥伴的獨特研究會，我何其幸運，能夠藉此直接接觸各種都市相關專門領域的研究方法。承蒙這些研究會的諸多人士關照，謹此致上誠摯謝意。

最後，深深感謝企劃本書、直至成書之際始終持續給予寶貴意見與鼓勵的筑摩書房井崎正敏。

一九八五年三月十四日

陣內秀信

文庫版後記

東京的瞬息萬變，舉世之中再無其他都市能與之匹敵。尤其是在本書出版的一九八五年之後，東京至今已經歷了前所未有的巨變。在本書被收入至文庫的此刻，我想先回顧這段期間發生的變化。

事實上，一九八五年及緊接在後的八六年，對東京而言可謂意義重大。首先是包含本書在內，許多以江戶／東京為主題的書籍接連出版，所謂的「東京論熱潮」翩然到訪。各領域無不重新挖掘東京都市空間中的「歷史、生活、文化」價值，這樣的深度探索在這一時間點猶如雨後春筍般湧現。對我們這群按照自己的步調、在東京深耕良久的「法政大學東京市街研究會」成員來說，這股「熱潮」的到來正如一份驚喜的禮物。

我認為這類價值觀的變化與當下的社會背景息息相關。在歷經了一九七三年的石油危機後，日本社會終於能夠放慢腳步，冷靜地反思至今為止在近代發展過程中不顧一切、邁步猛進的軌跡。人們跳脫了昔日以生產為第一優先的泥沼，形成關注周遭都市與環境的意識，開始展現出對於歷史與文化的智識需求。隨著一味追求合理性與機能性的近代都市及建築面臨發展的極限，能夠克服此一困境的「後現代主義」則蓄勢待發，並且出乎意料地與江戶的前近代文化有著共通之處而備受注目。因此，在打造後工業化社會的新價值體系之際，過往的經驗便常常成為我們參照的對象。

而電視、雜誌等大眾媒體也紛紛以東京的街景觀察為題材，帶動許多民眾開始享受漫步街頭之樂。更令人欣慰的是，東京都與各區的都市行政單位也逐漸認知到發現地域特質，並將之反映於市街營造的重要性。

此外，我也參加了小木新造等人所提倡的「江戶東京學」各式相關活動。《江戶東京學事典》（三省堂，一九八七年）的刊行即為其中之一。這本書有別於以往將江戶與東京分開討論的方式，主張關注二者之間的連續性，採取同一觀點進行討論。這種以江戶東京為對象的「都市學」是前所未見的突破。而以「江戶東京論壇」為號召的跨學科研究會，也陸續獲得了卓越成果（小木新造編，《閱讀江戶東京》，筑摩書房，一九九一年）。

在義大利留學期間，我徜徉於水都威尼斯，領會了「閱讀都市」之樂。對於以此經驗為基礎而持續進行東京巡禮的我來說，完全能夠理解為什麼都市學在日本也逐漸受到重視——在任何朝向成熟社會邁進的地區，人們都會不自覺地關心自己身處的都市。

然而，一九八五至八六年期間，同時也是東京著手進行大規模開發的時期。現在回過頭看，當時可說是泡沫經濟急速擴張的開端。確然如此，外國人到訪東京的人數迅速攀升，電腦與文書處理器也進入了人們的生活之中。「國際化」、「資訊化」的浪潮席捲而來。東京遂搖身變為世界首屈一指的「金融都市」。也是在這個時間點，東京開始明確地從製造產品的工業社會，轉型為受資金、資訊所驅動的高度資訊化社會，都市風景因而幡然變樣。

隨著辦公需求暴增，必須再建造一百棟、甚至是兩百棟摩天大樓——這類粗暴的議論漫天飛舞。市中心仍維持著木造住宅的下町地區成為了頭號目標，在土地開發商的暗中運作下，相繼蓋起高樓大廈。地價高漲導致在東京要擁有自己的住所變得困難重重，東京因機能極端集中而衍生的弊病，也隨之在不同層面上逐一顯現。

在此情況下，標榜解決都市問題，使東京轉型為國際金融都市的各種「東京改造計畫」紛紛浮上檯面。作為這些計畫的開發舞台、一時之間備受關注的，正是工廠與倉庫林立的沿海地區。未被有效運用而閒置的大片海岸填埋地，剎時變成聚光燈下的主角。將沿海地區打造成絢爛未來都市的提案接連登場，而且也有不少提案已經付諸實施。

「水岸」、「灣區」等用來提升沿海地區形象的詞彙，甚至因此成為流行用語。「東京論」的出版品也陸續被有關改造東京與土地問題的新鮮主題所占據，取代了探討歷史、文化的內容。

在進行這類大規模開發的過程中，別具意義的歷史建築物漸次消失，代代在那裡安身立命的居民也被迫遷離家園。對於以漫步街頭為樂的人來說，這簡直是難以承受的嚴峻時期。

我自己在這段期間則是擴大了研究對象的範圍，以相同的「空間人類學」視點來探究戰後到現代的「鬧區」的意義，並且在東京各地針對「都市空間中的祭典」展開調查。此外，我也開設了新的課程，藉由從隅田川及渠道、河流等內陸水岸出發至東京灣的舟行巡禮，從事都市空間的田野調查。即使如此，東京在欠缺明確理念與願景的浮動氛圍下仍持續劇烈變動，這樣的情形令我心有不安。

幸而，我長期致力的都市研究在近年來備受各界關注，包含江戶東京在內的各個領域無不傾力投入相關活動。其中最具代表性的，莫過於由板垣雄三所帶領的「伊斯蘭的都市性」相關研究專案。參加者不限於伊斯蘭都市的研究者，也有其他文化圈的眾多專家學者共襄盛舉，針對都市的機能、型態、結構及意義等，從跨領域的比較觀點展開熱烈討論。之前就對伊斯蘭都市深感興趣的我，也從建築的角度加入討論，不僅從中增長見識，更重要的是，能夠深入了解日本的都市研究而獲益良多。

去年一整年，我則是都待在自己所熟悉的威尼斯，以全然異於留學時代的視點漫遊這座如迷宮般充滿魅力的水上都市。在這次的威尼斯行中，我也充分運用了積累將近十五年的東京研究經驗。以「空間人類學」的概念解讀威尼斯的市街，著實是一項妙趣橫生的工作（《威尼斯——水上的迷宮都市》，講談社，一九九二年）。

今年四月返回日本後，我發現東京再度經歷了巨大的改變。生活中充斥著「泡沫經濟的崩壞」這一陌生的詞彙，開發的熱潮就此冷卻。新建成的大樓陷入招商困境、土地與公寓的價格急速下跌等，難以置信的消息不絕於耳。宛如構築於虛擬世界的金錢遊戲、不動產的投機交易，無不破綻百出。就某種層面來看，這可以說是總算回復常態了。只是短短數年間狂亂竄起的開發熱潮，終究以失控的速度收場。而這也意味著，在邁向成熟社會的過程中，日本仍有一段很長的路要走。

對東京這座都市而言，在空中樓閣崩塌在即的此時此刻，首要之務正是回歸實事求是的思維模式，據此構思今後的發展。而且我們也必須重新將「歷史、生活、文化」視為這座都市至關重要的支柱，讓都市的風景與故事得以漸漸再現於眾人眼前。《東京空間人類學》著眼於解析都市基層中由歷史與文化交織形成的機制，而我認為這樣的視點今後也將日益發揮作用。

幸運的是，外國人對於東京都市空間的關注與日俱增。在東京這座充滿活力、貌似混沌卻又具有某種穩定秩序與結構的都市中，似乎存在著不可思議的魅力，讓人不禁期待著未來的發展。而本書目前也正由加州大學的出版單位進行英文翻譯，並預計於近期刊行[1]，盼今後能以此書為國際間的都市空間比較研究貢獻一己之力。

1〔編註〕本書之英文版《*Tokyo: A Spatial Anthropology*》於一九九五年出版。

解說　嶄新東京的古老魅力　川本三郎

《東京空間人類學》一書日文單行本最初是在昭和六十年（一九八五年）由筑摩書房發行。當時「空間人類學」這個書名讓人耳目一新，為關注都市論與東京論的讀者帶來了前所未有的知識啟發。此外這本書還獲得了當年度的三得利學藝獎，足見內容有多精彩。我自己是偶然在飛往紐約的班機中讀到的，一讀便愛不忍釋。

時至今日，對有意考察都市或東京的人來說，這是不可不讀的作品，也就是所謂的經典名著。除了專攻建築的人拜讀，在文學家之間也廣為流傳，例如在丸谷才一[1]與山崎正和[2]對談的都市論《日本的市街》（文藝春秋出版）中，提及東京市街時便舉出了這本書；而我在談到東京下町是「水鄉」的時候，也曾大量援引本書的內容；此

1〔譯註〕丸谷才一（一九二五～二〇一二），小說家、文藝評論家、翻譯家，是文壇的重量級作家，著作等身，獲獎無數，代表作有《假聲低唱君之代》等。

2〔譯註〕山崎正和（一九三四～二〇二〇），劇作家、評論家、大阪大學名譽教授，代表作有《戲劇的精神》、《藝術現代論》等。

外，我也是從這本書中才學到了「水景」（水岸風景）這個優雅的詞彙。

而都市論（特別是東京論）受到廣泛的討論是在一九七〇到八〇年代，也就是被稱為「後現代」的時代，對應的是逐漸失去主流地位的國家論與意識型態論。都市與東京這類新奇的概念，在考察現代社會與現代生活時是很有用的切入點，這或許也是因為東京這座大都市有別於過往的城市，開始呈現嶄新的型態。不以第二級產業為重心而是第三級產業、文化遭到以消費為名的大眾市場收編、單身戶數占全體戶數的三分之一而形成了單身社會、職業婦女享受著都市生活並樂於消費等等，這樣的東京擁有過往的社會學與經濟學難以捕捉的新鮮元素，正因如此，七〇到八〇年代間，各式各樣的東京論才會如雨後春筍般出現。即使在日常的生活裡，東京市街也會讓人回想起一九六〇年代的東京奧運，四處頻頻進行都市改造，「施工中」的狀態可說司空見慣，更引發了「東京一極集中」[3]的批判聲浪。

《東京空間人類學》正是在這動盪不安的時局之下出版的。儘管如此，本書卻絕非追求新潮流而盲從流行的產物，也看不見在「消費都市．東京」表層胡鬧戲耍的放縱姿態，是一本質樸而穩健的好書。

不可諱言，《東京空間人類學》有趣之處正在它的古舊。更正確地說，是在嶄新的都市東京當中尋覓其往昔美好的矛盾。正當許多都市論與東京論的研究者大肆吹捧東京的新穎之際，作者陣內秀信談的則是東京的古舊，乃至其美好。「東京這座城市其實遠比看起來古老得多，這是東京的虛懷若谷，也是其深藏不露的美好。」《東京空間人類學》一書的趣味，正是在嶄新都市中發掘往昔的美好。當所有人狂熱於「現代東京的新穎」之時，陣內秀信則冷靜地告訴我們：「那可不，東京其實是承襲自江戶的古老都市。」本書行文的沉著，正是源自內容本身的沉著。

東京保有著與江戶之間的連續性，山手處處保留著江戶時代大名屋敷的遺跡，下町則至今仍活用江戶時代的水岸空間——陣內秀信細膩地在東京之中發現江戶，於現代挖掘過去的遺產。儘管這樣的手法本身與後現代的思考模式若合符節，但陣內始終抱持著重現往昔美好的正統心態，並非偏重現代，僅將過去視為考察現代所需的一項元素，而有意維持過去與現在的平衡。套用上田篤[4]的話來說，他的立場大概就是所謂的「開發式保存」吧！

3〔譯註〕指人口與資源等過度集中東京的情形。

4〔譯註〕上田篤（一九三〇～），建築家、建築學者，專長為建築工學、都市計畫。

陣內所關注的是東京當中的古老元素，也就是江戶的元素。他的著眼點在於乍看之下在明治以降的現代化過程中搖身變為嶄新都市的東京，其實是承襲了堪稱「都市傑作」（這樣的形容很有意思）的江戶遺產而發展起來的古都。既於嶄新都市中蘊含古老都市的要素，又有新與舊的對立與融合，現代東京正是由此而生——陣內的這番論調表面看來波瀾不驚，私底下卻是波濤洶湧。

在嶄新的東京當中發現古老的東京（江戶），並非把江戶與東京分開來思考，而是掌握其連續性。陣內受小木新造[5]所提倡的「江戶東京學」影響而著眼於這樣的連續性，關注的正是嶄新東京的古老魅力。

陣內秀信曾在本書的序中提起一段耐人尋味的體驗，亦是其寫作動機——初次造訪紐約時，他對城市裡處處保留著古老的街景感到意外：「（前略）日前我初次造訪美國，深深為紐約的都市景觀所震懾。身處現代文明的頂點，紐約的街景某種程度堪稱東京的範本，基本上是由十九世紀後半到二十世紀前半的古老建築所構成。」

比起東京，遠遠走在時代尖端的全新都市紐約，事實上是將十九世紀後半到二十世紀前半興建的老建築當成新建築使用的古都，陣內對此相當震驚，也因此催生出本書的主題「嶄新東京的古老魅力」。

這段有趣的軼聞隨即讓我聯想到永井荷風。曾在明治末年前往紐約與巴黎遊學的永井荷風，其實也體會到了與陣內秀信同樣的感觸。他原本認定紐約與巴黎是走在文明最前線的嶄新都市，但實際一遊，卻發現當地保留了許多老建築，驚訝之餘，也體認到所謂的文明並非一味追求新鮮事物，而是保留往昔美好的事物，這才是所謂文明的底蘊。永井荷風注意到了這一點，因此選擇與歷來只在西洋文化中挖掘新事物的留學生不同的立場。正因為身處嶄新的西洋文明中，才要去探索往昔的美好。他在〈新歸國者日記〉當中亦提及西洋的古舊並加以稱揚：「所謂西洋，是充斥著舊氣息的國家，充滿著歷史氣味」、「我所見到的西洋社會，並非從頭到尾一概現代化……巴里並非全是嶄新的地下鐵路或空中飛船，也興建了Sacré Coeur那樣的大教堂。……紐育的市區永無止盡地施工的教堂就位在哥倫比亞大學旁」[6]。

永井荷風的這番感嘆，與陣內驚訝於紐約保留了大量老建築而萌生的感慨，可說

5〔譯註〕小木新造（一九二四～二〇〇七），文化史研究者，專長為江戶及明治東京的庶民生活史，曾任江戶東京博物館館長，代表作為《江戶東京學》。

6〔譯註〕巴里，即巴黎。Sacré Coeur，指位於蒙馬特的聖心堂。紐育，即紐約。

如出一轍。他們兩人都體認到文化並非追求嶄新的事物，而是重視歷史的連續性。

如今東京已經沒有像紐約那樣的老建築。陣內秀信指出「即使放眼全世界的首都，東京都算得上是特例。如今在這裡，就連想找到一棟百年前的房子，都不是那麼容易……」，關東大地震與東京大空襲前後摧毀了大半個東京，加上經濟高度成長時期反覆不斷的粗暴破壞及建設，沒能保留老建築也是沒辦法的事。但陣內認為，就算老建築不存在，場所本身與空間本身不也保留著那往昔的美好？不也保留著「經過歷史的洗禮所醞釀出的獨特氛圍」？而所謂「空間人類學」的概念正是萌生於此。

山手這個「場所」到現在都還保有懸崖和坡道、鎮守森林與屋宅的綠意；下町這個「場所」則留有渠道與橋梁，只要逐一追溯，就會明白東京各處的「場所」都還保留著江戶的痕跡，且其不光被視為過往的遺產保留下來，至今也仍在生活空間中運用，也會了解東京這個「場所」是具有歷史連續性、蘊藉深厚的市街。由此亦將重新發現江戶的市街是巧妙孕育並利用坡道、懸崖與河川等地形與自然所打造的「都市傑作」。

陣內秀信並不是只在研究室裡埋頭鑽研，而是實際帶著古地圖在現代東京細細散步。不只到山手，也到下町，偶爾還會搭船沿隅田川或神田川而下考察「水景」。讀者在閱讀本書的時候，將受邀到麻布的小型台地或隅田川河畔的巷弄一遊。

本書開頭的〈「山手」的表層與深層〉一章尤其耐人尋味，在東京的山手仔細地散步，會發現屋敷町當中至今仍保留著活用江戶時代地形的街景。強調東京論的人總是只偏重下町，因此著眼於「山手」，漫步在三田、麻布與市谷台地，重新發掘那些「場所」所刻劃的江戶街景與景觀，實在是創新的手法。陣內提到「比起因近代的區劃重整等工程而導致街區大小一舉改變的下町，番町一帶毋寧才是原原本本保留了日本古代都市設計的尺度，只是這項事實卻意外地鮮為人知」等，這些見解讓人大開眼界。咸認為明治時代以降才新開發的山手，其實保留了古舊的部分，這也是箇中矛盾的有趣之處。

在山手的坡道上可以清楚地看見富士山，這是由於江戶的街道是為了能遠望富士山而精心打造的；富士山成為了江戶市街的地標；江戶並非以江戶城為中心所建設的同心式結構，而是朝向富士山發展的離心式結構，這些見解也如丸谷才一所言是真知灼見，只要實際參照古地圖在山手走一遭，想必就可以印證這些說法吧！

關注所謂的「場所」，並不是只探究一棟建築物，而是著眼建築所打造的街景與景觀，這般考察東京的方法也讓人感受到都市論深厚的底蘊。書中提及十字路口這個場所也十分有意思。因為有了十字路口，才產出「街角」這個十足十的日式語彙；也因為有了十字路口（四個角），日本的都市中才衍生出對角線，這些考察使得觀看東京的視角豐富了起來。

事實上，本書中處處是真知灼見。陣內秀信並非藉由名勝遺跡或威權建築來觀察都市，而正是透過十字路口與巷弄等人們日常生活的場所。對他來說，都市或建築本身絕對不是無機的存在，而是經由居民純熟地運用而初次有了生命。下町的水岸空間之所以如此動人，也是因為下町的人們習以為常地利用。

本書論述最出色的部分，是在第二章〈「水都」的宇宙論〉中指出江戶市街過去曾經是水都。雖然現在我們已經習慣將「水濱」或「水岸」等用語掛在嘴上，但陣內很早就注意到江戶市街曾是水都，而提倡回復過往擁有的「水岸」。他打從年輕時便深受世界水都威尼斯吸引，成為鑽研威尼斯都市結構的「威尼斯學」研究者，在他看來，威尼斯與隅田川沿岸的場所或許有些重疊的地方吧！正如見到巴黎塞納河畔美景的永井荷風在回國後重新發現了隅田川與下町那般，見識過威尼斯的陣內秀信這次則透過雙眼發掘了東京下町的「水景」。西洋文化與日本文化在此圓滿地融合。

東京下町的渠道交錯，發揮了身為水都的機能。然而「水都東京」卻隨著現代化的腳步逐漸被拋在腦後，東京的中心朝向「陸都東京」轉變，這一點摧毀了東京的景觀——不過，陣內秀信並不認同別人經常感嘆的「東京已經不行了」。他仍意圖在近代以降的東京探勘景觀之美，比起否定的言論，更強調肯定的態度。就這一點來說，第四章〈現代主義的都市造形〉同樣耐人尋味。從大正到昭和（一九二〇年代），即使是現代主義發展的新時代，摩登的建築物仍是蓋在日本橋或數寄屋橋一帶的往昔水岸空間，這樣的說法完全體現了內化於東京的古舊力量。這座粗暴地反覆進行破壞與建設的大都市盡處，可說存在著「地靈」那樣一脈相承的古舊。東京表層的嶄新與深層的古舊出乎意料地彼此完美調和。《東京空間人類學》正提醒了我們這一點，同時勉勵讀者用不著現在就急著感嘆「東京已經不行了」。

《東京空間人類學》問世至今已八年[7]，在老建築逐漸從東京銷聲匿跡的同時，其他地方卻也致力於「開發式保存」。隅田川河畔惡名昭彰的防潮堤一步步被拆除，改為得以親近水岸的親水平台——名副其實的濱水之地就此誕生。在不遠的將來，想必可以

7〔譯註〕本書日文版最初發行單行本是在一九八五年，川本三郎此文則是在本書問世八年後的一九九二年為文庫版發行所撰寫的解說。

沿著水岸平台在隅田川畔悠然漫步，東京所懷抱的原初風景「水景」，或許也就能從現代都市風景的另一端一覽無遺。到了那個時候，本書肯定會發揮愈來愈大的作用。

本書日文初版乃一九八五年四月二十五日由筑摩書房刊行。

浮世繪
東京空間人類學
踏查現代東京形成的脈絡
東京の空間人類学

作　　者　陣內秀信
譯　　者　林蔚儒、鄒易儒
責任編輯　賴譽夫
封面設計　一瞬設計　蔡南昇
排　　版　L&W Workshop

編輯出版　遠足文化
行銷企劃　余一霞、汪佳穎、林芳如
行銷總監　陳雅雯
副總編輯　賴譽夫
執 行 長　陳蕙慧
社　　長　郭重興
發行人兼出版總監　曾大福
發　　行　遠足文化事業股份有限公司
23141新北市新店區民權路108之2號9樓
代表號：(02)2218-1417　傳真：(02)2218-0727
客服專線：0800-221-029　Email：service@bookrep.com.tw
郵政劃撥帳號：19504465　戶名：遠足文化事業股份有限公司
網址：http://www.bookrep.com.tw

法律顧問　華洋法律事務所　蘇文生律師
印　　製　韋懋實業有限公司
初版一刷　2022年6月

ISBN　978-986-508-141-6
定　　價　420元

國家圖書館預行編目資料

東京空間人類學：踏查現代東京形成的脈絡
陣內秀信著；林蔚儒、鄒易儒 譯.
一初版.一 新北市：遠足文化事業股份有限公司，2022年6月
326面；14.8×21公分（浮世繪67）
譯自：東京の空間人類学

ISBN 978-986-508-141-6（平裝）
1.都市計畫 2.江戶時代 3.日本史 4.日本東京都
731.26　111006777